わかる著作権法講義

才原慶道

日本経済評論社

はしがき

　2020年度は，いわゆるコロナ禍の中で始まりました。本学において，学部3・4年生向けに，私が担当しています「知的財産法」の授業も，対面ではなく，遠隔になりました。技術的な環境の制約もある中で，どのような方法で授業を提供していこうか，さまざまなアイディアが浮かんでは消えていきました。開講が後期（9月下旬開始）であったことも手伝って，30回分の講義録を書き下ろしてみよう，と思い立ちました。準備のための時間はかなりあったとはいえ，本当に間に合うのか，多少の不安を抱えながらの執筆でしたが，11月には，ほぼ書き上げることができました。そうなると，今度は，それを何か形にしたい，という気持ちが湧いてきて，本学の研究支援担当の部署に相談した結果，生まれたのが本書になります。

　本書は，実際に読んでいただければ分かりますように，著作権法を網羅的に扱ったものではありませんし，著作権法とは直接には関係はないものの，日頃から，学生に知っておいてもらいたい，と私が考えているトピックも盛り込んでいますので，著作権法の一般的な入門書とは若干趣を異にするかもしれませんが，本書を通じて，大学での実際の講義の雰囲気を少しでも味わっていただければ，と思っています。

　なお，本書は，2021年3月1日現在の法令等の内容を前提にしています。

　最後になりましたが，本書の出版にあたっては，小樽商科大学出版会の研究成果刊行経費による助成を得るなど，本学出版会の皆様には大変お世話になりました。ここにあらためて感謝申し上げます。

2021年4月

著者

目次

はしがき

第1回 **総論 (1)** ……………………………………………………… 1
　知的財産法の種類　　有体物と無体物　　判決の探し方　　参考文献

第2回 **総論 (2)** ……………………………………………………… 11
　所有権と著作権　　知的財産権の本質

第3回 **パブリシティー権 (1)** ……………………………………… 18
　顧客吸引力を利用できる権利　　物のパブリシティー権　　人のパ
　ブリシティー権は？

第4回 **パブリシティー権 (2)** ……………………………………… 25
　ピンク・レディー事件　　差止請求の可否　　パブリシティー権のま
　とめ

第5回 **著作権侵害の 7 つの要件 (1)** ……………………………… 34
　要件と効果　　著作権侵害の要件　　著作物性　　依拠

第6回 **著作権侵害の 7 つの要件 (2)** ……………………………… 42
　類似性　　法定の利用行為　　著作権の制限規定　　存続期間

第7回 **著作権侵害の 7 つの要件 (3)** ……………………………… 49
　著作権者　　7つの要件の立証責任　　著作権者の許諾

第8回 **著作物性 (1)** ………………………………………………… 57
　著作物の定義　　創作的な表現

第9回 **著作物性 (2)** ………………………………………………… 63
　創作性のレベル　　法学での理由付け

第10回 **著作物性 (3)** ………………………………………………… 70
　創作性のレベル（続き）　　ヨミウリ・オンライン事件

第 11 回 **編集著作物** ……………………………………………… 78

編集著作物とは　素材の選択・配列の創作性　編集著作物の著
作権と個々の素材の著作権との関係　判例百選事件　「推定」と
「みなす」

第 12 回 **データベースの著作物** ………………………………… 87

データベースの創作性　網羅型のデータベースの保護の問題点
自動車のデータベース事件

第 13 回 **応用美術 (1)** ……………………………………………… 94

純粋美術と応用美術　法解釈の手法　応用美術の著作物性

第 14 回 **応用美術 (2)** ……………………………………………… 101

著作権法と意匠法の重複適用を一切認めなかったら?　どこまで
著作権法と意匠法の重複適用を認めるか?

第 15 回 **応用美術 (3)** ……………………………………………… 109

TRIPP TRAPP 事件　一審判決　控訴審判決

第 16 回 **依拠** ………………………………………………………… 117

依拠の意義　ワン・レイニー・ナイト・イン・トーキョー事件
特許権では?　著作権では?　依拠の立証

第 17 回 **類似性 (1)** ……………………………………………… 129

類似にまで権利が及ぶ理由　条文上の根拠　原著作物と二次的
著作物

第 18 回 **類似性 (2)** ……………………………………………… 137

江差追分事件　既存の著作物に変更などを加えた場合　類似性
の範囲

第 19 回 **類似性 (3)** ……………………………………………… 146

全体比較論　類似性の広狭

第 20 回 **二次的著作物 (1)** ……………………………………… 154

原著作物の著作権者と二次的著作物の著作権者との関係　キャン
ディ・キャンディ事件　問題の所在

第 21 回　**著作権の存続期間** ……………………………………… 160
　　　著作者の死後 70 年　　法人その他の団体名義の著作物　　映画の
　　　著作物　　戦時加算　　逐次公表著作物

第 22 回　**二次的著作物 (2)** ………………………………………… 167
　　　ポパイ・ネクタイ事件　　キャラクターの著作物性　　逐次公表著
　　　作物か否か

第 23 回　**二次的著作物 (3)** ………………………………………… 173
　　　ポパイ・ネクタイ事件（続き）　　ポパイ・ネクタイ事件とキャンデ
　　　ィ・キャンディ事件　　共同著作物

第 24 回　**法定の利用行為 (1)** ……………………………………… 180
　　　条文の 2 つのグループ　　公の利用行為　　個々の利用行為の内容

第 25 回　**法定の利用行為 (2)** ……………………………………… 188
　　　中古ゲームソフト事件　　下級審の判決　　ゲームソフトは「映画
　　　の著作物」か？　　頒布権の対象となる「複製物」に当たるか？
　　　譲渡権の消尽　　頒布権は消尽するか？

第 26 回　**法定の利用行為 (3)** ……………………………………… 199
　　　共同不法行為　　間接侵害

第 27 回　**著作権の制限規定 (1)** …………………………………… 206
　　　2020 年改正　　フェア・ユース

第 28 回　**著作権の制限規定 (2)** …………………………………… 215
　　　一般的な制限規定のメリットとデメリット　　フェア・ユース
　　　の例　　引用の規定　　パロディ事件

第 29 回　**著作者** …………………………………………………… 224
　　　創作的な表現を作った人　　著作物が出来るまでに，複数の人が関
　　　わっていたような場合　　職務著作

第 30 回　**同一性保持権** …………………………………………… 235
　　　著作者人格権　　著作権と著作者人格権の性質の違い

第1回
総論(1)

1. 知的財産法の種類

　皆さん，こんにちは。今日から，知的財産法の授業が始まります。さて，皆さんは，知的財産法って聞いて，どんなものを思い浮かべますか？　あまり思い浮かばない人もいるかもしれませんね。そうですね，特許とか商標とか著作権とか，このあたりを思い浮かべている人もいるかもしれませんね。この科目の名前は知的財産法ですが，実は，そのものずばり「知的財産法」っていう名前の法律はないんですね。民法には「民法」って名前の付いた法律があるのとはちょっと違うんですね。だったら，何々法が知的財産法に当たるの？ってことになりますね。それが，特許法だったり，商標法だったり，著作権法だったりするんですね。今日は，最初ですので，まずは，そのあたりのお話をしていきたいと思っています。

　まず，主な知的財産法を挙げてみます。特許法，実用新案法，意匠法，商標法，著作権法，それから，不正競争防止法，このあたりになります。それぞれ条文を眺めてもらえば，だいたいどんな感じの法律なのか，多少分かるかもしれません。ただ，小さめの六法ですと，特許法や著作権法，不正競争防止法あたりまでしか載っていないと思います。ですから，そんなときは，このサイトをお薦めしています。e-Gov 法令検索[1]というサイトです。Gov は government の略だと思います。政府が運営しているサイトなんですね。現行の全ての法令が載っているようで，非常に便利です。なので，この講義

---

[1]　https://elaws.e-gov.go.jp/search/elawsSearch/elaws_search/lsg0100/

の中で，条文が出てきたときには，このサイトを使って，その都度見てもらうと，話の内容が理解しやすくなるかもしれません。

(1) 特許法と実用新案法

それでは，**特許法**から行ってみましょう。この法律は，皆さんも知ってのとおり，発明を保護しています。だから，技術になります。特許法2条1項[2]というところに，発明って何を指すのか，っていうことが書いてあります。あっ，皆さん，この何項，とかといった呼び方はいいですか？　ここは，紙の六法だと，どうしてそうなっているのかはよく分からないんですが，①という記号が付いていることが多いと思います。でも，元々の法律の条文には付いていないんですね。e-Gov法令検索でも付いていませんね。では，なぜ1項になるかというと，次に算用数字の2があるからなんですね（紙の六法だと②という記号になっているはずです）。で，2項があるから，その前は1項になる，っていうことなんですね。ですから，その前にある1条[3]は1条1項とは言いません。ただ，1条なんですね。ちなみに，関連するので，ここでまとめて説明しておきますが，条文で漢数字の一，二，三，…が出てくることがあります。そのすぐ後の2条3項[4]にありますね。これは1号，2号，3号って呼びます。ですから，特許法2条3項1号，2号，3号ってなるわけです。それから，項がなくて，何条何号っていう場合もあります。特

---

2) 「この法律で『発明』とは，自然法則を利用した技術的思想の創作のうち高度のものをいう。」

3) 「この法律は，発明の保護及び利用を図ることにより，発明を奨励し，もつて産業の発達に寄与することを目的とする。」

4) 「この法律で発明について『実施』とは，次に掲げる行為をいう。

　一　物（プログラム等を含む。…）の発明にあつては，その物の生産，使用，譲渡等（譲渡及び貸渡しをいい，その物がプログラム等である場合には，電気通信回線を通じた提供を含む。…），輸出若しくは輸入又は譲渡等の申出（譲渡等のための展示を含む。…）をする行為

　二　方法の発明にあつては，その方法の使用をする行為

　三　物を生産する方法の発明にあつては，前号に掲げるもののほか，その方法により生産した物の使用，譲渡等，輸出若しくは輸入又は譲渡等の申出をする行為」

許法の中で探してみると，49条5) がそうですね。ここには，漢数字で一から七までありますが，算用数字で2とか3とかは出てきません。なので，ここは特許法49条1号，2号，3号，…って呼ぶことになるわけです。

　では，2条1項に戻りましょう。ここでは発明って何か？っていうと，「自然法則を利用した技術的思想の創作のうち高度のもの」って書いています。これととっても似たのが，実はもう1つあります。**実用新案法**という法律を見てください。やはりその2条1項6) になります。ここに「考案」ってありますね。で，その考案って何？っていうと，今度は，「自然法則を利用した技術的思想の創作」って書いてありますね。どこが違うかっていうと，高度のもの，って書いてあるかないかの違いですね。ですから，特許法も実用新案法も，同じように技術を保護しているわけです。で，その違いは？っていうと，まずは，ここで見たように，権利を取るために要求されるレベルが違うんですね。特許権の方が高くて，実用新案権の方はそこまで高くない，そういう違いがあります。だから，特許は発明で，実用新案は小発明，って言われることもあります。具体的にはどういうことか？っていうと，特許法の29条2項7) と実用新案法の3条2項8) とをちょっと見比べてみてください。**進歩性**って呼ばれることが多い条文なんですが，特許法では「容易に発明をすることができたときは」特許権は取れないよ，ってなっているのに対して，実用新案法では「きわめて容易に考案をすることができたときは」実用新案権は取れないよ，ってなっているんですね。ですから，ものによって

---

5)　「審査官は，特許出願が次の各号のいずれかに該当するときは，その特許出願について拒絶をすべき旨の査定をしなければならない。（以下，略）」
6)　「この法律で『考案』とは，自然法則を利用した技術的思想の創作をいう。」
7)　「特許出願前にその発明の属する技術の分野における通常の知識を有する者が前項各号に掲げる発明に基いて容易に発明をすることができたときは，その発明については，同項の規定にかかわらず，特許を受けることができない。」
8)　「実用新案登録出願前にその考案の属する技術の分野における通常の知識を有する者が前項各号に掲げる考案に基いてきわめて容易に考案をすることができたときは，その考案については，同項の規定にかかわらず，実用新案登録を受けることができない。」

は，特許権はちょっと難しいかもしれないけど，実用新案権だったら取れるかもしれない，ってことがあるわけです。なので，出願しようっていうことになったら，では，どっちで出願する？っていうことをちょっとよく考えてみる必要があったりするんですね。

それから，もう1つ，知っておいていいかもしれないって思う，両者の違いがあります。今，見てもらった条文の直前にある，特許法の29条1項[9] と実用新案法の3条1項[10] を今度は見てみてください。先に実用新案法の方から見てみましょう。ここには「物品の形状，構造又は組合せに係るもの」って書いてありますね。一方，特許法の方を見ると，そういった文言はありませんね。つまり，実用新案権にはそうした限定があるんですが，特許権にはないんですね。ちょっと細かいところかもしれませんが，そういった違いもあります。

(2) 意匠法

次は，**意匠法**です。これは工業製品のデザインを保護しています。工業製品ですから，いろいろありますね。そう，自動車のデザインとかを思い浮かべてもらえばいいかもしれません。この意匠法については，少し後の回で応用美術というテーマを取り上げるときに，少し詳しくお話しすることになりますので，今回のところは，さしあたり意匠法っていう言葉をちょっと覚えておいてくださいね。

(3) 商標法

次は，**商標法**になります。さぁ，商標ってなんでしょうか？ よく商品のパッケージとかに TM とか，Ⓡといった小さな記号を見たことはありませ

---

9) 「産業上利用することができる発明をした者は，次に掲げる発明を除き，その発明について特許を受けることができる。(以下，略)」

10) 「産業上利用することができる考案であつて物品の形状，構造又は組合せに係るものをした者は，次に掲げる考案を除き，その考案について実用新案登録を受けることができる。(以下，略)」

んか？　TM は trademark の略，まさに商標です。R は registered の略，登録してある，つまり登録商標だよ，って言っているわけです。商標は本当にたくさんありますが，例えば，今，パッと思い浮かぶところでは，アップル社の「iPhone」とかが商標になりますし，アップル社のあのロゴ，リンゴを一口かじったような，あれも商標です。それから，商標は商品だけに限りません。例えば，AIRDO とかも商標です。皆さんも知ってのとおり，AIRDO は会社の名前ですが，航空機による輸送というサービスに付けられた名前でもあるわけです。ですので，どこの商品なのか，どこのサービスなのか，といった出所を表示するもの，これが商標になります。

(4)　産業財産権の特徴

　ここまで，特許法，実用新案法，意匠法，商標法の 4 つを説明してきました。それぞれ，特許権，実用新案権，意匠権，商標権があるわけです。この 4 つをまとめて**産業財産権**って呼ぶことがあります。これらの権利には共通する点があって，この授業でずっと取り上げていくことになる，著作権とは大きく違う点があるんですね。それはどうしたら権利になるか，っていう権利の発生の点なんです。この 4 つはどれも，**特許庁**というところに出願という手続をとらなければならないんです。そして，その特許庁で**登録**してもらってはじめて権利が発生するんですね。で，登録にあたっては，実用新案権だけはほぼ無審査なんですが，あとの 3 つは審査があります。なので，出願しても，審査の結果，権利が取れなかった，っていうこともあるわけです。これに対して，著作権は？っていうと，そういった手続は一切要らないんですね。「著作物」を創作すれば，それだけで権利が発生します。では，何が「著作物」になるの？ということが大きなポイントになってきますね。それをこの授業の中で詳しくお話ししていくことになります。

(5)　不正競争防止法

　最後は，**不正競争防止法**になります。ちょっとこの法律は一言で言うのは

難しくて，いろんなものが不正競争で括られています。ちょっと不正競争防止法の2条1項[11] を見てみてください。1号から22号まで，たくさんありますね。いくつか見てみると，例えば，4号から10号までは営業秘密の関係ですね。1号と2号は，商品等表示といって，商標権がなくても，商標権があるのと同様の働きをする場合があるんですが，そういった場合を規定しています。3号は，商品形態の模倣で，これは意匠権と似た働きをします。まだまだ他にもありますが，このくらいにしておきましょう。これらが不正競争って一括りにされているんですね。ただ，前に挙げた5つは，特許権とか著作権とか，それぞれ○○権って名前が付いていましたね。でも，これにはそういう○○権といった名前はありません。あえて言えば，不正競争防止法2条1項何号に基づく請求権っていうような言い方になります。その点で，これまでの5つとは法律の作り方が違うんですね。で，○○権ではないので，ここでも出願とかといった事前の手続は要らないわけです。

2. 有体物と無体物

　さて，ここでは，代表的なものとして，6つの法律を挙げてきましたが，こういった法律をまとめて知的財産法って呼んでいるんですね。では，どうして知的財産法って一括りにされているんでしょう？　何か共通点があるはずですよね。それはなんだと思いますか？　実は，どれも**無体物**を対象にしている，って考えられているんです。だから，私の学生時代には，無体財産権って呼ばれたりしていました。では，その無体物って何？っていうことになりますね。この無体物に対する言葉が**有体物**になります。有体物，無体物っていう言葉は，これまで聞いたことはないかもしれませんね。普段，使いませんもんね。でも，漢字からだいたいの意味を推測することはできると思います。「体」は実体といった意味になります。ここでは，手に持って触れ

11）「この法律において『不正競争』とは，次に掲げるものをいう。(以下，略)」

ることができるかどうか，ということにしておきましょう。ですから，有体物というのは，手に持って触れることができるもの，っていうことになります。だから，「物」って聞いたときに，普通，皆さんが思い浮かべるようなものを指すことになります。例えば，パソコンやスマホも有体物です。今，皆さんが椅子に座っているとしたら，その椅子も有体物になります。

(1)　有体物

この有体物っていう言葉は，実は，法律の条文にあるんですね。民法になります。その 85 条を見てみてください。そこに「この法律において『物』とは，有体物をいう。」って書いてあるんですね。で，その次を見てみましょう。86 条です。まず 1 項で「土地及びその定着物は，不動産とする。」，そして 2 項で「不動産以外の物は，すべて動産とする。」って書いてあります。1 項の定着物というのは，建物を考えてもらえばいいと思います。で，この 86 条をその前の 85 条と一緒に読むと，「物」は有体物で，それは不動産と動産の 2 つに分けられる，っていうことになりますね。ですから，先ほど例に挙げた，パソコンやスマホ，椅子もみんな動産になるわけです。これが民法の世界です。では，知財の世界は？っていうと，それが無体物なんですね。

(2)　無体物

それでは，無体物の説明に入っていきます。先ほどは，発明とか商標とか，いろんなものが出てきましたけど，ここからは著作物を使って説明していきますね。まず，著作物と言って，皆さんはどんなものを思い浮かべますか？いろいろと浮かんでくると思います。ここでちょっと著作権法を見てみましょう。その 10 条 1 項[12] を見てください。ここに 1 号から 9 号まで並んで

---

12)　「この法律にいう著作物を例示すると，おおむね次のとおりである。
　　一　小説，脚本，論文，講演その他の言語の著作物
　　二　音楽の著作物
　　三　舞踊又は無言劇の著作物
　　四　絵画，版画，彫刻その他の美術の著作物

いますね。この1号〜9号が，著作権法が示す著作物の例示になります。でも，これはあくまでも例示ですから，その点は注意してください。ここをざっと眺めてみると，小説とか音楽とか絵画とか映画など，今，皆さんが思い浮かべてくれたものが見つかると思います。もしかしたら，ちょっと意外に感じたのは，9号のプログラムかもしれませんね。8号までとはちょっと趣が違いますよね。実は，現行の著作権法が作られたのは昭和45年（1970年）なんですが，ここにプログラムが入ったのは昭和60年（1985年）で，後からなんですね。そういった時代の変遷を感じられるかもしれません。

(3) 最高裁の判例

さぁ，ここまでで有体物と無体物の具体的な例が出てきました。それでは，この2つはどこが違うのでしょうか？ もし大して違いがないのなら，わざわざ2つに分けてみる必要はないですからね。どうでしょう？ もしかしたら，皆さんは，小説だって絵画だって，手に持って触れるじゃん，音楽や映画だってCDやDVDに入っていれば有体物と変わらないんじゃないの？って思うかもしれません。でも，今だったら，ネット配信とかを考えてみれば，音楽や映画って，何もCDやDVDに入っている必要はないですよね。小説だって今や電子書籍があります。こうして見てみると，私たちが現実に手に持って触れるものと，その中に入っているもの（コンテンツって呼んだら，皆さんはイメージしやすいかな？）とは分けて考えることができるのかもしれません，手に持って触れるものは有体物，その中に入っているものは無体物，というように。そのことをはっきりと言ってくれた判例があります。**最高裁の昭和59年1月20日の判決**です。

五　建築の著作物
六　地図又は学術的な性質を有する図面，図表，模型その他の図形の著作物
七　映画の著作物
八　写真の著作物
九　プログラムの著作物」

3.　判決の探し方

　ところで，この授業ではかなり多くの判決とかを読んでもらうことになりますが，そういった判決とかの探し方は分かりますか？　今はネットがありますので，お目当ての判決を見つけるのは割と簡単ですね。とりあえずのお薦めは，裁判所のホームページ[13]になります。このページの裁判例情報というところをクリックかタップしてもらえば，総合検索という画面が出てくるはずです。裁判所の名前と判決とかの年月日が分かっていれば，ここでかなり絞り込めるはずです。さぁ，ここで，この最高裁判決を開いてみてください。まず，裁判年月日は昭和 59 年 1 月 20 日です。期日指定に「・」を入れるのを忘れないでください。裁判所名は真ん中のプルダウンで最高が出てきます。この条件で検索をかけてみると，おそらく 3 件出てくると思います。その真ん中の昭和 58(オ)171（これは裁判所での事件番号になります。）というのがお目当ての判決です。右側の PDF ファイルを開くと，判決文を読むことができます。では，次回は，この判決から入っていくことにしましょう。それほど長くはありませんので，次回までに読んでおいてくださいね。

4.　参考文献

　最後に，皆さんのこれからの勉強のために，いくつか参考文献を挙げておきます。とりあえずここでは 3 つ挙げておくことにします。まず，知的財産法全般については，2010 年発行なので，ちょっと古くはなってしまったのですが，**田村善之先生**の「**知的財産法（第 5 版）**」（有斐閣）ですね。制度のなぜ？どうして？の理由をしっかり書いてくれているので，とても勉強になります。ただ，この 10 年間に法律が改正されていたりするところもあった

---

13)　https://www.courts.go.jp/index.html

10

りしますので，読むときにはその点は特に注意する必要があります。次に，著作権法については，2つ紹介しておきましょう。1つは，知的財産法学界の大家である，中山信弘先生の「著作権法（第3版）」（有斐閣）です。もう1つは，こちらも発行が2013年になりますので，その点はやはり読むときにちょっと注意が必要なのですが，加戸守行先生の「著作権法逐条講義（6訂新版）」（著作権情報センター）になります。とっても分厚い本です。コンメンタールと言って，第1条から順々に法律の条文を解説してあるんですね。なので，この条文のこの文言の意味はどういうことだろう？なんて疑問に思ったときに調べたりするのに便利です。いわば辞書代わりに使うといいと思います。たぶん皆さんが疑問に思うことのほとんどは，これらの本のどこかに書いてあることが多いと思います。なので，是非，まずは自分で調べてみることをお勧めします。そうやっていくことで段々と力がついていくんだと思います。

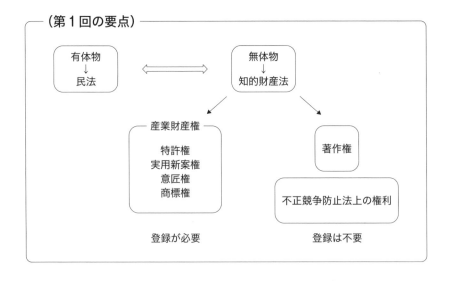

第**2**回
総論 (2)

1. 所有権と著作権

(1) 最判昭 59.1.20 (自書告身帖事件)

皆さん, こんにちは。今回は, 前回紹介した最高裁の判決からでしたね。最高裁の昭和 59 年 1 月 20 日の判決になります[14]。まず, どんな事件だったかというと, 書の写真の出版が問題になった事件でした。その書は, 中国の唐の時代の書家の作品でした。さぞ達筆なんでしょう。ちなみに, 書は, 美術の著作物と位置づけられています。この判決で注目すべきところは, その冒頭の部分です。大事なところなので, ここにも載せておきますね。「美術の著作物の原作品は, それ自体有体物であるが, **同時に無体物である美術の著作物を体現している**ものというべきところ, 所有権は有体物をその客体とする権利であるから, 美術の著作物の原作品に対する所有権は, その有体物の面に対する排他的支配権能であるにとどまり, 無体物である美術の著作物自体を直接排他的に支配する権能ではないと解するのが相当である。」と最高裁は述べました (太字は筆者)。ここで問題になった書も, もちろん紙に墨で字が書かれているんでしょうね, だって書ですからね。書をパッと見て, 有体物と無体物に分かれている, なんて普通は思いませんよね。でも, 観念的に, 有体物の面と無体物の面とに分けて考えるんだよ, って最高裁は言ったわけです。

---

14) https://www.courts.go.jp/app/files/hanrei_jp/181/052181_hanrei.pdf

(2) 民法206条

　で，なんでそうやって2つに分けて考えるのか，っていうことなんですが，ここで出てきているように，有体物の面と無体物の面とでは権利が違う，っていうんですね。では，有体物の面に対する権利はなんて言うのか？っていうと，それが所有権なんですね。で，所有権は？っていうと，それは民法でしたね。では，条文を見てみましょう。**民法の206条**です。「所有者は，…自由にその所有物の使用，収益及び処分をする権利を有する。」って書いてあります。この所有物の「物」っていうのは，もちろん有体物です。で，使用はいいと思うんですが，収益っていったら，貸してお金をもらう，とかですね。アパートなんかを考えてもらったら分かりやすいかもしれません。処分は，売ったりあげたりですね。捨てちゃうっていうのも入ってくると思います。まぁ，自分の物だったら，そうやって自由にできるのは当たり前だよね，って皆さんも納得してもらえると思います。

(3) 有体物の利用と無体物の利用

　でも，この事件では，そういう書自体の物としての利用が問題になったわけではありませんでした。すでに他の人が撮影してあった，その書の写真を本に載せたことに，その書の今の（とは言っても，その出版の当時の，っていうことになりますが，）所有者が自分の権利が侵害されたって訴えたという事件だったわけです。それに対して，最高裁は，写真を本に載せられたからといって，その書自体の有体物としての利用はちっとも制限されていないよね，だから，所有権の侵害はないですよ，って言ったということです。だとすると，この本を出した人は，その書の何を利用したのでしょうか？　それが無体物なんですね。で，ここで考えられる無体物っていうのは，著作物になるわけですが（ちなみに，著作物性はこの授業の大きなテーマの1つになります。ただ，書の著作物性については，ちょっと説明が難しいところはあって，一般的には，墨の濃淡とか，はねやはらいといった筆の運び方や勢いなどに，書いた，その人の個性が表れていると言えるかどうか，といった

ところで判断される，って言われたりします。)，この事件で問題になった書は，唐の時代であって，たとえそれが著名な書家によるものであっても，この事件の当時でも，それが著作権で保護されている，っていうことにはならないわけです。なので，著作権侵害，って言っていくこともできないわけです（もっとも，仮にたとえ著作権があったとしても，著作権侵害を主張できるのは，著作権者であって，所有者ではありません）。となれば，たとえ無断で写真を載せられたとしても，それによって今の所有者の権利が何か侵害される，っていうことはないわけです。そして，ここが大事なところなんですが，最高裁は，**有体物は所有権，無体物は知的財産権**（この事件では，著作権になりますね。)，って区分けをしてくれたことなんです。

2. 知的財産権の本質

(1) 著作権を作ってみよう!?

それでは，なんで有体物は所有権，無体物は知的財産権っていう区分けが必要なんでしょう？　それは権利をどう作るか，っていうことに関わってきます。所有権も知的財産権も法律で認められているものです。法律はあくまでも人が作ったものですね。ですから，所有権も知的財産権も人が作ったものだ，って言うことができます。例えば，著作権で言えば，今で言う近代的な著作権法が最初に登場したのは，18世紀初めのイギリスだと言われています。ですから，まだ300年ほどの歴史なんですね。で，所有権ってどんな権利だったかっていったら，そうでしたね，使用・収益・処分でした。まぁ，簡単に言ってしまえば，その物，つまり，その有体物を自由に使える権利，っていうことでした。それでは，著作権はどうでしょう？　仮に，著作権という制度がまだない世界を想像してみてください。そんな中で，何かを創作した人たちを法的に保護してあげなければならない，そんな必要が生じてきたって。そんなときに，どんな権利を作ってあげたら，そうした創作者たちは助かるでしょうか？　ここで，ちょっと考えてみてください。

(2)　禁止権としての知的財産権

　英語で著作権って copyright って言いますね。コピー，つまり，複製の権利ですね。では，所有権と同じように，創作者には自分の創作した物を自由に複製できる権利を認めてあげましょう，っていう制度を作ったとしたらどうでしょうか？　皆さんがもし何かを創作したとして，そうした権利が認められたらうれしいですか？　うれしいかもしれません。でも，あんまりうれしくないかもしれませんね。例えば，本だったら，自由に出版していいよ，っていうことになりますけど，作家や出版社が強く望むのは，いわゆる海賊出版を防いでもらうことですよね。他人が勝手に出版するのをやめさせてほしい。そうしてもらえれば，独占的に出版できるようになりますよね。そうなれば，ますますやる気が出てくるかもしれませんね。ですから，著作権もその他の知的財産権も，他人が無断で利用するのを禁止できる権利として作られています。**禁止権**っていうのが知的財産権の本質なんですね。著作権であれば，勝手にコピーとかをしないでね，っていうふうにです。ですから，後で詳しくお話しすることになりますが，たとえ著作権を持っていたとしても，場合によっては，その著作物を利用できないような場合すらあるんです。

(3)　形のある有体物

　このように，知的財産権は禁止権，っていうことになると，その影響ってかなり大きなものになるかもしれない，って皆さんは気づきますか？　どういうことかというと，例えば，著作権で言えば，著作権者がいいよって言ってくれない限りは，著作権者以外の人はみんなその著作物を利用できない，っていうことに理屈の上ではなるからです。まぁ，所有権だって所有者がいいよって言ってくれなければ，勝手にその物を使うことはできない，っていう点では同じなんですが，所有権だとその対象は有体物でしたね。例えば，Aさんが，何か1冊の本を持っている，すなわち，所有している，とします。Aさんは，その1冊の本を自由に使えるわけですが，Aさんの所有権が及ぶのは，その1冊の本に限られますね。Bさんが，その本を読みたいなって

思って A さんに頼んで，もし断られても，自分で買うなりどこかから借り
てくるなり，他から手に入れる手段がある限りは，その本を読むことができ
るわけです。有体物は形がありますから，所有権はあくまでもその形の範囲
までって，はっきりとした限界を設けることができるんですね。A さんの
所有権は，A さんが持っている，その 1 冊にとどまり，たとえ同じ本であ
っても別の 1 冊には及ばないよ，っていうふうにです。これって外から見て
もすごく分かりやすいですよね。

（4）　形のない無体物

　それに対して，無体物だったらどうなるでしょうか？　有体物のような形
はないわけですから，ここまで，っていうはっきりとした境界は引けそうに
ありませんね。所有権であれば，そういった線を割とはっきり引けますから，
先ほど出てきたように，権利の内容は使用・収益・処分ね，って決めるだけ
でもよかったかもしれません。でも，著作権で，その内容をただ，その著作
物の利用の禁止ね，って決めてしまったら，どこまでがよくて，どこからが
いけないのか，よく分からなくなってしまうかもしれませんよね。極端な
ことを言ったら，本を読むのだって利用って言えないことはありませんからね。
だから，もしそんなふうにただ，利用の禁止ね，ってしてしまうと，なんか
よく分からないけど，侵害だよ！なんて言われてしまったら嫌だから，ちょ
っと利用するのはやめておこうかな，っていう人も出てくるかもしれません
ね。場合によっては，こんなふうに使ったら，もしかしたら駄目なのかも，
あんなふうに使っても駄目なのかも，なんてことに，もしなってしまったら，
それこそ身動きがとれなくなってしまうかもしれませんよね（まぁ，ちょっ
と極端な話でしょうが）。このように，知的財産権って，その形がはっきり
していない分，ただ利用の禁止って言っただけでは，その権利の範囲をはっ
きりさせることが難しいわけです。なので，禁止される行為はなんなのかを
条文で明示することで，いったいどんな行為がいけなくてどんな行為はいい
のか，それをできるだけはっきりさせようとしています。著作権法で言えば，

それが21条〜27条[15]だったり113条（侵害とみなす行為）だったりするんですね。これらの条文を一度眺めてもらえれば，著作権ってどんな行為を禁止しているのか，ある程度，イメージがつかめると思います。

(5)　禁止権の具体的な現れ
①差止請求権

　では，仮にそこで禁止されている行為が実際にあったときに，いったい権利者はその人に対して法的に何を言っていくことができるのでしょうか？禁止権，っていうのが具体的にどんな形になって現れてくるのか，っていう話になります。まず，今，侵害している人，それから，これから侵害しそうな人がいるとして，その人に対して何が言えるのか？って言えば，禁止権ですから，やめてください，ということになりそうですね。これを差止請求権って言います。条文は著作権法の112条1項になります。見てみてください。ちょっと飛ばし飛ばし読んでみますね。「…著作権者…は，その…著作権…を侵害する者又は侵害するおそれがある者に対し，その侵害の停止又は予防を請求することができる。」ってなっていますね。これが差止請求権になります。

②損害賠償請求権

　それでは，もう侵害してしまったという人には何が言えるでしょうか？過去に戻って，侵害しないでね，なんてタイムマシンでもない限り無理ですよね。だから，損害賠償になります（この他に，刑事罰があったりしますね）。損害賠償ですから，例えば，侵害のせいで売り上げが減ってしまったから，その分，お金で賠償してね，とかになります。で，こちらの根拠条文は民法になるんですね。民法の709条です。ちょっと見てみてください。「故意又は過失によって他人の権利又は法律上保護される利益を侵害した者は，これ

---

15)　例えば，21条は，「著作者は，その著作物を複製する権利を専有する。」と規定しています。

によって生じた損害を賠償する責任を負う。」ってあります。この「権利」に著作権とかの知的財産権も入ってくるわけです。まとめると，禁止権が具体的にどんな形になって現れてくるのか，っていうと，現在及び将来の侵害に対しては差止請求権，過去の侵害に対しては損害賠償請求権，ということになります。よく覚えておいてくださいね。それでは，今回はこれで終わりにします。

（第 2 回の要点）

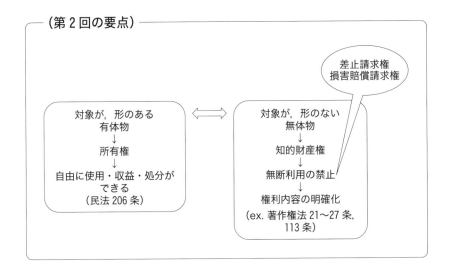

第**3**回
パブリシティー権 (1)

1. 顧客吸引力を利用できる権利

　皆さん，こんにちは。今回は，**パブリシティー権**って呼ばれる権利について説明していきます。パブリシティーって英語では publicity って綴ります。綴りを見てもらえれば分かるように，public から来ているんですね。public ですから，公共とか，みんなってところでしょう。ですから，publicity は，みんなに知れ渡っている，っていうような意味なんですね。みんなに知れ渡っている権利？　さて，それはどんな権利なんでしょう？　簡単に言ってしまえば，いわゆる有名人の権利ですね，芸能人とかスポーツ選手とか。そう聞けば何となく分かるかもしれません。芸能人のグッズとか，いろいろありますよね。例えば，団扇。普通の団扇だったら別に欲しいとは思わなくても，ある芸能人の写真とかが付いていると，ファンの人にとってみれば急に欲しくなったりするんでしょう。同じようなことはプロのスポーツ選手でもありますよね。球場とかに行って，そういうグッズとか売っている売店の前で眺めていると頷けるかと思います。ですから，そういった有名人の写真，場合によっては名前だけでも，商品の売り上げを伸ばす力がある，っていうことが分かります。つまり，経済的な価値があるわけです。そして，これを難しい言葉を使って「**顧客吸引力**」なんて言ったりするんですね。ですから，パブリシティー権っていうのは，この顧客吸引力をコントロールできる権利，っていうことになります。対象が顧客吸引力ですから，それ自体は手に持って触れることができるような形はありませんね。ですから，知的財産の1つとも言えるわけです。

　パブリシティー権って，憲法の授業でも人権のところで出てきたかもしれませんが，ここでは知的財産法的な観点から見ていきたいと思います。まず，パブリシティー権って書いてある条文はないんですね。ここが出発点になります。ここでの問題意識は何か？というと，法律できちんと決めているわけではない，知的財産権を裁判所で認めてしまっていいのか，っていうことなんです。どういうことかというと，例えば，誰かが自分のパブリシティー権が侵害されたと言って裁判所に訴えたときに，裁判所は，法律にはっきりと書かれているわけではないパブリシティー権を根拠に，その人の請求を認めてもいいのか，っていう問題なんです。例えば，ある芸能人に無断でその人の写真とかを使ってグッズの販売なんてしたら駄目でしょ，って皆さんも思いますよね。確かにそうです。では，どうして，法律にはっきり書かれているわけではない権利を認めてもいいの？なんていう問題が出てくるんでしょう？

2.　物のパブリシティー権

　ここで，まず皆さんに紹介したいのが，ギャロップレーサーという競走馬のゲームの事件です。競馬に出る馬の名前がゲームに無断で使われた，っていう事件なんです。**最高裁**の**平成 16 年 2 月 13 日**の**判決**になります（事件番号は平成 13 年(受)866 号です。）[16)]。名前が使われた競争馬は 1000 頭以上だったようですが，事件では，そのうちの何人かの馬主が，ゲームの制作会社を訴えた，っていう事件でした。で，原告は，そのゲームソフトの製作・販売などの差止めと損害賠償を求めていました。一審の名古屋地裁も，控訴審の名古屋高裁も，差止請求は退けましたが，損害賠償は認めたんですね。ちなみに，一審判決は，名古屋地判平成 12 年 1 月 19 日で，事件番号は平成 10 年(ワ)527 号になります[17)]。一方，控訴審判決は，名古屋高判平成 13 年

---

16)　https://www.courts.go.jp/app/files/hanrei_jp/332/052332_hanrei.pdf

17)　https://www.courts.go.jp/app/files/hanrei_jp/369/013369_hanrei.pdf

3月8日で，事件番号は平成12年(ネ)144号になりますが，控訴審判決の方は，裁判所のサイトには載っていないようです。で，ただ，両判決とも損害賠償を認めはしましたが，名古屋地裁はG1レースに出走したことがある馬，名古屋高裁はG1レースで優勝したことがある馬，っていうように損害賠償を認めた範囲は違っていました。で，それを認めた根拠がパブリシティー権だったんですね。G1って大きな大会ですよね。だから，それに出たことがあるとか，あるいは，そこで優勝したことがある，っていうんだったら，結構名前も知られているよね，っていうことなんでしょう。だけど，パブリシティーって言っても，ここでは人じゃなくて馬ですよね。で，馬は，もちろん生き物ですけど，法律上は物っていう扱いなんですね。だから，人と区別して，「**物のパブリシティー権**」って呼ばれています。名古屋地裁と名古屋高裁は，この「物のパブリシティー権」を認めたわけです。これと同じ頃に，ダービースタリオンっていう，先ほどとは違うゲームでしたが，似たような事件が東京でもありました。でも，地裁（東京地判平成13年8月27日・平成10年(ワ)23824号）も高裁（東京高判平成14年9月12日・平成13年(ネ)4931号）も「物のパブリシティー権」を認めませんでした。

(1) 最判平16.2.13（ギャロップレーサー事件）

そんな中で，この最高裁判決が出たんですね。最高裁はなんと言ったか？っていうと，まず，前回見てもらった，あの書の事件の判決を挙げながら，この判決文の4頁の1～7行目になりますが，「競走馬等の物の所有権は，その物の有体物としての面に対する排他的支配権能であるにとどまり，その物の名称等の無体物としての面を直接排他的に支配する権能に及ぶものではないから，**第三者が，競走馬の有体物としての面に対する所有者の排他的支配権能を侵すことなく，競走馬の名称等が有する顧客吸引力などの競走馬の無体物としての面における経済的価値を利用したとしても，その利用行為は，競走馬の所有権を侵害するものではない**」と言って，馬主の所有権に対する侵害はない，っていうことを確認します（太字は筆者）。

　そして，ここからが，今回のポイントになるんですが，ちょっと長くなり
ますが，引用します。同じ 4 頁の 14 行目にある (2) というところになります。
「現行法上，物の名称の使用など，物の無体物としての面の利用に関しては，
商標法，著作権法，不正競争防止法等の知的財産権関係の各法律が，一定の
範囲の者に対し，一定の要件の下に排他的な使用権を付与し，その権利の保
護を図っているが，その反面として，その使用権の付与が国民の経済活動や
文化的活動の自由を過度に制約することのないようにするため，**各法律は，
それぞれの知的財産権の発生原因，内容，範囲，消滅原因等を定め，その排
他的な使用権の及ぶ範囲，限界を明確にしている。**」って言うんですね（太
字は筆者）。

(2)　パブリシティー権も禁止権

　ここで思い出してほしいのは，前にお話しした知的財産権の本質っていう
話です。知的財産権ってなんでしたっけ？　そうですね，禁止権でしたね。
他人の無断利用を禁止できる権利，それが知的財産権でした。先ほど，パブ
リシティー権で問題になる顧客吸引力も知的財産の 1 つ，って言えるって言
いましたよね。物のパブリシティー権を認めるっていうことは，新たな知的
財産権を作る，っていうことになるんですね。となると，また禁止権が 1 つ
出来るっていうことです。で，この禁止権って，理屈の上では，権利を持っ
ている人以外のみんなに及ぶ，広範なものでしたよね。その結果，多くの人
の活動を制約するかもしれない。ここまで言えば，ここでなんで最高裁が無
体物の利用については法律でちゃんと決めているよね，って言っているのか
が分かってきたと思います。このように多くの人の活動に影響を与えかねな
い知的財産権を，明文の法律によらずに，判例という形で裁判所が認めてし
まっても大丈夫なの？っていうことなんです。法律で決めるっていうことに
なれば，普通，時間をかけてよく検討しますよね。いろんな場面を想定して，
そうした場面にもちゃんと対応できるように条文を作っていくんだと思いま
す。例えば，物のパブリシティーだったら，権利を認めるとして，どの程度，

みんなに知られていたらいいのかとか，どんな利用について権利行使できるのかとか，いったい権利者は誰にしたらいいのかとか，いろいろ出てきますよね。実際，先ほど紹介したように，物のパブリシティー権を認めた名古屋地裁と名古屋高裁とでも，一方は G1 レースに出走したことがある馬，で，もう一方は G1 レースで優勝したことがある馬，っていうように判断が分かれていましたよね。こういうのって本来は法律の役目でしょ，っていうことなんです。そのような理由で，物のパブリシティー権自体認められない，っていう最高裁の判断になったんだと思います。それが，その判決文の 4〜5頁の下線が付けられている部分に現れているわけです。すなわち，「物の無体物としての面の利用の一態様である競走馬の名称等の使用につき，**法令等の根拠もなく**競走馬の所有者に対し排他的な使用権等を認めることは相当ではなく」，「競走馬の名称等の無断利用行為に関する不法行為の成否については，違法とされる行為の範囲，態様等が**法令等により明確になっているとはいえない**現時点において，これを肯定することはできない」といった部分になります（太字は筆者）。

3. 人のパブリシティー権は？

これに対して，本来のパブリシティー権とも言える，「人のパブリシティー権」はどうなのか？っていうことになりますね。そもそもパブリシティー権っていう言葉自体が法律の条文にないわけですから，人のパブリシティー権だってはっきりとした明文の根拠があるわけじゃないんですが，こちらの方は，長年，下級審（下級審って，ごく大ざっぱに言ってしまえば，地裁と高裁になります。）で認められてきたんですね。そう聞くと，先ほどの競走馬の事件の話とは首尾一貫しない感じを皆さんは受けるかもしれませんが，まぁ，とりあえず話を進めてみましょう。日本で最初に（人の）パブリシティー権が認められた判決としてよく紹介されるのが，マーク・レスター事件という判決です。東京地裁の昭和 51 年 6 月 29 日の判決で，事件番号は昭和 46

（第3回の要点）

〈パブリシティー権〉
（顧客吸引力を利用できる権利）

明文の規定はない。

〈ギャロップレーサー事件〉
「物のパブリシティー権」

| （名古屋地裁）
G1レース出走の馬について，
（名古屋高裁）
G1レース優勝の馬について，

損害賠償を認めた。 | ⇒ | （最高裁）
「物の無体物としての面の利用の一態様である競走馬の名称等の使用につき，法令等の根拠もなく競走馬の所有者に対し排他的な使用権等を認めることは相当ではな」い
→損害賠償も否定。 |

年(ワ)9609号になります。残念ながら，裁判所のサイトには載っていないようです。マーク・レスターさんって，当時，イギリスの子役の俳優さんで，結構な人気だったようですね。で，これはどんな事件だったか？っていうと，簡単に言えば，レスターさんが主演した映画，それは「小さな目撃者」っていう映画だったんですが，その映画の，レスターさんが大きく写っている，一シーンが本人の承諾なしにテレビCMに使われたことに対して，裁判所が損害賠償を認めた，っていう事件だったんですね。この判決文の中では，パブリシティー権っていう言葉自体が使われたわけではありませんでしたが，（人の）パブリシティー権を初めて認めた判決，って一般に理解されています。これが，昭和51年（1976年）のことで，その後，こういった判決が下級審で続くんですね。ですから，（人の）パブリシティー権自体が認められる，っていうのは大方承認されていて，それでは，その根拠は何？どんな場合に認められるの？といった方向で議論されていました。そんな中で出てきたのが，ピンク・レディー事件の最高裁判決なんですね。最高裁の平成24年2

月2日の判決になります（事件番号は平成21年(受)2056号です。)[18]。では，次回は，この判決から入っていきたいと思います。それでは，今回は，これで終わりにします。

18）https://www.courts.go.jp/app/files/hanrei_jp/957/081957_hanrei.pdf

第**4**回
パブリシティー権 (2)

1. ピンク・レディー事件 (最判平 24.2.2)

　皆さん，こんにちは。今回は，ピンク・レディー事件からですね。**最高裁の平成 24 年 2 月 2 日の判決**でした[19]。皆さんは，ピンク・レディーって聞いたことはありますか？　昨年までの授業ですと，知っている人が割といたんですが，皆さんはどうですか？　1970 年代の後半に大人気だった 2 人組の歌手です。ミーちゃんとケイちゃんでしたね。今だったら，デュオって言うのかな。この事件の中にも出てきますが，曲の振り付けね，当時，小学生だったんですけど，みんながその振り付けのまねをしていて，すごかったんですよ。まぁ，それはさておき，どんな事件だったかっていうと，週刊誌に写真を無断で載せられた，っていうんですね。一審の東京地裁の判決（平成 20 年 7 月 4 日の判決になります。事件番号は平成 19 年（ワ）20986 号です。)[20] を見ると，どんな曲の振り付けが載っていたかが分かります。全部で 5 曲だったみたいですね。「UFO」とか，どれも，当時，大ヒットした曲でした。その一審判決の 7 頁の下から 2〜1 行目に「**本件写真は，原告らが取材時間として特に許可した機会に被告が撮影した写真であり，撮影については，原告らの同意があった。**」ってありますから，写真の撮影自体には問題がなかったわけです。その，以前に撮った写真を，ずっと後になってから無断で載せられた，っていうことで問題になったわけです。これも一審判決になりますが，8 頁の下から 7〜6 行目に，「**本件担当記者らは，本件記事中に本件写**

---

19)　https://www.courts.go.jp/app/files/hanrei_jp/957/081957_hanrei.pdf

20)　https://www.courts.go.jp/app/files/hanrei_jp/610/036610_hanrei.pdf

真を使用することにつき，原告らの承諾を求めることはしていない。」って
あります。で，ちょっとここで押さえておいてほしいのは，この事件で，原
告が請求したのは損害賠償だけで，差止めはありませんでした。このことは，
ちょっと頭の片隅に置いておいてください。損害賠償請求ですから，民法の
不法行為になりますね。何条だったか覚えていますか？　709条でしたね。

(1)　（人の）パブリシティー権

　では，どんな権利が侵害された，って原告は主張したのかっていうと，そ
れがパブリシティー権だったんですね。でも，一審でも，それから，二審の
東京高裁でも，原告の請求は認められませんでした。最高裁でもそうですね。
ただ，地裁も，高裁も，（人の）パブリシティー権自体は認めています。こ
の最高裁判決が注目されたのは，（人の）パブリシティー権について最高裁
が初めて判断を下したからなんですね。では，最高裁はどんなことを言った
んでしょうか？　まず，パブリシティー権は人格権に由来する，って言いま
した。最高裁判決の3頁の11〜13行目です。人格権ってたぶん憲法で出て
きたと思います。民法でも出てきたかな？　人格権って聞いてすぐに思い浮
かぶのは，名誉やプライバシーでしょうね。ところで，人格権って明文の規
定はありましたっけ？　名誉については，例えば，民法の710条[21]とか
723条[22]とかにあったりするんですが，それ以外は，はっきり書いてくれ
ている条文はないんですね。憲法だと根拠条文は何条って習いましたか？
そうですね，13条でした。「生命，自由及び幸福追求に対する国民の権利に
ついては，公共の福祉に反しない限り，立法その他の国政の上で，最大の尊
重を必要とする。」っていうところです。ここにある幸福追求権の1つとして，

---

21) 「他人の身体，自由若しくは名誉を侵害した場合又は他人の財産権を侵害した場合
　　のいずれであるかを問わず，前条の規定により損害賠償の責任を負う者は，財産以
　　外の損害に対しても，その賠償をしなければならない。」
22) 「他人の名誉を毀損した者に対しては，裁判所は，被害者の請求により，損害賠償
　　に代えて，又は損害賠償とともに，名誉を回復するのに適当な処分を命ずることが
　　できる。」

プライバシー権とかの新しい人権が出てくる，っていう説明だったはずです。詳しくは，憲法の教科書とかがあれば，それを読み返してもらいたいんですが，この判決には 3 頁の 6〜10 行目に 3 つの最高裁判決が挙がっていますね。たぶん，少なくとも 2 つめの「最高裁昭和 40 年 (あ) 第 1187 号同 44 年 12 月 24 日大法廷判決」は，憲法で習ったんじゃないかなって思います。**肖像権**ですね。その判決文[23] の 3 頁の 2〜3 行目にありますが，「個人の私生活上の自由の一つとして，何人も，その承諾なしに，みだりにその容ぼう・姿態 (…) を撮影されない自由を有する」っていうわけです。もっとも，その 4 行目を見ると，最高裁自身は，「これを肖像権と称するかどうかは別として」とは言ってはいますね。

(2)　人格権に由来する権利

ですから，ピンク・レディー事件に戻ると，人には肖像権とかの人格権があって，その肖像とか名前とかに商品の売り上げを伸ばしたりする顧客吸引力があれば，この顧客吸引力を利用する権利，すなわち，パブリシティー権は，この人格権に由来するものとして認められますよ，って言ったんですね。物とは違って，人にはパブリシティー権が認められて，その根拠は憲法に由来する人格権だ，っていうことになります。パブリシティー権自体を定めた条文がないっていうのは，人も物も同じわけですが，人の方はなんとか憲法から導き出せた，っていうことなのでしょう。

(3)　パブリシティー権の侵害が認められる場合

ただ，それでは，どんな場合に認められて，どんな場合には認められないのかという，物のパブリシティー権の議論でも問題になった点は残っていますよね。そこはどうしたんでしょう？　この事件でもそうでしたが，パブリシティー権って表現の自由と対立したりするんですね。だから，そのバラン

23）　https://www.courts.go.jp/app/files/hanrei_jp/765/051765_hanrei.pdf

スをとらなければならない。どこでバランスをとるか？　表現の自由ってとっても大事な人権だって習ってきたと思います。ここでも最高裁は表現の自由を重視しました。その結果が，この判決文の3頁の下線が付いた部分の①〜③になっています[24]。注意して見ると，③の終わりに「など」が付いているので，必ずしも①〜③に限られるわけではありませんが，それでもパブリシティー権侵害になるのは，その頁の下から4〜3行目にあるように，「**専ら肖像等の有する顧客吸引力の利用を目的とするといえる場合**」でなければならないわけです（太字は筆者）。「専ら」ですから，かなり絞られてきますね。こうやって，表現の自由を広く認めるっていう形で，パブリシティー権が認められる範囲をある程度，はっきりさせようとした，とも言えます。それは，パブリシティー権も禁止権であって，多くの人の活動を制約しかねない，っていう性質があるからなんですね。

　でも，本来，これは法律で決めるべき話だったのかもしれません。ただ，現状，明文の法律がないからといって，人のパブリシティー権も認めない，っていう判断はできないでしょうし，物のパブリシティー権とは違って，辛うじて憲法の規定に根拠を見出すことができますから，このような判断の違いになったんじゃないかなぁ，って思っています。そうしたことが，この判決の補足意見にも現れていると思います。考え方の参考になると思いますので，補足意見の5頁の7行目〜6頁の5行目あたりを読んでもらえたらと思います。

2.　差止請求の可否

　ここで，先ほど，ちょっと頭の片隅に置いておいてください，って言ったことを思い出してください。この事件では，原告が請求していたのは，損害

---

24)　「①肖像等それ自体を独立して鑑賞の対象となる商品等として使用し，②商品等の差別化を図る目的で肖像等を商品等に付し，③肖像等を商品等の広告として使用するなど，専ら肖像等の有する顧客吸引力の利用を目的とするといえる場合」

賠償だけでした。ですから，最高裁も，どのような場合に不法行為法上違法になるか，っていうことを判断しているだけです。判決文を読む限りは，そうですよね。ところで，知的財産権の侵害があったときの救済方法には，損害賠償のほかに，差止請求がありましたね。では，**パブリシティー権侵害があったときに，差止請求は認められるんだろうか**，っていう疑問が浮かんでくるわけです。不法行為になるんだったら，差止めも認めていいんじゃない？って思うかもしれません。なぜなら，侵害されるのが分かっているのに，侵害されるのを待って，それから損害賠償請求しなさい，なんておかしくない？って感じるかもしれませんね。でも，これは，民法の授業で聞いたのではないかなって思うんですけど，民法の伝統的な理解では，不法行為の効果としては差止請求は認めていないんですね。差止めと損害賠償とを比べたときに，差止めの方が相手に与える影響が大きい，って考えたからかもしれません。でも，自分だったらお金を払う方が嫌だな，って思った人もいるかもしれませんが…。そうなると，不法行為になるから差止めもできる，とはならなくて，差止めを認めるとしたら，また別の理屈が必要になってくることになります。でも，この判決の理解として，この判決は差止請求も認める趣旨なんだ，っていう理解があるんですね。ただ，判決文には差止めのことは書いていないですよね。

（1）　所有権

　では，どういう理屈からそういう理解が出てくると思いますか？　それは，パブリシティー権の根拠を人格権としたからなんですね。でも，人格権が侵害されたら，差止請求ができるっていう条文はないんですね。ただ，プライバシーなどの侵害を理由に出版の差止めが認められた，っていうような事例があったりするわけです。憲法の授業で聞いているのではないかなって思います。ところで，例えば，所有権が侵害されたときに，その妨害を排除したりとかできるんですが，そういった権利をまとめてなんて呼んでいたか，覚えていますか？　これは，民法の復習になります。**物権的請求権**ですね。所

有権であれば，返還請求権，妨害排除請求権，妨害予防請求権の３つになります。これが差止請求に相当するわけです。でも，この物権的請求権も，実は，はっきりとした条文はないんですね。でも，当然なものとして認められていますよね。

(2) 占有権

　ここで，民法を見てください。180条以下に占有権っていうのがあります。民法の授業でも，この占有権はあまり取り上げられないかもしれません。占有権って，物を占有しているだけであるんです。所有権とかがあるかどうかは関係ないんですね。おもしろいでしょ。で，197条以下に**占有訴権**（せんゆうそけん）というのがあって，占有を侵害されたときに，占有者が請求できる権利なんですね。そこで，こういう理屈になるんですね。占有権だけでも，こういった請求ができるんであれば，所有権があったら当然，同じような請求ができるはずだよね，っていう具合です。ですから，先ほど挙げた３つ，返還請求権は200条25) の占有回収の訴えに，妨害排除請求権は198条26) の占有保持の訴えに，妨害予防請求権は199条27) の占有保全の訴えにそれぞれ対応しているわけです。ちなみに，知的財産権の場合には，対象が無体物ですから，占有ということが考えられませんので，差止請求権としては，ここで言う妨害排除と妨害予防の２つでいいわけです。このことを著作権法で確認してみましょう。112条になります。１項を見てください28)。ここにある侵害の停止が妨害排除に，侵害の予防が妨害予防にそれぞれ当たるわけです。で，この２つをまとめて差止請求って言っているんですね。

---

25)　例えば，１項は，「占有者がその占有を奪われたときは，占有回収の訴えにより，その物の返還及び損害の賠償を請求することができる。」と規定しています。
26)　「占有者がその占有を妨害されたときは，占有保持の訴えにより，その妨害の停止及び損害の賠償を請求することができる。」
27)　「占有者がその占有を妨害されるおそれがあるときは，占有保全の訴えにより，その妨害の予防又は損害賠償の担保を請求することができる。」
28)　「…著作権者…は，その…著作権…を侵害する者又は侵害するおそれがある者に対し，その侵害の停止又は予防を請求することができる。」

（3）　人格権

　では，話を戻しますね。所有権侵害があったら，妨害排除とかの差止請求ができることが分かりました。とすると，こう言うんですね。物に差止めが認められるんだったら，人に認められて当然でしょ，っていう具合です。なので，人格権侵害には損害賠償だけでなく，差止請求も認められることがあるわけです。では，どんな侵害だったら，差止めまで認められるのかは，また少し難しい問題もありますので，知財の授業ではこのあたりまでにして，後は憲法とか民法の授業に譲ることにします。ですから，この最高裁判決は，パブリシティー権の根拠を人格権に求めましたので，差止請求も認める余地が出てきた，って言えるわけです。実際，過去の下級審の判決では，差止めまで認めた例がありましたから，そうした判決にお墨付きを与えたって言えるかもしれません。

　もう1つ，パブリシティー権は，基本的に，芸能人とかスポーツ選手といった，いわば有名人に認められる権利，っていうことになりますが，それでは，一般の人たちも持っている肖像権との関係はどう考えたらいいんだろう，って疑問に思っている人もいるかもしれません。それについて，ちょっと触れておきますね。肖像権ですから，勝手に写真を撮られたり，それを何かの媒体に載せられたりしない，っていう権利だったりするわけです。でも，一般の人であれば，その写真に経済的な価値が伴うっていうことは，普通，考えられませんよね。でも，有名人だって，当然，そのような肖像権を本来，持っているはずです。ですから，例えば，自宅でくつろいでいる姿とかを勝手に外から写すなんてことはできないはずなんです。でも，公の場だったら，そういうわけにはいかなくなります。まぁ，本人たちもそれが仕事のうち，って割り切っているのかもしれませんが。そのあたりの，どこまで？っていうのは，憲法の方で議論してくれているところだと思います。ここで皆さんに言いたいのは，有名人の場合，一般の人と比べれば，そういった肖像権は制限されていて，大ざっぱに言ってしまえば，その分，パブリシティー権がその埋め合わせをしている，って見ることができるっていうことです。そう

いうふうに整理してみると分かりやすいと思います。

3. パブリシティー権のまとめ

　最後に，前回と今回の話をまとめます。この2回で，物のパブリシティー権と人のパブリシティー権を取り上げました。どちらも，顧客吸引力という無体物を対象にしていました。ですから，知的財産権の一種とも言えたわけですね。となると，その本質は？　そうですね，禁止権っていうことになります。だから，権利を認めると，かなり多くの人に影響を与えるかもしれない，っていうことです。となると，あまりその影響が過剰にならないような配慮が必要になってきます。少なくとも，どこまで権利が及ぶのかをはっきりさせる必要がありました。そして，それは，本来，法律の役目でした。でも，パブリシティー権については，そのような法律はありません。だとすると，どちらもダメなのかな？ともなりそうなのですが，結論は分かれましたね。物の方はダメだけど，人の方はいいよ，って。この違いをうまく説明する自信はあまりないんですが，人の方は，1つは，下級審でずっと認められてきたっていうこと，もう1つは，曲がりなりにも憲法に根拠を求めることができた，このあたりじゃないかな，って思っています。ただ，そのような法律がないにもかかわらず，人については，権利を認めたわけですから，では，どこまでその権利は及ぶのかといった，人のパブリシティー権の範囲をある程度，はっきりさせるっていう作業を，法律に代わって，裁判所の方で担わなければなりませんでした。それが，この最高裁判決に出てきた，3頁の下線部分の①〜③だったんですね。法律がないから，その代わりに，裁判所が判決の中で条文を作ったような感じです。これを裁判所の**法創造機能**って言ったりします。まぁ，そういった最高裁の判決を特に指して，判例っていう言葉が使われることもあります。この法創造機能は，この後の講義でもまた出てくることがありますから，ちょっと覚えておいてくださいね。それでは，今回はこれで終わりにします。

(第 4 回の要点)

〈ピンク・レディー事件〉

| 憲法 13 条　幸福追求権 |
| ↓ |
| 人格権 |
| ↓ |
| パブリシティー権 |

⟸⟹

憲法 21 条　表現の自由

パブリシティー権の侵害は,
「専ら肖像等の有する顧客吸引力の利用を目的とするといえる場合」

第5回
著作権侵害の7つの要件 (1)

1. 要件と効果

　皆さん，こんにちは。前回までは，パブリシティー権について説明しましたが，今回から，いよいよ著作権法に入っていきます。これから，「どうなると」，著作権侵害になるのか，についてずっとお話ししていくことになるんですが，まず，今回から3回にわたって，その全体的な見取図を先に示しておきたいと思います。これからどんどん進んでいって，あれ？今，何をやっているんだろう？って分からなくなったら，ここに戻ってもらえたらと思います。これからお話しするのは，先ほど言いました「どうなると」のところです。この「どうなると」って，法律用語で言うと何になると思いますか？そう，**要件**ですね。正確には，法律要件っていうことですが，要件だけでいいでしょう。それでは，この要件に対応するのは，なんでしたか？　そうですね，**効果**でしたね。これも正確には法律効果になります。もう気がついている人もいると思いますが，実は，法律の勉強って，この要件と効果を学ぶことだったりするんですね。「どうなると」が要件，そして，ここでは，著作権侵害になる，が効果です。

　ただ，きちんと言うと，ここでの効果には，実は，2つあります。皆さんはもうそれも勉強しています。そうですね，1つは**著作権侵害に基づく差止請求権**，もう1つは**著作権侵害に基づく損害賠償請求権**，この2つなんです。で，実は，この2つでは要件がちょっと違うんですね。どうしてだか分かりますか？　著作権侵害に基づく損害賠償請求権って，その性質はなんだって言いましたか？　以前の講義を思い出してみてください。そうですね，不法

行為でした，民法 709 条の²⁹⁾。どんな場合に不法行為が成立するのか，これは民法の授業で習ったと思います。で，この 709 条を見てもらうと，「他人の権利…を侵害した」ってありますね。実は，著作権侵害ってこの部分なんですね。でも，条文を見ると，そのほかに「故意又は過失」や「損害」なども必要になってきますね。不法行為の要件についてきちんと知りたい人は，民法の教科書とかに書いてありますから，そちらを見てくださいね。ここで押さえておいてほしいのは，ちょっと固い言い方になりますが，著作権侵害に基づく損害賠償請求権の発生という効果に必要な要件は，著作権侵害だけではない，っていうことなんです。プラス・アルファが必要になってくるんですね。

　それに対して，著作権侵害に基づく差止請求権の方は？っていうと，これは著作権侵害だけでいいんですね。今度は，著作権法の **112 条 1 項**を見てください。ここでの説明に必要なところだけを抜き出しながら読んでみますね。「…著作権者…は，その…著作権…を侵害する者又は侵害するおそれがある者に対し，その侵害の停止又は予防を請求することができる。」ってなっています。「侵害の停止又は予防」が差止めだっていうのは，前にお話ししましたね。「侵害する者」は，今，侵害している人，「侵害するおそれがある者」は，これから侵害しそうな人です。ね，著作権侵害があったら，差止請求ができる，って書いてあるわけです。損害賠償とは違って，差止め自体はただ，やめて！って言うだけですから，損害とかを言っていく必要はない，っていうのはすぐに分かると思いますが，**差止請求には故意・過失も必要ないんで**すね。たとえ著作権を侵害しているっていう認識がなくって，そのことに落ち度もなかったとしても，基本的に差止めの方は受けてしまう，っていうことなんです。ここは大事なところですから，覚えておいてください。なので，著作権侵害に基づく差止請求権の発生という効果に必要な要件は，著作権侵害だけっていうことになります。とは言っても，これから順にお話ししてい

---

29)　「故意又は過失によって他人の権利又は法律上保護される利益を侵害した者は，これによって生じた損害を賠償する責任を負う。」

くことになりますが，その著作権侵害の中に，またいくつもあるんですけどね。ですから，これからお話ししていく「著作権侵害」の要件って，著作権侵害に基づく損害賠償請求権の発生という効果から見ると，それに必要な要件の一部だ，っていうことになりますね。

2. 著作権侵害の要件

それでは，その著作権侵害って，いったいどんな場合だろう，っていう話に入っていきます。これは，全部で7つあります。まぁ，8つって言った方が正確なのかもしれませんが，少ない方が覚えるにはいいでしょうから，とりあえず7つって覚えてください。で，これからお話しする7つの要件が揃ったら，著作権侵害に基づく差止請求権の発生という効果が生じるわけです。繰り返しになりますが，損害賠償請求権の発生であれば，この7つの要件にプラス・アルファ，すなわち，7つの要件に加えて，権利侵害以外の他の不法行為の要件も必要，っていうことになるわけです。で，要件と言ったら，ここで言えば，7つすべてを満たす必要があります。英語で言えば，or ではなくて and になりますね。

それでは，前置きはこのぐらいにして，その7つの中身に入っていきましょう。分かりやすいように，簡単に事例を設定しておきますね。例えば，**A さんが，ある作品を作った**とします。この作品っていう言葉は，皆さんが日常よく使うような意味で，ここでは使っています。この作品が，著作物かどうかはまだ分かりません。一方，**B さんは，何かの作品を利用した**とします。B さんの利用した作品が，A さんの作った作品かどうかもまだ分かりません。それから，これはちょっと日常的な言葉の使い方とは少し離れてしまうんですが，説明の便宜上，**ここでの「利用」には作成も含めて考えてほしい**んです。つまり，ここで，B さんは何かの作品を利用した，って言うときに，その中には，B さんが何か作品を作った，っていうことも含まれている，っていうことです。それは，あくまでもここでの説明の便宜のためになりま

す。ところで，ちょっと余談ですが，今，A，Bって言いましたけど，私の学生時代には，甲，乙，丙，…って言うことが多かったんですね。たぶん今はあまり使われないのではないかな。A，B，C，…とかX，Y，Z，…が多いような気がします。ちょっと時代を感じますね。

3.　著作物性

　では，話を戻します。このとき，Aさんが，Bさんを相手に著作権侵害で訴えるには，何を言っていく必要があるのか，つまり，裁判所に著作権侵害に基づく差止請求を認めてもらうには，どんなことを言っていったらいいのか，っていうことです。まず，理由が著作権侵害ですから，Aさんの作った作品が，著作物でなくてはいけませんね。ですから，1つめの要件は，**A さんの作品が「著作物」であること**，っていうことになります。**著作物性**って言っています。で，著作物って何？っていうと，著作権法の**2条1項1号**になります[30]。これはとっても重要な条文で，これからも何回も見てもらうことになると思います。で，この条文を思い切って一言で言ってしまうと，**創作的な表現**，っていうことになります。正確に言えば，もうちょっとあるんですが，とりあえず覚えることは少ない方がいいと思いますので，今の時点では，著作物＝創作的な表現，って覚えてしまってください。

（1）　登録は不要

　で，この，創作的な表現，すなわち，著作物に当たる，っていうことはどういうことかというと，著作権が発生している，っていうことを意味するんですね。もう知っている人もいるかもしれませんが，実は，**著作権って，著作物を創作しただけで，自動的に生まれる**んですね。ここはとっても重要です。同じ知的財産権でも，以前の授業でちょっと出てきた，特許権とか商標

---

30)　「著作物　思想又は感情を創作的に表現したものであつて，文芸，学術，美術又は音楽の範囲に属するものをいう。」

権とかとは違うんですね。特許権とか商標権は，特許庁というところに**出願**して，**審査**を受けて，**登録**してもらわなければならないんです。そして，その登録で権利が発生する，っていう仕組みになっています。ちょっと特許法でそれを確認してみましょう。特許法の66条1項になります。「特許権は，設定の登録により発生する。」ってはっきり書いてありますね。でも，著作権はそうではないんですね。そのことが，ちょっと分かりにくい条文かもしれませんが，著作権法の17条2項にあるんですね。見てみてください。今は，著作者人格権っていうのはちょっと措いておきましょう。「…著作権の享有には，いかなる方式の履行をも要しない。」ってありますね。登録とかは要りませんよ，っていうことなんですね。ですから，著作権っていうのは，著作物が，すなわち，創作的な表現って評価できるものが創作されれば，それだけで，そして，その瞬間，権利が発生する，っていう仕組みになっています。

　ですから，著作権が発生していたかどうかっていうのは，事後的な判断になるっていうことが分かると思います。特許権であれば，登録ではじめて権利が発生しますので，登録があるかどうかを特許庁で確認すれば，それではっきりするわけですね。でも，著作権は，そのような仕組みにはなっていませんから，どこにどんな著作物があるのかなんて分かりません。また，何か作品が作られたとしても，それが本当に著作物なのか，すなわち，著作権が発生しているのかっていうことは，実は，裁判とかになってみないとはっきりしないことだとも言えるわけです。で，その判断が，この1つめの要件っていうことになるんですね。

(2)　創作性

　で，この，著作物性の判断，つまり，創作的な表現って言えるかどうかっていう判断の中で，特に大事な部分が**創作性**のところなんですね。創作性なんていう言葉を聞くと，何かかなり高いレベルが要求されていそうな気がするかもしれませんが，実は，そんなことはなくて，かなり容易にこの創作性

って満たされるんですね。ですから，先ほど，それが本当に著作物なのかっていうのは，実は，裁判とかになってみないとはっきりしない，って言いましたけど，一般に作品って呼ばれるようなものであれば，それはほとんどがこの著作物性の要件を満たしている，っていうのもまた現実なんですね。この創作性のレベルについては，後で，著作物性のところで詳しくお話ししますが，この創作性という概念を中心にして，この講義も進んでいくことになりますので，ここでしっかりと覚えてしまってくださいね。で，Aさんの作品にもしこの著作物性がなければ，もし，そういう判断になってしまえば，もう著作権侵害っていうことはあり得ないわけですから，理屈の上では，もうこれ以上先に進む必要はなくなるわけです。著作物性があるっていう判断になって，次の 2 つめの要件に入っていくことになります。

4，依拠

2 つめは，「依拠（いきょ）」っていう要件になります。これを正確に表現しようって思うとかなり難しいんですが，簡単に言ってしまえば，日常用語で言う，マネしたね！っていうことになるかと思います。どういうことかというと，例えば，Bさんがある作品を作ったところ，すでに存在するAさんの作品に非常に似ていた，なんていう場合を想像してみてください。でも，Bさんは，Aさんの作品をこれまで見たことも聞いたこともなかった，ましてAさんのことだって知らなかったし，Aさんの作品に触れるような機会も全然なかった，としましょう。そういうことだって決してあり得ないわけではありませんね。もし仮に，こんなときでも著作権侵害になってしまうとしたら，Bさんとしては，とっても困惑してしまいますよね。なので，こういった場合には著作権侵害にならないわけですが，そのとき，依拠がなかった，って言います。ですから，先ほどの設例に即して言えば，2 つめの要件はこうなります。**Bさんの利用した作品が，Aさんの作品に依拠して作られたものであること**。ちなみに，ここでは，便宜的に，利用には作成を含むって言

いましたので，Bさんが何か作品を作った，っていう事案であれば，Bさんの作った，その作品がAさんの作品に依拠して作られた，っていうことが，この2つめの要件になりますね。

ここまでは割とスッと頭の中に入ったと思うんですが，実は，依拠って少し複雑で，詳しくは後でお話しすることになりますが，まぁ，典型的な場合は，Aさんの作品を直接見たり聞いたりしてマネした，っていう場合なんですが，Aさんの作品そのものは見たり聞いたりしたわけではないけど，例えば，Aさんの作品に依拠してCさんが作った作品を，Bさんが見たり聞いたりして作品を作ったような場合でも，Cさんの作品への依拠だけではなくて，Aさんの作品への依拠もある，っていうことなんですね。ですから，依拠って必ずしも直接的なものに限らなくって，間接的なものであってもいいんですね。先ほど，正確に表現しようって思うとかなり難しい，って言ったのは，実は，こういうことなんです。ですから，依拠を「あり」っていう方向から説明しようとすると，かなり長々と説明しなければならなくなったりするんですが，逆の方向から，つまり，「なし」っていう方から説明すると案外すっきり説明できたりします。つまり，依拠がないっていうのはどういう場合かっていうと，独自に創作した場合なんですね。Bさんが，誰の作品もマネせず，独自に創作したっていうのであれば，依拠はないわけです。ですから，**依拠って，独自創作を著作権侵害から除外するための要件**だ，って言うこともできます。ちょっと先走ってしまって，多少混乱させてしまったかもしれませんが，今回のところは，依拠ってマネしたってことなのね，だから，独自創作であれば，著作権侵害にはならないのね，って覚えておいてもらえれば十分だと思います。ちなみに，この依拠の要件をはっきり書いてくれている条文はないんですね。それは，判例で認められているもので，その判例についても，後の授業で取り上げる予定です。それでは，今回は，このあたりでいったん区切って，次回は，3つめの要件から入っていきたいと思います。では，今回は，これで終わりにします。

（第 5 回の要点）

（一部，第 6 回・第 7 回の内容を含んでいます。）

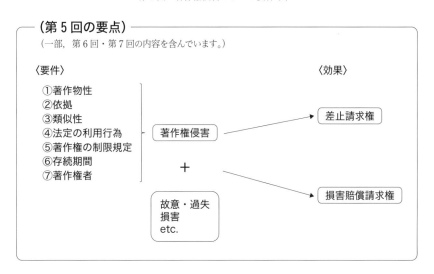

第**6**回
著作権侵害の 7 つの要件 (2)

1. 類似性

　皆さん，こんにちは。今回は，著作権侵害の 7 つの要件の 3 つめからですね。3 つめの要件は，B さんの利用した作品が，A さんの作品に類似していること，です。これを**類似性**って言っています。でも，似ているかどうかなんて，人によって違いそうですよね。だからって，裁判官によって判断がまちまちになる，っていうんでは困りますよね。なので，できるだけ判断にばらつきが生じないように努力が続けられています。それでは，どうするのかというと，前回，1 つめの要件で出てきた，創作的な表現を使うんですね。ここまで，1 つめ，2 つめ，3 つめって進んできた，っていうことは，1 つめと 2 つめの要件は満たしている，っていうことですから，A さんの作品は著作物だ，っていうことになりますね。つまり，A さんの作品には創作的な表現と評価できる部分がある，っていうことになります。前回，創作的な表現って評価できるものが創作されれば，それだけで著作権が発生する仕組みになっている，って言いましたね。これは，見方を変えれば，著作権は，創作的な表現を保護しているっていうことになりますよね。とすれば，A さんの作品のうちで，創作的な表現って言える部分が利用されていれば，それは著作権行使の対象にすべきだけど，一方で，A さんの作品のうちでも，創作的な表現とは言えないような部分しか利用されていない場合には，それは著作権行使の対象にはならないし，また，そうすべきでもない，って言えるわけです。ですから，B さんの利用した作品が，A さんの作品に類似しているかどうかっていうのは，A さんの作品にあった創作的な表現が，B さん

の利用した作品にあるかどうか，っていうことになります。あれば類似性あり，なければ類似性なし，っていうことです。

(1)　アイディア・表現二分論

で，A さんの作品のうちで，創作的な表現とは言えないような部分って，いったい何？って疑問に思うかもしれません。ここも大事なところで，後であらためて説明することになりますが，ここで簡単に触れておくと，2 つあります。1 つは，創作的な表現とは言えない部分，っていうことですから，**表現なんだけど創作性がない部分**っていうことになります。もう 1 つは，表現ではなくて，**アイディアって言われるような部分**です。著作権法の世界では，実は，こういう分け方をするんですね。まあ，観念的ではあるんですけど，例えば，ある作品があったとして，それはアイディアの部分と表現の部分とに分けられる，って。これを**アイディア・表現二分論**って言ったりします。そして，表現の部分は，創作性のある部分と創作性のない部分とに分けられる，っていう具合です。とは言っても，もちろん，その判断は微妙なこともあります。ですから，著作権法は，こういう枠組みを使っている，っていうことなんです。アイディア・表現二分論についても，少し後であらためて説明することになりますが，ここで，皆さんに 1 つ覚えておいてほしいのは，**著作権法は，アイディアそのものは保護していない**，ってことなんです。びっくりしましたか？実は，1 つめの要件は，そのことも言っていたんですね。だって，創作的な「表現」でしょ。保護の対象は，あくまでも表現であって，アイディアじゃないよ，っていうことなんですね。たぶん，ここは，一般の人たちが著作権法に期待していることと隔たりがあるところではないかな，って思っています。だって，アイディアこそ重要じゃない？って思いますよね。でも，これにはそれなりの理由があるんですね。それは，また後日のお楽しみにとっておきましょう。

(2)　28条

　ここでは，創作的な表現を利用すれば，それは，著作権に触れるけど，そうじゃなければ，著作権侵害にはならない，っていうことを押さえておいてください。例えば，1つめ，2つめって，要件を満たしてきても，つまり，ある著作物への依拠があっても，その著作物の創作的な表現を一切，利用していなければ，この類似性の要件は満たしませんので，著作権侵害にはならないわけです。Bさんが何か作品を作るときに，著作物と言えるAさんの作品を参考にしたとしても，まぁ，参考にしているわけですから，依拠もあるわけですが，Aさんの作品の創作的な表現をまったく使っていなければ，例えば，利用したのがAさんの作品のアイディアにとどまっていれば，それは，Aさんの作品の著作権を侵害していない，っていうことなんです。もちろん，実際にアイディアと表現との間に線を引くのは，かなり微妙な判断にはなります。で，この類似性の要件の根拠は，28条[31]になるんですが，この条文を見ても，どこにも類似性っていう言葉は出てきませんね。それどころか，ちょっと読んでみただけでは，何を言っているんだか，ちょっと分かりづらいかもしれませんね。どうして，この28条から類似性が導き出せるのかは，かなり大事なところでもあるので，後で，類似性のところで，詳しく説明しますね。

2.　法定の利用行為

　それでは，この3つめの要件も満たした，っていうことになると，次は，4つめの要件ですね。4つめは，**法定の利用行為**っていうものになります。先ほどの設例では，Bさんは，何かの作品を利用した，っていうことでした。法定の利用行為という要件は，この，**Bさんの利用行為が，著作権法の21**

---

31)　「二次的著作物の原著作物の著作者は，当該二次的著作物の利用に関し，この款に規定する権利で当該二次的著作物の著作者が有するものと同一の種類の権利を専有する。」

〜27 条[32]，それから，113 条（侵害とみなす行為）の，少なくともどれか 1 つに当たること，っていうことになります。逆に言えば，これらの条文に挙がっている行為のどれにも当たらない，っていうことであれば，著作権侵害にはならない，っていうことなんですね。

　これってどういうことかっていうと，ちょっと復習にはなるんですが，以前の授業で説明したように，著作権って禁止権でしたね。つまり，著作権者は，自分以外の人がその著作物を利用するのを禁止できるわけで，そういった意味で，実は，かなり影響の大きな権利でもあったわけです。なのに，その対象は，無体物ですから，必ずしも輪郭がはっきりとはしていない。となると，単に，著作物の利用は駄目ですよ，とだけ言ったのでは，どこまでがよくて，どこからはダメなのか，よく分からなくなってしまう。だから，ダメな，すなわち，禁止される行為を法律で 1 つ 1 つ挙げて分かりやすくした。そういうことでしたね。そういう要請から出てきたのが，この 21〜27 条，113 条の条文群なんですね。一度，これらの条文をざっとでも眺めておいてもらえればと思います。

　で，この 4 つめの要件まで満たしてくると，著作権侵害に当たる可能性が高くなってきます。だって，著作物で，依拠があって，類似していて，法定の利用行為に当たる，っていうわけですからね。なので，一応，ここで，法律上の取り扱いが変わってきます。正確に言えば，1 つめ〜4 つめに，最後の 7 つめを合わせた 5 つの要件と，これからお話しする，5 つめ，6 つめの 2 つの要件とでは，ちょっと位置付けが違ってくるんですね。そのことは，7 つの要件全部の説明が終わってからお話ししますが，5 つめ，6 つめの要件の表現の仕方が，4 つめまでとはちょっと違ってくるので，それがどういうことなのか，それに気づく人もいるかもしれませんね。

---

32)　例えば，21 条は，「著作者は，その著作物を複製する権利を専有する。」と規定しています。

3. 著作権の制限規定

　それでは，5つめの要件に入ります。5つめは，**著作権の制限規定**っていうものです。条文は，30条以下です。著作権侵害の要件という方向から言えば，**Bさんの利用行為が，30条〜47条の7[33]のどれにも当たらないこと**，っていうことになります。これを，逆から言えば，Bさんの利用行為が30条〜47条の7のどれか1つに当たれば，たとえ1つめ〜4つめの要件を満たしていても，著作権侵害は否定される，っていうことです。ちなみに，47条の7，って出てきましたが，これは，条に枝番が付いている形で，47条7項とか47条7号という意味ではありません。こういった枝番の付いた条文っていうのがところどころありますので，注意してくださいね。この著作権の制限規定は，条文がたくさんあります。その中で，皆さんも知っていそうなところは？って言えば，30条1項の私的複製とか32条1項の引用といったあたりでしょうか。なので，この授業では，そのあたりを中心に取り上げる予定でいます。

4. 存続期間

　それでは，次の6つめの要件に入りましょう。6つめは，著作権の**存続期間**になります。これを，著作権侵害の要件っていう方向から表現すると，**Aさんの作品の著作権の存続期間がまだ経過していないこと**，っていうことになります。著作権もそうなんですが，知的財産権って，大抵，期間が決まっているんですね。そこも，所有権とは違うところです。所有権って，その物

---

33) 例えば，30条1項は，「著作権の目的となつている著作物（…）は，個人的に又は家庭内その他これに準ずる限られた範囲内において使用すること（以下「私的使用」という。）を目的とするときは，次に掲げる場合を除き，その使用する者が複製することができる。(以下，略)」と規定しています。

が存在する限りは，普通，ずっと続きますからね。でも，知的財産権は，それぞれ，期間が決まっているんですね。著作権は，**著作者の死後 70 年**というのが，原則的な規定です。**51 条 2 項**になります[34]。平成 30 年（2018 年）の年末に，TPP11 ってありましたよね。その発効に伴って，50 年から 70 年に延長されています。欧米諸国は，70 年っていうところが多かったんですね。それに合わせたっていう感じになります。

　で，ここでちょっと，この存続期間に関連して，**パブリックドメイン**という言葉を説明しておきます。あまり聞き慣れない言葉だとは思うんですが，綴りだと public domain ってなります。みんなのもの，っていうぐらいの意味でしょうか。著作権などの分野では，割とよく使われることがあるので，覚えておいてもいいかもしれません。著作権の期間って，今，見たように，死後 70 年までまででしたね。で，始まりは？っていうと創作の時でした。それは，51 条 1 項にも書いてあります[35]。ですから，著作権は，著作者の存命中＋その死後 70 年まで，ということになりますね。で，70 年経過後は？っていうと，誰でも自由に使えるようになるわけです。もっとも，著作権以外の権利が他にあったら，そのときは，話は別ですが。誰でも自由に使えるっていうことは，使うからって誰かに了解をとる必要はないし，使ったからといってお金を払う必要もない，っていうことです。そんな状態をパブリックドメインって言います。著作権が切れたことをパブリックドメインに入った，っていうように使われるわけです。

　それから，先ほど，知的財産権って，大抵，期間が決まっています，って言いました。でも，やはり例外はあるんですね。例えば，商標権です。商標権は，登録から 10 年って，一応，期間は決まっているんですが，更新ができるんですね。条文は，商標法の 19 条になります[36]。だから，更新，更新，

---

34)　「著作権は，この節に別段の定めがある場合を除き，著作者の死後（…）70 年を経過するまでの間，存続する。」
35)　「著作権の存続期間は，著作物の創作の時に始まる。」
36)　例えば，2 項は，「商標権の存続期間は，商標権者の更新登録の申請により更新することができる。」と規定しています。

48

…って繰り返していけば，半永久的に続いていくこともあるわけです。これは考えてみればもっともなことで，皆さんがイメージしやすいように言えば，商標ってブランドであって，一生懸命いい物を作って，お客さんの信用を高めてきた。で，その信用は？っていうと，ブランドの名前，つまり，商標に乗っていたりするわけですね。その商標が，10年来たからもう終わりね，っていうのでは困ってしまうわけです。ですから，商標権は，更新ができるようになっています。でも，更新をするにもお金は必要ですから，そういったお金を払ってでも維持しておきたい商標が続いていく，っていうことになるわけです。でも，著作権には，こういった更新のような制度はないんですね。で，ここまでで，6つめの要件まで来ました。あと1つを残すだけになりましたが，今回は，いったんここで区切って，7つめの要件は，次回にお話ししたいと思います。それでは，今回は，これで終わりにします。

（第6回の要点）

（一部，第5回・第7回の内容を含んでいます。）

A ——————————→ B

著作権侵害による差止請求

〈7つの要件〉

①Aさんの作品が「著作物」であること
②Bさんの利用した作品が，Aさんの作品に依拠して作られたものであること
③Bさんの利用した作品が，Aさんの作品に類似していること
④Bさんの利用行為が，21～27条，113条の少なくともどれか1つに当たること
⑤Bさんの利用行為が，30条～47条の7のどれにも当たらないこと
⑥Aさんの作品の著作権の存続期間がまだ経過していないこと
⑦Aさんが，その作品の著作権者であること

注）ただし，上記の「利用」には，作成を含めて考えてください。

第7回
著作権侵害の7つの要件 (3)

1. 著作権者

　皆さん，こんにちは。今回は，著作権侵害の7つの要件の一番最後の要件からになりますね。7つめの要件は，当たり前のように聞こえるかもしれませんが，**Aさんが，その作品の著作権者であること**，です。著作権侵害で訴える，っていうのであれば，当然，訴える人に著作権がなければなりませんね。ちなみに，民事裁判では，訴える人を原告，訴えられた人を被告と呼びます。この被告に似た言葉で，被告人というのを聞いたことがあると思いますが，これは刑事事件ですね。民事では，原告，被告ですから，この機会に覚えておくといいかもしれません。設例では，Aさんが作品を作った，っていうんだから，Aさんがその作品の著作権を持っているのは当然じゃない？って思われるかもしれません。確かに，多くの場合はそうかもしれません。でも，たとえAさんがその作品を作ったんだとしても，もちろんその作品が著作物に当たるっていう前提ですが，Aさんが著作権を持っていない場合っていうのもあるんです。

　さぁ，それは，どんな場合でしょうか？　そうですね，1つは，Aさんが**著作権を譲渡**してしまっている場合ですね。すでに知っている人もいるかもしれませんが，著作権って譲渡できるんですね。譲渡って，売ったりあげたりすることです。法的には，売買とか贈与になりますね。著作権法の条文で言うと，61条1項になります[37]。ですから，譲渡してしまっていたら，も

---

37)　「著作権は，その全部又は一部を譲渡することができる。」

う著作権者ではないわけです。それから，もう1つは，実は，Aさんが実際に作品を作っていたんでも，最初からAさんが著作権を持たない場合っていうのがあるんです。それは，職務著作と言って，詳しくは，後の授業で説明することになりますので，ここでは，簡単に言うと，例えば，会社の仕事で，そこの従業員が，何かを作って，それが著作物だった，っていうような場合です。こういうことって結構ありそうですよね。このとき，会社が著作者になることがあるんですね。条文は15条になります[38]。この場合，著作権者は，最初から会社になります。ですから，Aさんが作ったんでも，Aさんが，例えば，C社で働いていて，C社の仕事でその作品を作った，っていうのであれば，C社が著作権者になる，っていう場合があるわけです。

(1) 著作者と著作権者

　ここで，ちょっとあれ？って思った人もいるかもしれませんね。著作者と著作権者って，2つの言葉が出てきてしまいましたね。タイプミスではありませんよ。著作権法には著作者と著作権者っていう言葉が2つとも出てきて，その意味が，若干，違うんですね。ただ，大抵の場合は，著作者で，かつ，著作権者になります。どういうことかというと，ちょっとややこしくなるので，今，言った，職務著作はひとまず措いておいて，例えば，Aさんが，会社の仕事とかとは無関係に，個人的に何か作品を作ったとします。で，その作品が著作物だとして，その著作者は？っていうと，それはもちろんAさんになります。となると，前に説明したとおり，この作品の著作権が，自動的にAさんのところで発生しているわけですね。で，ここで，もう1つ，Aさんのところに発生する権利があるんですね。それが，前々回，今はちょっと措いておきましょう，って言った，**著作者人格権**なんですね。ですから，

---

38) 例えば，1項は，「法人その他使用者（以下この条において「法人等」という。）の発意に基づきその法人等の業務に従事する者が職務上作成する著作物（プログラムの著作物を除く。）で，その法人等が自己の著作の名義の下に公表するものの著作者は，その作成の時における契約，勤務規則その他に別段の定めがない限り，その法人等とする。」と規定しています。

実は，著作物が創作されると，著作者のところに，著作権と著作者人格権という 2 種類の権利が発生するわけです。で，先ほど説明したように，著作権は譲渡できましたね。でも，**著作者人格権は譲渡できないんです**。条文は 59 条 1 項になります[39]。ですから，著作権が譲渡されると，著作権を持つ人と著作者人格権を持つ人とが別々の人になってしまうんですね。著作権が譲渡されても，著作者はあくまでも著作者で，著作者は必ず著作者人格権を持っていることになりますが，著作権の方は，今の説明で分かるように，必ずしも著作者が持っているとは限らないわけです。ですから，「権」があるかないかという細かい違いなんですが，著作者と著作権者という 2 つの言葉を使い分けなければならないわけです。例えば，前回説明した，著作権の存続期間の 70 年を計算するときは，誰の死後だったでしょうか？　ちょっと条文で確かめてみてください。51 条 2 項[40] でしたね。そうですね，著作権者ではなくて，著作者なんですね。著作権が譲渡されて，著作者はもう著作権を持っていなくても，70 年を計算するときは，その著作者の死後，ということになるわけです。著作者と著作権者という，この 2 つの概念の違いは，しっかりと押さえておいてくださいね。

(2) 職務著作

　で，先ほどの職務著作の場合は，会社が著作者になる，っていう制度なんですね。例えば，従業員の A さんが，会社の仕事で，何か作品を作ったとして，その作品が著作物で，しかも，職務著作が成立すれば，その会社が著作者になるんですね。15 条 1 項を見てください。少し長めの条文なので，今，ここで必要なところだけをちょっと拾い出してみますね。「…の著作者は，…その法人等とする。」ってなっているでしょ。そう，著作権者が会社，ではなくて，著作者が会社，なんですね。ちなみに，言うまでもないことかも

---

39)　「著作者人格権は，著作者の一身に専属し，譲渡することができない。」
40)　「著作権は，この節に別段の定めがある場合を除き，著作者の死後（…）70 年を経過するまでの間，存続する。」

しれませんが，会社も法人の 1 つですね。ですから，職務著作が成立する場合には，会社が著作権も著作者人格権も持つ，っていうことになります。で，実際にそれを作った，従業員の A さんには，著作権法上は，何も権利がない，っていうことになるんです。で，ここでちょっと疑問に思った人がいるかもしれませんので，ちょっと先走りますが，簡単に付け加えておきます。会社が著作者になる，っていうことになると，その著作権っていったいいつまで続くんだろう？会社の死後 70 年って？という疑問です。会社って続くところはずっと続きますからね。だったら，著作権も半永久的に続くことがあるの？って疑問に思いますよね。そんなときのために，やはり条文があります。51 条 2 項の死後 70 年というのは，原則的な規定で，その後にいくつか例外規定が置かれています。この場合は，53 条になるんですね[41]。詳しくは，存続期間のところで説明しますが，公表後または創作後 70 年，っていうことになります。まぁ，このあたりのことは，今はまだ，ちょっと細かいですから，今回は聞き流してもらって構いません。まずは，ここでは，著作者と著作権者とがずれることがある，っていうことを押さえておいてください。

2. 7 つの要件の立証責任

さぁ，これで，最後の 7 つめの要件の説明も終わりました。もう一度，振り返ってみましょう。著作権侵害で差止請求が認められるためには，要件が 7 つ必要でした。まずは，著作物でなくてはなりませんね。それから，依拠，類似性がある。そして，法定の利用行為のどれかに当たって，しかも，どの著作権の制限規定にも当たらない。で，まだ著作権の存続期間が経過していない。そして，最後に，その請求をしている人が著作権者だっていうことになりますね。で，この 7 つを眺めたときに，先ほどちょっと触れましたが，

---

41) 例えば，1 項は，「法人その他の団体が著作の名義を有する著作物の著作権は，その著作物の公表後 70 年（その著作物がその創作後 70 年以内に公表されなかつたときは，その創作後 70 年）を経過するまでの間，存続する。」と規定しています。

5 つめと 6 つめの 2 つは，他の 5 つとはちょっと位置付けが違いますよ，って言ったことを思い出してください。民事訴訟では，普通，原告と被告とがいますね。まぁ，分かりやすい例で言えば，自分の著作権が侵害されている，って言って訴える人が，まず，原告になりますね。で，被告は？っていうと，この人が自分の著作権を侵害している，って原告が考えている，その人を原告が被告にして，それで裁判が始まるわけです。そのとき，原告，被告のどちら側が何を言い，何を証明しなければならないのか，という一定のルールがあるんですね。これを**立証責任**と言ったりします。法分野で言うと，民事訴訟法ということになります。

(1)　立証責任とは？

で，著作権侵害の要件で言えば，1 つめ〜4 つめと 7 つめの 5 つを，著作権侵害を主張する側，この場合だと，原告になりますね，その原告が言っていかなければならないんです。例えば，2 つめの依拠の要件を例にとってみると，被告の作った作品は，原告の作品に依拠して作られたものだっていうことを裁判の場で原告が証明していかなければならない，っていうことです。もちろん，実際の裁判では，被告の方も，その作品は自分が独自に創作したものだって，もしそうなら，そう言っていくでしょうね。では，この立証責任ってなんなの？っていうことになりますね。分かりやすく言えば，立証というのは，訴訟の場で裁判官を納得させることなんですね。まぁ，著作物性とか類似性といった要件であれば，評価という側面が強いですから，たとえ裁判官が迷ったとしても，ありか，なしかを決められないこともないかもしれません。でも，依拠があったか，なかったか，って言ったら，双方の話もよく聞いてみたけど，どっちなのか，本当によく分からないなぁ，っていうことはあると思います。分からなかったら決められませんから，判決を出せないっていうことになってしまいます。でも，何か結論を出さなければならない，それが裁判なんですね。そこで出てくるのが，この立証責任という考えなんです。どういうことかというと，原告と被告のどちらかが立証責任を

負うんですね。そして，審理をしても，あったのか，なかったのか，よく分からなかったときは，立証責任を負っている方に不利に取り扱う，っていうことなんです。例えば，この依拠の例であれば，依拠があったことについて原告が立証責任を負っています。もし，審理をしても，依拠があったか，なかったか，裁判官にはよく分からなかったとしたら，立証責任を負っている原告に不利に，つまり，依拠はなかった，というふうに扱おう，っていうことなんです。そうすると，結果的に，原告の請求は認められない，っていうことになりますね。ですから，実は，裁判って立証責任をどっちが負っているかっていうことがかなり重要だっていうことが分かると思います。その立証責任を原告と被告との間でどういうふうに分配するのか，っていうのが，民事訴訟法という分野で勉強することだったりするんですね。

　で，著作権侵害の場合には，1つめ〜4つめと7つめの5つの要件を，著作権侵害を主張する側，ここでは原告ですね，そして，5つめと6つめの2つの要件を，著作権侵害ではないですよ，って主張する側，ここでは被告ですね，がそれぞれ立証責任を負っている，ってされています。でも，依拠ってマネしたかどうかなんだから，それを原告の方で立証しなければならないってちょっと厳しくないかなぁ，って感じた人もいるかもしれません。確かに，依拠したかどうかっていうのは，被告側の事情ですよね。しかも，その被告の主観面とも言えますね。それを原告の方で立証するっていうのは，かなり大変なようにも思えるんですが，でも，実は，それほど厳しくはないんですね。そのあたりのことは，また依拠のところで説明したいと思います。ここでは，立証責任分配の全体的な構造を理解していってください。

(2) 請求原因と抗弁

　で，1つめ〜4つめと7つめの5つの要件を請求原因って呼びます。そして，5つめと6つめは抗弁って呼ばれます。で，もう気づいている人もいるかもしれませんが，請求原因と抗弁とでは機能の仕方がちょっと違うんですね。請求原因は，原告が立証責任を負っていて，抗弁は，被告が立証責任を負っ

ているわけですが，まず，原告は，請求原因の5つを全部言っていかなけれ
ばならないんですね。どれか1つでも言えなければ，それでもう原告は負け
てしまう，つまり，原告の請求は認められない，っていうことになります。
では，抗弁の方は？っていうと，5つめの要件か6つめの要件のどちらかを
言えればいいんですね。もちろん，言えるんだったら，両方とも言っていっ
て構わないわけですが，被告の方としては，著作権の制限規定のどれか1つ
に当たるっていうことか，著作権の存続期間がもう経過しているっていうこ
とか，そのどちらかを言えれば，たとえ請求原因である5つの要件がすべて
満たされていても，被告の勝ち，すなわち，原告の請求は認められない，っ
ていうことになるんです。ですから，7つの要件って言っても，請求原因と
抗弁とではちょっと位置付けが違うわけです。なので，これまで順に7つの
要件を説明していったときに，5つめと6つめの要件は，他の5つの要件と
違って，〜どれにも当たらないこと，〜まだ経過していないこと，って消極
的な表現を使ったのはそういうわけだったんです。

3.　著作権者の許諾

　では，いよいよ最後になります。この著作権侵害の7つの要件というテー
マに入って，その最初の方で，正確には8つって言った方がいいかもしれな
い，っていうことを言ったのを覚えていますか？　まぁ，当たり前と言えば
当たり前なので省いたんですが，それはなんだと思いますか？　そうですね，
無断じゃないよ，いいって言ったじゃない，っていうことです。これを許諾
って言います。許諾っていう言葉はこれからも度々出てきますから，この機
会に覚えてしまってください。このことを先ほどまでの設例に即して言うと，
Bさんは，その作品の利用について，Aさんから許諾を受けていた，ってい
うことになります。では，ここで質問です。これは，請求原因になるでしょ
うか，それとも，抗弁になるでしょうか？　もう分かりますね。これは抗弁
なんです。ですから，5つめと6つめの要件と同じように，これを著作権侵

害の要件っていう方向から表現すると，Bさんは，その作品の利用について，Aさんから許諾を受けていないこと，っていうことになります。これを入れれば，著作権侵害の要件は8つになるんですね。7つでも8つでもどちらで覚えてもらっても構いません。頭の中で整理しやすい方で覚えてください。今回まで3回にわたって，著作権侵害の要件について説明してきました。ずいぶんと盛り沢山になりましたが，まずは，7つでも8つでもいいですから，これらの要件をここできちんと覚えてしまってくださいね。それでは，今回の授業はこれで終わります。

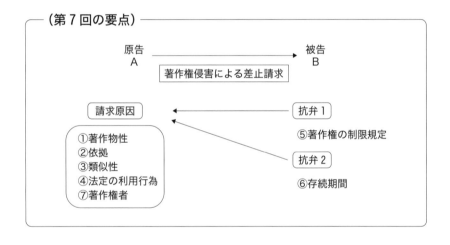

（第7回の要点）

原告 A ———→ 被告 B
著作権侵害による差止請求

請求原因 ←—— 抗弁1
①著作物性　　　　　　⑤著作権の制限規定
②依拠
③類似性 ←—— 抗弁2
④法定の利用行為
⑦著作権者　　　　　　⑥存続期間

第8回
著作物性(1)

1. 著作物の定義 (2条1項1号)

　皆さん，こんにちは。前回まで，著作権侵害の要件について，その7つを概観しました。この7つはもう覚えましたか？　早く覚えてしまってくださいね。今回から，その7つの要件を順に具体的に見ていくことになります。まずは，1つめの要件である著作物性ですね。著作権法で，この著作物を定義した条文って何条だったか，覚えていますか？　そうですね，2条1項1号[42]でしたね。これからちょくちょく見てもらうことになると思います。7つの要件を説明した際には，著作物＝創作的な表現，って覚えてください，って言いましたが，今回からは，もうちょっと細かく見ていきます。この条文を，まず，大きく2つに分けてみます。前半は「思想又は感情を創作的に表現したもの」，後半は「文芸，学術，美術又は音楽の範囲に属するもの」になります。やはり大事なのは前半部分なんですが，まず，簡単に後半部分に触れておきます。ここで文芸，学術，美術，音楽の4つのジャンルが挙げられていますが，この4つの区別が問題になることはまずありません。この4つを合わせて文化って括ってしまってかまいません。著作物って**文化の範囲**なんだよ，ということなんですね。

　では，文化と対比できそうな言葉って，なんだと思いますか？　ここでは，産業なんですね。では，産業にかかわる知的財産権ってなんだったでしょうか？　そうですね，前に産業財産権っていうのが出てきましたね。その中に

---

[42] 「著作物　思想又は感情を創作的に表現したものであつて，文芸，学術，美術又は音楽の範囲に属するものをいう。」

は4つの権利があったんですが，覚えていますか？　そうですね，特許権，実用新案権，意匠権，商標権の4つでしたね。その中で，意匠権っていうのは，工業製品のデザインを保護しているんでしたね。デザインですから，著作権と関わりが出てくるんですね。でも，あくまでも，著作権は文化の範囲，意匠権は産業の範囲っていう区分けはあるわけです。とは言ってみても，特に現代では，産業と文化ってそうはっきりとは分けられそうにはありませんよね。なので，著作権と意匠権の関係が問題になってくるんです。後で説明することになりますが，**応用美術**って呼ばれるものをどう扱うか，っていう問題です。この2条1項1号の後半部分が問題になってくるのは，この応用美術の問題ぐらいになります。今回のところは，この後半部分は，文化の範囲って括っていいんだ，ということを頭に入れておいてもらえればいいと思います。

2.　創作的な表現

　では，本題になる，2条1項1号の前半部分に入っていきましょう。ここは，前に覚えてもらった，創作的な表現，っていう部分ですね。今回は，これをさらに2つに分けたいと思います。1つは**表現**，もう1つは**創作性**，になります。まずは，表現の方から行きましょう。ここで，表現って言っているわけですから，それは何らかの形で外から認識できなくてはいけない，っていうことがまずあります。そして，この表現っていうことに関しては，次の**アイディア・表現二分論**がとっても重要になります。前に，3つめの要件である類似性のところで出てきましたね。このアイディアっていうのは，2条1項1号で言えば，「思想又は感情」っていう部分に当たります。ですから，条文をしっかりと読むと，著作権法で保護の対象にしている著作物っていうのは，思想・感情，つまり，アイディアそのものではなくて，それを表現したものなんだよ，って読み取ることもできるわけです。

(1)　アイディア・表現二分論

　でも，問題は，なんで保護がアイディアではなくて表現なの？っていうところだと思います。アイディアこそ肝心なんじゃない？って皆さんは思うかもしれませんね。ここで，ちょっと観念的な説明になってしまうんですが，アイディアから表現が生まれてくるとすると，まぁ，実際そうなんでしょう。あるアイディアから生まれ得る表現っていうのは，普通だったら，いくつもありそうですよね。つまり，同じようなアイディアから複数の異なる作品が生まれてき得るっていうことです。そういう意味で，1つのアイディアでも，そこにはいろんな作品を生み出す力を秘めている，って言えるかもしれません。そんな中で，著作権法が，表現だけじゃなくて，その表現の元になっているアイディア自体も保護する，っていうことになったら，さぁ，どうなるでしょうか？　何か作品が1つ生み出されると，その作品の元になったアイディア全体が保護の対象になってしまう，となると，そのアイディアからまだまだいろいろな作品が生まれてくる余地があっても，後に続く人たちは，もうそのアイディアを使うことができなくなってしまう。そんなことが起こりかねないわけです。これって社会にとって望ましいことでしょうか？　おそらく，多様な作品に囲まれている方が豊かな社会だっていうことになるんでしょう。ですから，アイディアにまで保護を及ぼしてしまうと，それは広すぎるんですね。だから，表現までにとどめているっていうことなんです。

　とは言っても，**アイディアと表現とでいったいどこで線を引くの？**っていうことになりますよね。例えば，小説を例にとってみましょう。ただ，これからする話は，文章一般に言えるわけではない，っていうことにはちょっと注意しておいてください。その点は，類似性のところで詳しく説明します。一般に小説と呼ばれるようなものであれば，まぁ，それが著作物になるっていうことはまず問題はないとして，では，その小説のどの部分がいったい表現なんだろう？って考えたときに，一番表面的なところって言えば，小説ですから文章ってことになりますよね。で，もし，文章そのものだけが表現で，著作権の保護はその部分だけってなったとしたら，どうなると思いますか？

そうですね，内容はほとんど同じで，文章をちょっと変えただけで，もうその小説の著作権には触れない，っていうことになってしまうわけです。それでは，著作権があるって言ってみたところで，大して意味がなくなってしまうかもしれませんよね。ですから，もうちょっと文章の奥にあるもの，簡単に言ってしまえば，小説だったら，ストーリーとかですね。そういった部分にもある程度は保護を及ぼしていかなければならないわけです。でも，だからと言って，極端な例を挙げれば，例えば，小説 A があって，その後に小説 B が出た。で，どちらも推理小説だった，っていうときに，推理小説という点だけで両者が共通しているからといって，小説 B が小説 A の著作権に触れる，なんてことはないっていうことも分かると思います。小説の中で，何か事件が起こって，その謎解きをしていく，っていうのはアイディアですね。しかも，相当，抽象性の高いアイディアになるでしょう。ですから，アイディアと表現って言ってみても，それは，そもそも，極めて抽象的なものから始まって，より具体的なものへと進んでいく，連続性のあるものですから，どこかできれいに分かれる，っていうものではないんですね。ですから，具体的な事案では，どこまでがアイディアで，どこからが表現って言えるの？っていうのが問題になったりするわけです。そういう難しい問題を抱えてはいるものの，著作権法では，アイディア自体は保護しない，保護するのはあくまでも表現なんですよ，っていう大原則があるわけです。その点を十分押さえておいてください。そして，今，お話ししたことは，3つめの要件である類似性とも関わってきますので，また類似性のところで似た話が出てくることになります。

(2) 創作性

では，次に，**創作性**に進みましょう。ここが，著作物性を決める上での一番のポイントになります。類似性と並んで，裁判でもよく争われるところです。創作性って言うと，なんだか，結構，高いレベルが要求されているような印象を受けるかもしれませんが，前にもちょっと触れましたが，実は，そ

れほど高くないんですね。いや，むしろかなり低めって言っていいと思いま
す。ここで，判決を 1 つ紹介したいと思います。ラストメッセージ in 最終
号事件とも呼ばれている事件です。**東京地裁の平成 7 年 12 月 18 日の判決に**
なります（事件番号は平成 6 年（ワ）9532 号です。）[43]。この「ラストメッセー
ジ in 最終号」というのは，被告の出した本のタイトルで，それはどんな本
だったかというと，それまでの数年間の間に，休刊や廃刊になった雑誌の最
終号における，その休廃刊に際しての，編集部などからの読者あての挨拶文
などを集めた，っていう本だったんですね。それに対して，それらの雑誌を
発行していた出版社の 10 社が原告になって訴えた，っていう事件でした。
問題になった挨拶文は全部で 45 点あったようです。まぁ，そうした挨拶文
ですから，普通は，それほど長い文章にはならないでしょうね。でも，この
判決では，その 6 枚目の下から 15〜13 行目にあるように，「執筆者の個性が
それなりに反映された表現として大なり小なり創作性を備えているものと解
され，著作物であると認められる。」として，45 点中，38 点について著作物
性が認められています。そのうちのいくつかでもざっと眺めてもらえると，
ある程度，感触がつかめるんじゃないかなぁ，って思います。残念ながら，
その裁判所のサイトには，挨拶文自体は載っていないようですが，判例時報
という雑誌の 1567 号の 134〜135 頁に，そのうちの 10 点が載っています。
ちなみに，その 10 点のうち，7 点が著作物性を認められなかった例になり
ます。ここは一つ，勉強だと思って，図書館とかでその雑誌を探して，一度，
見てみるのもいいかもしれません。ここでは，少なくとも，創作性っていう
のがそれほど高いものを要求されてはいなさそうだ，っていうことを多少で
も感じてもらえたらなぁ，って思っています。では，なんでこのようにあま
り高くないところに創作性のレベルが設定されているのか？っていう疑問が
湧いてくると思います。次回は，まず，そこから説明していきますね。それ
では，今回は，このあたりで終わりにしたいと思います。

---

43)　https://www.courts.go.jp/app/files/hanrei_jp/818/013818_hanrei.pdf

（第8回の要点）

著作物性
（2条1項1号）

思想又は感情を**創作的に表現した**ものであつて，

アイディア

アイディア・表現二分論

文芸，学術，美術又は音楽の範囲に属するもの

文化の範囲

第**9**回
著作物性(2)

1. 創作性のレベル

　皆さん，こんにちは。今回は，創作性の続きですね。前回，創作性って，それほど高いものが要求されているわけではない，っていうことをお話ししました。今回は，その理由を説明していきます。著作物の定義規定である，2条1項1号[44]には，創作的としか書いていませんね。他に条文を探してみても，その創作性のレベルをどの程度で判断するのか，っていうようなことを書いてくれている条文はないんですね。ところで，著作権も，知的財産権の1つですから，その本質は禁止権になりますね。禁止権っていうことは，他人の活動を制約するっていう側面があるわけですから，著作物の数って，多いよりも少なめの方がいいんじゃない？って考えると思います。では，なんで創作性のレベルを高くしないんでしょうか？　そうしたら，相対的に著作物の数は少なくなるはずですよね。皆さんも，ちょっと考えてみてください。えっ？って思うかもしれませんが，ここで，ちょっと特許権の話をします。特許権も，知的財産権の1つですが，対象が発明っていうことだけではなくて，その制度が著作権とは違うところがいろいろとあります。前に少しだけお話しした，特許権では権利の発生に登録が必要だっていうのも，その1つでした。そういった特許権との違いを見てみることで，著作権の特徴が浮き彫りになったりするんですね。

---

44) 「著作物　思想又は感情を創作的に表現したものであつて，文芸，学術，美術又は音楽の範囲に属するものをいう。」

(1) 特許法の効率性の世界

では，ここで，**特許法の 29 条**を見てみてください。これは，どんな発明だったら，特許になるのか，っていうことを定めた条文になります。まず，1 項[45]は，**新規性**って呼ばれていて，簡単に言ってしまえば，すでにもうあるのと同じ発明は特許にならないですよ，っていう条文なんですね。そして，2 項[46]は，**進歩性**って呼ばれたりしています。で，これは，これまでにあった技術から容易に思いつけたような発明も特許にはならないですよ，っていう条文なんです。つまり，ある程度の高さのハードルが設けられているんですね。なので，特許になるには，新規性と進歩性の両方が必要だっていうことになるわけです。そして，この新規性や進歩性については，出願を受け付けた特許庁がまず判断するわけですが，新規性の方は，これまでにあったかなかったかっていうことですから，ある程度，判断はしやすいかもしれません。一方，進歩性の方は，容易だったかどうかですから，多分に評価を含みますね。ですから，かなり判断が難しい場面も出てくるんだと思います。実際に，出願人と特許庁との間で争われることが多いのも，この進歩性なんですね。でも，特許の場合，対象はあくまでも発明で，技術ですから，それが技術的に進歩しているかどうか，っていう一応の尺度のようなものは持てるんだと思います。この尺度を**効率性**って呼んでもいいかもしれません。

(2) 著作権法の多様性の世界

これに対して，著作権は？っていうと，芸術といった文化の領域ですよね。文化の領域では，普通は，効率性っていうのはあまり問われないと思います。そこは，**多様性**の世界なわけです。効率性と多様性って，ここでのキーワードになります。多様性の世界では，特許の場合のように進歩しているかどう

---

45) 「産業上利用することができる発明をした者は，次に掲げる発明を除き，その発明について特許を受けることができる。(以下，略)」

46) 「特許出願前にその発明の属する技術の分野における通常の知識を有する者が前項各号に掲げる発明に基いて容易に発明をすることができたときは，その発明については，同項の規定にかかわらず，特許を受けることができない。」

かとか，あるいは，芸術的に優れているかどうかとか，といったことを測れるような決まった尺度は，本来はないはずですね。今はとても有名な画家が，実は，生前はほとんど評価されていなかった，といった話は聞いたことがあると思います。ですから，例えば，この作品は芸術的に著作物に値するかどうか，なんてことは本来，判断できないはずですね。これを無理にやろうとすると，どういうことが起こるでしょうか？　それを判断する，その人の好みで決まってしまうっていうことになるかもしれませんね。だとすると，どの裁判官が担当するかによって，結論が大きく左右されてしまうことにもなりかねません。それでは困るわけですね。裁判って，法律って，ある程度，結論があらかじめ予測できないと困るんです。それはなぜ？って，ここで言えば，著作物でなければ，著作権法上はそれを自由に利用できることになりますが，もし著作物だったら，そこでの利用が法定の利用行為に当たる限りは，原則として著作権者の許諾を得なければなりませんから，そこでとるべき行動が変わってくるわけですね。この要請を法学分野では**予測可能性**って言っています。予測可能性がある，ないとか，予測可能性が高い，低いといった使い方になります。あるいは，**法的安定性**って言ってもいいと思います。この予測可能性，法的安定性っていう言葉は，法学分野のキーワードになりますから，これまでに聞いたことがある人もいるかと思いますが，もしまだな人がいれば，この機会に覚えてしまったらいいかもしれません。ですから，担当する裁判官によって，結論が大きく変わってしまうようだと，予測可能性がない，あるいは，とても低い，っていうことになるわけです。そうならないようにするために，誰が判断してもある程度は結論が予測できるような基準が必要になってくるわけです。なので，**創作性のレベルについて，芸術的に優れているかどうか，といったような基準は使えない**わけです。

(3)　創作性の判断基準

　そこで，可能な限り，誰が判断しても同じような結論になるような基準にする必要があるんですが，ただ，これを言葉で表現しようとすると，かなり

難しくて，いろいろな言い方がされています。前回，ラストメッセージ事件で出てきた，執筆者の**個性**がそれなりに，っていうのもそういった説明の1つなんですね。ほかには，他と異なれば足りる，って言われることもあります。ただ，この，**他と異なる**，というのはちょっと注意が必要で，今までなかったようなもの，っていうような高いレベルを要求しているわけではありません。なので，客観的に他と異なる，というのではなくて，主観的に他と異なれば足りる，なんて言われたりするんですが，ちょっと分かりづらいかもしれませんね。あとは，これが一番分かりやすいかもしれませんが，**ありふれた表現じゃないかどうか**，っていうものです。そこでは，ありふれているって判断されたら，それは創作性がない，っていう使い方をされます。

　で，ここで，著作者の個性が表れているかどうか，他と異なるかどうか，ありふれていないかどうか，っていう3つを紹介しましたが，注意してほしいのは，創作性を判断する，異なる基準が3つあるっていうことではない，っていうことです。どれもほぼ同じようなことを言っています。同じことを違う角度からそれぞれ言い換えているって思ってください。ですから，どれを使うかによって結論が変わってくるようなものでは本来ないんですね。でも，こうやって3通りぐらい使って聞くと，皆さんも多少イメージしやすくなったかもしれません。創作性のレベルって，そんなに高くない，いや，かなり低いっていう感じがつかめてきたかもしれません。だって，ありふれてなければいい，っていうんですからね。

2.　法学での理由付け

　で，ここで終われたらいいのかもしれませんが，先ほど出てきた，著作権も禁止権であって，他人の活動を制約するっていう側面があるんだから，それが多くて大丈夫なの？っていう問題に何か言っておく必要があります。どういうことかっていうと，法学の世界では**理由付け**というのが重要になってきます。理由付けって聞いたことはありますか？　ある結論をとる，ってい

うときに，どうしてその結論をとるのか，っていうのが理由付けですね。で，理由付けをするときには，少なくとも2つの面から言っていく必要があるんです。まぁ，理由が3つとか4つとかあるときもありますが，そんなときも，まぁ，大まかですが，だいたい2種類に分けることはできるんですね。

　ちょっと難しい話になってしまうかもしれませんが，皆さんは，大学で法学を学ぶことの意義って何だと思いますか？　まぁ，法律なんだから，知らないよりは知っていた方がいいですよね。知っておけば，今後，何かのときに役に立つかもしれませんね。直接，法律を扱う仕事に就こうって思っている人は，当然，勉強しておいた方がいいですよね。でも，商大の場合，そういった仕事に就く人ってそれほど多くいるわけではなかったりしますよね。では，なんで大学で法学を学ぶんでしょうか？　法学って，説得の技法だったりするんですね。えっ？って思う人もいるかもしれません。大学で法学を学ぶ意義の1つは，人を説得する技法を知ることではないのかな，って私は思っています。説得の技法なんて言うと，何か難しいことのように思うかもしれませんが，皆さんも，これまで知らず知らずのうちに使ってきたんじゃないかと思うんです。それが，**必要性**と**許容性**なんですね。必要性と許容性？　あまり一般的な言葉ではないかもしれませんが，先ほど言った，2種類っていうのが，これなんです。必要性の方は，比較的簡単だと思います。例えば，ある結論Aをとるべきだって主張したいときに，Aという結論をとるべき，これこれの必要がある，って言うんですね。必要性の方は，割と思いつきやすいと思います。今，議論している，創作性のレベルの話で言えば，可能な限り，誰が判断しても同じような結論になるような基準にする必要がある，っていうのがその必要性になります。だから，高くはできない，低くしておく必要がある，っていう流れですね。

　でも，必要性だけだと，ちょっと人の説得って難しいんですね。もう1つ，別の観点からも言っておく必要があるんです。それが，許容性なんですね。許容性ってどんな感じのものだと思いますか？　Aという結論をとっても，これこれの問題は起こりませんよ，あるいは，起こったとしてもそれほど大

きな問題にはなりませんよ，っていう感じです。で，ここで言った，これこれ，っていうのは，Aという結論をとることに難色を示しそうな人，まぁ，そういった人たちがいそうだから，説得っていうことになるわけですよね。そういった人たちから，もしかしたら出てくるかもしれない，Aという結論をとることの問題点，そう，弱点って言った方が分かりやすいかもしれませんね。その弱点だと思われる点に対して，こうなっていますから大丈夫です！って言えればいいわけです。それが，許容性なんですね。必要性は，割と思いつきやすいんですが，許容性の方はなかなか出てこないことがあります。なので，理由付けって聞いたら，常に，必要性と許容性って考えるようにしてみるといいと思います。

　法学関係の本を読んでいるときも，理由っぽいところに来たら，これは必要性なのかな？それとも許容性？って考えてみる習慣をつけるといいかもしれません。もちろん，必要性なのか許容性なのか，ちょっと微妙な場合もあることはありますが，大体の場合は，どちらかに割り振れることが多いはずです。また，論点によっては，必要性や許容性が2つ，3つって出てくることもあります。ですから，必要性1つ，許容性1つ，でなければいけないとは思わないでくださいね。かえって，多ければ多いほど，より説得的になるとも言えるわけですから。でも，主張を説得的なものにするには，少なくても，必要性1つ，許容性1つは必要だっていうことです。どちらかが欠けてしまうと，説得力は落ちてしまうと思います。ただ，当然のことですが，どんな主張だって必要性と許容性を言いさえすれば，相手が納得してくれる，なんてことをここで言っているわけではない，っていうことは十分に分かってもらえていると思います。最終的に相手が納得してくれるかどうかは，必要性と許容性で言ったことを，相手が，確かにそうだよね，って思ってくれて，そこで言った内容が，採用してもらいたいって考えている結論と直接結び付いているような場合だと思います。こういう議論が出来たときに，説得に成功した，っていうことになるんでしょう。ちょっと長くなってしまいましたが，必要性と許容性，これから，ちょっと意識してみてください。それ

では，創作性のレベルについて，ここでは，許容性をどういうふうに言って
いったらいいでしょうか？っていうことに，話は続いていくことになるんで
すが，今回は，このあたりでいったん区切って，この続きは，次回にしたい
と思います。それでは，今回は，これで終わることにします。

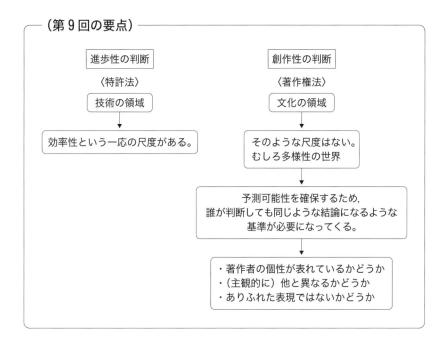

（第9回の要点）

進歩性の判断　　　　　　　　創作性の判断

〈特許法〉　　　　　　　　　〈著作権法〉

技術の領域　　　　　　　　　文化の領域

効率性という一応の尺度がある。　　そのような尺度はない。
　　　　　　　　　　　　　　　　むしろ多様性の世界

予測可能性を確保するため，
誰が判断しても同じような結論になるような
基準が必要になってくる。

・著作者の個性が表れているかどうか
・（主観的に）他と異なるかどうか
・ありふれた表現ではないかどうか

第**10**回
著作物性 (3)

1. 創作性のレベル（続き）

　皆さん，こんにちは。今回は，創作性のレベルがかなり低めのところにあるのはなぜか，その理由付けの１つとしての許容性の方は，いったい何か？っていうところからでしたね。ここでの問題は，創作性のレベルをかなり低めに設定すると，著作権があまりにもたくさん生まれてしまって，他人の活動を制約しすぎてしまうのではないか？っていうことでした。こういう批判が出てくるかもしれないことに備えて，何か言っておく必要があるんですね。皆さんだったら，どんなふうに言っていきますか？　これまでは，こう言ってきたんですね。世の中には多くの作品が創作されているけど，その中で，他人が利用したいと思うようなものは限られている。利用したいって他人があまり思わないようなものであれば，実際にもほとんど利用されることはないんだから，たとえそこに法的に著作権を発生させたとしても，他人の活動を過度に制約することはない，っていうふうに説明してきたんですね。でも，皆さんも知ってのとおり，今のようなデジタル社会が進展してくると，コピペのように，他人が作ったものをとても簡単に利用できてしまうわけですね。そのような環境の中では，実際にはほとんど利用されることはない，っていうものを想定しづらくなってきていると思います。なので，この理由が，創作性のレベルは低めでも構わないんだよ，っていう許容性として今でも言えるのかは，段々と疑問になってきているのが現状だと思います。だからといって，創作性のレベルを上げるべきだ，という議論が出てきている，っていうわけではないんですね。このあたりが，現代の著作権法が抱えている悩ま

しい問題の 1 つだと言えるかもしれません。

　これまで見てきたように，著作権法で要求されている創作性のレベルはかなり低めで，それを，多少，具体的に言えば，著作者の何らかの個性が表われていればいいとか，他と異なれば足りるとか，ありふれた表現ではダメ，といった言い方で言われていることが分かりました。ですから，例えば，文章でしたら，一般的な傾向としては，それが長くなれば長くなるほど，書いた，その人の個性がより出てくるでしょうし，その分，他の人が書いたものとはだんだんと異なってくるでしょうし，その結果，ありふれた表現とも言えなくなってくるでしょうから，創作性が認められやすくなってくるわけです。反対に，文章が短くなればなるほど，だんだんと創作性が認められづらくなる，っていうことも言えるわけです。

2.　ヨミウリ・オンライン事件（知財高判平 17.10.6）

　では，今度は，そのような例を紹介したいと思います。ヨミウリ・オンライン事件とも呼ばれている，**知財高裁の平成 17 年 10 月 6 日の判決**になります（事件番号は平成 17 年（ネ）10049 号です。）[47]。一審は，東京地裁の平成 16 年 3 月 24 日の判決で，こちらの事件番号は平成 14 年（ワ）28035 号になります[48]。事案の内容をつかむには，一審判決の 1 枚目の真ん中あたりから始まって 2 枚目の下のあたりまで続く「1　争いのない事実等」を読むと分かると思います。ちなみに，知財には，**知的財産高等裁判所**という特別の裁判所があるんですね。この平成 17 年（2005 年）に出来た裁判所です。それまでは，東京高裁になります。ですから，例えば，東京で知財関係の訴えを起こすとなると，三審制の流れで言ったら，それまでは東京地裁→東京高裁→最高裁というルートだったのが，東京地裁→知財高裁→最高裁というルートになった，っていうことになります。

---

47)　https://www.courts.go.jp/app/files/hanrei_jp/350/009350_hanrei.pdf
48)　https://www.courts.go.jp/app/files/hanrei_jp/434/010434_hanrei.pdf

(1)　事案

　それでは，このヨミウリ・オンライン事件っていうのはどんな事件だった
かというと，Yahoo! ニュースってありますよね。いろんなニュースとかの記
事の見出しが並んでいたりしますね。あれっていろんな新聞社やテレビ局と
かから提供されているわけですね。で，その見出しをクリック，スマホだと
タップですね，すると，その記事の本文とかが開いて読めるってなっていた
りしますね。それが新聞記事であれば，その記事を書いたのは，もちろん，
その新聞社の人でしょうし，その見出しを作ったのも，その同じ新聞社の人
だったりするわけですね。で，この事件の被告，控訴審では被控訴人ですが，
ここでは，被告で統一しますね。被告はどんなことをしていたかっていうと，
詳しくは，一審判決の先ほど紹介したところを読んでほしいんですが，簡単
に言うと，Yahoo! ニュースを参考に，そういった見出しを自社のサイトに載
せたり，登録したユーザーのサイトにその見出しが表示できるようなサービ
スを提供していたんですね。で，やはりその見出しもリンクになっていて，
その記事の本文に飛べる，っていうわけです。つまり，被告は，Yahoo! ニュー
スで見た見出しをまねして，まねした，その見出しを配信していたっていう
ことです。で，配信先の登録ユーザーは 2 万サイトにもなっていたようです。
そうやってまねされた見出しの中に，自社で作った見出しもある，っていう
ことで，原告の，控訴審では控訴人ですが，こちらも原告で統一しますね，
読売新聞が訴えた，っていう事案になります。裁判の中で，まねされた，っ
て原告が具体的に主張した見出しは，61 日間で 365 個でした。ここで注意
してほしいのは，被告がまねしたのは，見出しだけであって，記事の本文自
体を何かまねしたというわけではない，っていうことです。あくまでも見出
しをまねして，その本文へのリンクを張った，っていうことなんですね。

(2)　著作物性の有無

　なので，原告が，まず，主張したのは，見出し自体の著作権侵害でした。
判決文によると，原告の新聞社では，オンライン・ニュースの見出しは，全

角で 25 字以内で作っていたそうです。ですから，それほど長くはない文っていうことになりますね。具体的にどんな見出しだったかっていうと，一審判決では 7 個，控訴審判決では 6 個取り上げて検討していますので，ただ，そのうちの 2 個は同じものですが，ちょっと判決文を見てみてください。一審判決は 9〜11 枚目の (ア)〜(キ)，控訴審判決は 16〜18 枚目の①〜⑥になります。そういったあまり長くない文に著作物性が認められるのか，っていうのが 1 つめの争点でした。この点については，東京地裁も知財高裁も否定しています。これまで，この授業を聞いてきた皆さんであれば，その理由が分かるんじゃないかと思います。どうでしょう？　そうですね，伝えるべきニュースが決まって，その見出しを 25 字以内という制約の中で作る，ってなれば，どうしても似たり寄ったりになってしまうでしょうね。そんなにたくさんのバラエティは出てこないでしょうね。ということは，ちょっと個性を発揮しづらい場面なわけです。なかなか他と異なることが難しいと言ってもいいでしょう。

(3)　表現の選択の幅

で，控訴審判決を見ると，そこで取り上げられた，6 個の見出しに対する判断をよく見ていくと，ありふれた表現とははっきりと言っていないのがいくつかあるのに気がついた人もいるかもしれません。ありふれているかどうかって，人によってちょっと判断が違ってくるっていうのは，もちろんあるでしょうが，**ありふれているとはちょっと言いづらいな，でも，著作物性を認めるわけにはいかないよね，っていう場合があったりするんですね**。それが，**選択の幅**っていう考え方だったりするんです。どういうことかというと，あるアイディア，と言っても，それはいろんな段階が考えられるわけですが，そのことは，ここではちょっと措いておいて，あるアイディアがあって，それを具体的に表現しようというときに，通常は，その表現方法はいろいろあり得る，っていうのが一般的だと思います。でも，中には，そのアイディアを表現しようと思っても，方法はほとんど限られてくる，っていう場合もあ

るわけです。このヨミウリ・オンライン事件での記事の見出しというのは，そういったものの１つだとも言えると思います。ニュースの内容が決まって，限られた字数でそれに見出しをつける，となると，そんなにいろいろは思いつけないような気がします。あるアイディアを具体的に表現しようとするときに，その方法がそれほど多くない，極端な話をすれば，まぁ，現実にはないのかもしれませんが，その方法が１つしかない，なんていう場合を仮に想像してみてください。１つしかなくても，具体的に表現されているんだから，著作物として保護する，っていうことになったらどうでしょう？　結果的には，それは，そのアイディア自体を保護しているのと同じことになりますね。では，次に，そのアイディアを具体的に表現する方法が，仮に３通りある，でも，何通りなんてはっきりとは現実にはまず言えないとは思いますけど，まぁ，そんな場合を仮に想像してみたらどうでしょう？　その３通りが実際に作られて，その３つともが著作物として保護される，っていう場合です。そうなってしまうと，もうその後に続く人たちには，そのアイディアを表現する方法が何も残っていない，っていうことになりますね。それでは，困ってしまうわけです。つまり，あるアイディアを具体的に表現しようというときに，それを表現する選択肢が極めて限られている場合に，その限られている選択肢の１つを使って，たとえそのアイディアを具体的に表現したからといって，それを著作物として保護してしまうと，そのアイディアを少数の人たちで独占することを認めるのと同じ結果になってしまうわけです。でも，著作権法はアイディアの利用は自由だっていう立場でしたね。ですから，たとえありふれた表現とは言い切れないような場合でも，このように，表現の選択の幅が極めて小さい場合には，著作物性は認めない，っていう結論をとることになります。選択の幅が極めて小さい場合は，どうしたってどれもこれも似たり寄ったりになってしまうわけですから，他と異なるとはなかなか言えないでしょうし，その人の個性が表れているとも言いにくいかもしれません。逆に，表現の選択の幅が広いような場合，例えば，フィクションはそうですね，そのような場合には，かなり自由に表現ができるわけですから，

それを書く人の個性は表れやすいでしょうし，比較的容易に他と異なるものにもなるでしょう。つまり，選択の幅が広いようなときには，それがありふれた表現と言えない限りは，著作物性が認められやすいっていうことになります。このように，あるアイディアがあって，それを具体的に表現する方法が，実際，あと，どの程度，残っていそうかを考えて，著作物性を判断していこう，っていうのが表現の選択の幅という考え方なんですね。これは，比較的新しい考え方になります。そして，この選択の幅というのが，著作物性だけではなくて，実は，3 つめの要件である類似性の判断にも関わってくるんですが，それは，また類似性のところで説明します。

（4）　不法行為の成否

　それでは，ヨミウリ・オンライン事件に戻りましょう。1 つめの争点は，こういった見出しに著作物性が認められるか，ということでした。そして，東京地裁も知財高裁も，著作物性を否定しました。であれば，もうこれで決着はついた，っていうことになりそうですが，原告はこうも主張していたんですね。仮に見出しが著作物にはならないとしても，被告の行為は不法行為に当たる，っていう主張でした。この主張に対して，東京地裁は，一審判決の 12 枚目の「2　不法行為の成否」というところを見てください。その 3 〜5 行目にこうあります。「YOL 見出しは，原告自身がインターネット上で無償で公開した情報であり，…著作権法等によって，原告に排他的な権利が認められない以上，第三者がこれらを利用することは，本来自由であるといえる。」と言って，不法行為の成立も否定しました。ちなみに，YOL ってヨミウリ・オンラインのことですね。これを聞いて，何か思い出しませんか？そうですね，この考え方って，物のパブリシティーのところで出てきた，ギャロップレーサー事件の最高裁判決と通じるものがあるんですね。まぁ，知財って無体物ですから，それを情報って言い換えてみてもいいと思います。で，そういった情報の利用が，知的財産権で，一定限度，制限されているとも言えるわけで，**ある情報が，どの知的財産権でも保護されていないとした**

ら，その情報の利用が，他人の名誉とか，その他の法益を侵害しない限りは，**その情報の利用は，本来，自由なはず**なわけです。そのことを言っているんですね。ここは議論の出発点になる，とても大事なところですので，しっかり押さえておいてくださいね。

　でも，この事件では，知財高裁は，不法行為の成立を認めました。それはなぜだと思いますか？　判決文の中から，不法行為を認めたくだりを見てみましょう。控訴審判決の22頁の下から12行目から23頁の12行目までを読んでみてください。いくつかの要素を挙げていますね。そのうち，特に大事そうなものを拾ってみると，まずは，この見出しが作られるに至るまでに原告が多大な労力や費用をかけている，というのが大きな前提としてあるでしょう。で，被告の方は，っていうと，そうやって作られた見出しを，ただ見てほとんどそのまままねして，それを営利目的で配信している，あっ，23頁の7，8行目に**デッドコピー**って出てきますが，これは，そっくりそのまま，っていうことです。綴りだと，dead copy になりますね。で，被告のそういったサービスが原告の業務と競合する面がある，ということになるでしょう。こういった事情が認められる，この事件では，記事の見出しという著作権法では保護されてはいない情報であっても，その利用が不法行為になる，という判断なんですね。で，案外，見逃されやすいのが，23頁の5〜6行目にある「YOL 見出しが作成されて間もないいわば**情報の鮮度が高い時期に**」という部分ではないかと思います（太字は筆者）。まぁ，よく分かりませんが，実際には，インターネットで配信されたニュースが見れる期間って，結構限られていたりするような気がするんですが，仮に，例えば，1年前に配信されたニュースについて，被告と同じようなことをしていた場合に，この知財高裁の判断はどうなるんだろう，なんていうことを考えてみるといいかもしれません。まぁ，1年前のニュースばかりでは，こんなには登録ユーザーは増えなかったかもしれませんね。著作物であれば，情報の鮮度が高い時期かどうかっていうことは，問題になりませんね。著作権が続いている限りは，同様に保護されるわけですから。でも，ここでの見出しは，著作物にはなり

ませんでした。ですから，その利用は，本来，自由なはずでしたね。でも，こうやって原告が多大な労力や費用をかけたものを，被告のしているようなやり方で利用するのは，ちょっとダメだよね，っていうのが，知財高裁の判断だったわけです。でも，それだって，情報の鮮度が高い時期に限りますよ，っていう理屈なんじゃないかなぁ，って私は考えています。そうやって，知財高裁は，原告の請求していた額と比べるとわずかかもしれませんが，損害賠償請求を認めたわけです。でも，差止請求は退けていますね。著作権侵害であれば，当然，差止めも認められるはずです。でも，不法行為だけ，っていうことだと，パブリシティー権を取り上げた，第 4 回の授業の中でお話ししたように，損害賠償だけでしたね。ですから，著作権侵害の場合と比較すると，救済方法という点でも違いが出てくるわけです。以上で，創作性の話は終わりになります。創作的な表現って，著作権法の中に一貫して流れる，鍵となる概念です。この後も，類似性や著作者のところなどでたびたび出てきますので，楽しみにしていてください。

（第 10 回の要点）

〈表現の選択の幅が広いような場合〉　　〈表現の選択の幅が極めて狭い場合〉
　　　　　　　　　　　　　　　　　　　（仮に 2 通りしかないとして）

表現 1 を著作物として保護しても，他の表現の可能性がまだまだたくさん残っている。

もし表現 1 を著作物として保護してしまうと，後には，表現 2 （の可能性）が残されているだけ。
そして，その後，この表現 2 も著作物として保護してしまうと，このアイディアを表現する方法はもうなくなってしまう。

表現 1 や表現 2 の著作物性自体を否定

第11回
編集著作物

1. 編集著作物とは

　皆さん，こんにちは。今回は，**編集著作物**というものについて説明したいと思います。前回まで，創作的な表現って言うときの創作性って？ということでお話ししてきましたが，ここでもその続きになります。ただ，通常の著作物とはちょっと観点が違う，って思ってもらったらいいかもしれません。例えば，Ａさんという画家がいて，その絵をＢさんがとっても気に入って画集を作りたい，って思ったとします。もちろん画集を作って出版するとなれば，Ａさんの絵を利用するわけですから，Ａさんに無断でやることはできません。なので，Ａさんの許諾を得た上で作ることになりますが，ただ，その画集に載せる絵の選定とか，それを掲載する順番や配置とか，といった画集を作る作業には，Ａさんは一切関与せずに，専らＢさんが，自分の好みとかで取捨選択し，自分がいいなって思うような順番や配置で載せた，っていうことにしてみましょう。で，その画集に掲載された個々の絵は，Ａさんが著作権を持つ著作物であることに変わりはありません。ただ，その画集自体も著作物になり得るんですね。それが編集著作物になります。個々の素材は必ずしも自分が作ったわけではないけれど，そういったものを集めて何か編集物と言えるようなものを作ったときに，その編集物自体が著作物になることがある，っていうことなんです。ただ，編集著作物になるのに，必ずしも個々の素材が著作物でなければいけない，っていうわけではありません。ここで，一つ，例を挙げてみれば，今はあまり使われることは少なくなってきたのかもしれませんが，タウンページとかがありますね。

2.　素材の選択・配列の創作性

　この編集著作物の条文は，12条になります。まず，その1項を見てみて
ください。「編集物（…）でその素材の選択又は配列によって創作性を有す
るものは，著作物として保護する。」ってありますね。これが編集著作物です。
ちなみに，括弧の中に「データベースに該当するものを除く。」ってありま
すが，データベースの著作物については，その後の12条の2に条文がある
んですね。データベースについては，編集著作物の後にお話しすることにな
ります。で，今の画集の例に戻ると，ここでは，Aさんの個々の絵が素材
に当たります。そして，画集を作るにあたって，Aさんの描いた絵の中で，
どれを載せてどれを載せないか，それをどんな順番でどういった配置で載せ
ていくか，こういったことが，ここで言う**素材の選択，配列**になります。そ
の**選択や配列に創作性が認められれば**，この画集自体も，個々の絵とは別に，
著作物になる，っていうことなんです。つまり，そこでの絵の選択とか配列
とかが，他と異なるとか，ありふれているとは言えないとか，そこにBさ
んの何らかの個性が表れているとか，そういったことが言えれば，その画集
自体も著作物になって，その編集著作物の著作権はBさんが持つ，ってい
うことになるわけです。

3.　編集著作物の著作権と個々の素材の著作権との関係

　では，そのとき，個々の絵についてAさんが持っていた著作権はどうな
るか？というと，画集に掲載されたからといって影響は受けないんですね。
それが次の2項になります[49]。そこに「影響を及ぼさない」ってありますが，
それってどういうことかというと，例えば，この画集をCさんが全部コピー

---

[49]　「前項の規定は，同項の編集物の部分を構成する著作物の著作者の権利に影響を及
　　ぼさない。」

したいって思ったときに，誰の許諾が必要か，ということが問題になりますね。編集著作物である画集の全部をコピーしようっていうんですから，その画集を作ったBさんのした，絵の選択や配列を利用することになりますから，Bさんの許諾が必要になります。でも，それだけでは足りないんですね。その画集に載っている個々の絵にはAさんの著作権があって，それらの絵をコピーしようっていうんですから，やっぱりAさんの許諾も必要なんですね。ですから，CさんがこのBさん画集全部をコピーするには，AさんとBさん，その2人の許諾が必要になる，っていうことになります。

　では，今度は，Cさんがこの画集に載っている絵のうち，ある1点だけをコピーしようっていうときは，どうでしょうか？　その絵もAさんが描いたものですから，Aさんに著作権がありますね。だから，まず，Aさんの許諾が必要になります。では，Bさんの許諾も必要かっていうと，それは要らないんですね。1点だけをコピーするときには，Bさんのした選択や配列を利用している，とは言わないんです。まぁ，1点だけをコピーするんだったら，確かに，配列の方は利用していないよね，って皆さんも思えると思うんですが，たとえ1点だって，それもBさんが選んだ1点なんじゃないの？って思う人もいるかもしれませんね。確かにその1点もBさんの選んだ1点ですよね。でも，1点だけだと，Bさんのした選択を利用したとは言わないんです。それはなぜか？って私なりに考えてみると，ここでいう選択って，例えば，たくさんあるAさんの作品のうち，ある程度の数の作品を選んだ，その選ばれた作品群のかたまりみたいなものを指しているんじゃないかなぁ，って考えています。ですから，そのかたまりの1点だけを取り出してきても，それはBさんのした，その作品群を選んだという選択を利用しているとは言わない，って言うのではないかなって思っています。だからと言って，逆に，その画集からある1点だけを除いて，あとの残りを全部コピーした，っていうときに，Bさんの持っている編集著作物の著作権を侵害しない，なんてことにはもちろんなりません。もしそうなってしまうのであれば，いくらBさんがその画集に著作権を持っていますよ，って言ってみても，それはあ

まり意味をなさないものになってしまいかねませんからね。

　では，その画集からどの程度の数の絵をコピーすると，B さんの著作権が及ぶようになってくるのか，ということが問題になってくるわけです。1 点だけでは及ばない，全部だと及ぶ，ということになると，その間のどこかに境界線がありそうですね。例えば，条文に半分以上とか 3 分の 2 以上とかって書いてあればいいのかもしれませんが，そうではないんですね。でも，実際にはそういったことが起こるかもしれません。そんなときにどう考えたらいいのでしょう？　抽象的に言えば，その画集自体に創作性が認められることになった，B さんのした選択や配列を利用している，って言えるだけの数の絵がコピーされた場合に，B さんの著作権が及ぶ，っていうことになりそうですね。でも，それが，例えば，半分以上なのか 3 分の 2 以上なのか，いったいどれぐらいの割合であれば，そう言えるのか，あまり手がかりになりそうなものは見当たらなかったんですね。

4. 判例百選事件

　そんな中で，ある事件が起こりました。皆さんもよく知っている，判例百選でした。判例百選って，憲法とか民法とか刑法とか，分野毎にいろいろありますよね。その分野で重要そうな判例を 100 件程度選んで，それぞれの事件ごとに解説とかが書いてありますね。解説は，学者とか，分野によっては弁護士さんとかも書いていて，大抵，事件ごとに違う人が書いていますよね。で，個々の事件の解説を書いている人とは別に，編者と呼ばれる人がいます。表紙とかに誰々編というように表記されています。複数の先生方が編者になっていることが多いですね。では，編者の先生方は何をしているかというと，どの判決を載せようかとか，その事件の解説は誰に書いてもらおうかとか，その 100 件程度の判例をどんな順番で並べていこうか，といったようなことをたぶん決めているんだと思います。ですから，判例百選って編集著作物になるんですね。個々の事件の解説とかは，それぞれそれを書いた先生の著作

物になりますね。そして，編集著作物である百選全体の著作者が編者の先生
ということになるはずです。編者の先生が複数であれば，まだお話ししてい
ませんが，その先生方の共同著作物っていうことになります。共同著作物に
ついては，後でまたお話しすることになります。今回のところは，あぁ，そ
の先生方で著作権を一緒に持っているんだな，って思ってもらえればいいと
思います。

　で，事件になったのは，著作権判例百選でした。東京地裁の平成27年10
月26日の決定で，事件番号は平成27年（ヨ）22071号になります50)。なんで
判決ではなくて決定かっていうと，仮処分だったんですね。仮処分っていう
言葉は耳にしたことがあるかもしれません。普通の訴訟を本案って言ったり
します。本案を起こして判決が出るのを待っていたんでは間に合わない，な
んていうときに使われるんですね。民事保全法という法律があって，そこに
書かれています。で，仮処分の申立てに対しては決定になります。さて，ど
んな事件だったかというと，百選の改訂があったんですね。そのときに編者
も一部入れ替わりがありました。でも，改訂前の版と改訂後の版とを比べる
と，そんなに大きな違いがなかった，って言うんですね。で，編者から外れ
た先生の1人が，その出版社を相手に，改訂版の出版の差止めを求めて仮処
分の申立てをして，地裁段階では，それが認められた，っていう事件でした。

　この決定文に基づいて，改訂前と後とを具体的に数字で比べてみると，ま
ず，掲載判例数は，改訂前が113件，改訂後は116件でした。そのうちの
94件は同じ判例だそうです。この数字を見て，かなり重なる割合が高いなぁ，
って感じた人もいるかもしれませんが，まぁ，国内のこれまでの判例で著作
権関係の重要そうなものを100件程度挙げるとなると，だいたい同じような
取り合わせになってしまうとは思います。そのほかに，この決定では，いく
つかの要素を比較検討しています。決定文の14頁の下から9行目〜15頁の
12行目になります。ここで特に注目すべきは，14頁の一番下の行から始ま

---

50)　https://www.courts.go.jp/app/files/hanrei_jp/747/087747_hanrei.pdf

る③ではないのかな，って思っています。解説を書く執筆者と，その執筆者
が担当する判例との組み合わせが 83 件一致していた，っていうんですね。
この決定では，個々の解説の中身までは比較していませんが，同じ人に同じ
判例の執筆を依頼すれば，だいたい同じような原稿が出てくることが多いの
ではないのかなぁ，って思います。そうであれば，改訂の前後で百選全体を
見比べたときに，両者はかなり似通った感じになりそうですよね。で，その
割合は？というと，15 頁の 3 行目からになります。「本件著作物における判
例と執筆者の組み合わせ 113 件のうち約 73% が本件雑誌にも維持され，かつ，
当該一致部分が本件雑誌における判例と執筆者の組み合わせ 117 件のうち約
71% を占めていること」と述べています51)。ちなみに，ここで本件著作物
というのは改訂前の版を，本件雑誌というのは改訂後の版を指しています。
　で，約 7 割っていう数字が出てきました。これを手がかりに，先ほどの，
あの画集からどの程度の数の絵をコピーすると，B さんの著作権が及ぶのか，
という問題に答えてみると，全部で何点掲載されていたかにもよるとは思い
ますが，7 割以上の絵をコピーすると，B さんの著作権を侵害することにな
りそうだ，っていうことが，一応，言えるかもしれません。ただ，あくまで
もこの決定を前提にすると，っていう話です。それに，では，6 割だったら？
5 割だったら？ってなると，どうなるのか分かりません。だって，この決定は，
6 割だったらいいですよ，とか，5 割だったら構いませんよ，なんてことは
言っていませんからね。なので，そのへんのところはまだまだよく分かりま
せん。ただ，一応，この決定で 7 割という数字が出てきた，っていうことで
すね。こうやって事例が積み重なっていけば，そのうち，このぐらいまでだ
ったら著作権は及ばないけど，それより多くなると及びそうだよ，っていう
ことが言えるようになってくるかもしれません。
　ちなみに，この事件は，その後，どうなったかというと，この決定は知財

---

51)　改訂後の掲載判例数が 116 件であるにもかかわらず，ここで，判例と執筆者の組
　み合わせが 117 件となっているのは，ある判例が 2 つの項目で取り上げられている
　からのようです。

高裁で取り消されました。平成 28 年 11 月 11 日の決定です。事件番号は平成 28 年（ラ）10009 号になります[52]。でも，理由はそこではないんですね。その先生は，編者として名はつらねていたけれど，著作者ではない，って言うんですね。高裁決定の 53 頁の一番下の行からになります。「本件著作物の編集過程において，相手方は，その『編者』の一人とされてはいたものの，実質的にはむしろアイデアの提供や助言を期待されるにとどまるいわばアドバイザーの地位に置かれ，相手方自身もこれに沿った関与を行ったにとどまるものと理解するのが，本件著作物の編集過程全体の実体に適すると思われる。」と言っています。ここで相手方というのは，仮処分の申立てをした，その先生のことを指しています。ある著作物，ここではその著作物が編集著作物になりますが，ある著作物の創作にあたって，複数の人が関与していたときに，誰が著作者になり得るか，という問題です。これについては，かなり後の方になりますが，著作者のところで詳しくお話しします。

5. 「推定」と「みなす」

今回は，どうして地裁と高裁とでこのように判断が分かれたのか，について軽く触れておきます。改訂前の百選の表紙には，誰々編という表記がありましたね。そこに，この仮処分の申立てをした，その先生も入っていました。ところで，著作権法に 14 条という条文があります。「著作物の原作品に，又は著作物の公衆への提供若しくは提示の際に，その氏名若しくは名称（…）…が著作者名として通常の方法により表示されている者は，その著作物の著作者と推定する。」って書かれていますね。この「**推定**」っていう意味は分かりますか？ また，それに関連して，「**みなす**」って書かれている条文もあるんですが，推定とみなすとの違いって分かりますか？ この事件では，その先生は，著作権侵害と著作者人格権侵害を理由に仮処分の申立てをして

---

52) https://www.courts.go.jp/app/files/hanrei_jp/269/086269_hanrei.pdf

いました。ここでは、ちょっと著作者人格権侵害は措いておいて、著作権侵害の方で説明しますね。

　前に説明した、著作権侵害の7つの要件を思い出してください。その7つめに、著作権者であること、っていうのがありました。これは、請求原因だったか、抗弁だったか、覚えていますか？　そうですね、請求原因の1つでした。ですから、その先生は、裁判の中で、自分が改訂前の版について著作権を持っている、っていうことを立証していかなければなりません。そのためには、自分が少なくとも著作者の1人だっていうことを言っていかなければなりません。でも、ここに14条があります。この事件では、地裁も高裁も、誰々編という表記を著作者名としての表示と認め、この14条を適用しています。14条が適用される、ってどういうことかというと、**立証責任が転換**されるんですね。もしこの14条がなければ、この先生は、自分は著作者だっていうことを一から立証していかなければなりません。でも、14条があって、それが適用されると、今度は、逆に、出版社の方が、この先生は著作者ではない、っていうことを立証していかなければならなくなります。この出版社側の立証を**反証**って言ったりします。で、その反証が成功すると、推定が覆滅された、とかって言います。これが「推定」っていうことの意味になります。では、仮にこの14条が「推定する」ではなくて「みなす」ってなっていたら、どうなるでしょうか？　そうなると、そもそも出版社側の反証が許されなくなります。つまり、著作者名としての表示があれば、もうそれで、そこに書かれている人が著作者だって判断される、っていうことになります。**反証を許すか許さないか、これが「推定」と「みなす」との違いになります。**で、この事件では、地裁も高裁も14条の適用を認めていますので、いったんは、ここがポイントなんですが、いったんはその先生を著作者の1人だって推定しています。でも、両決定で結論が異なるのは、出版社側の反証でこの推定が覆ったかどうか、という点の判断の違いになります。地裁は覆ってはいない、高裁は覆った、っていう違いですね。編集著作物については、このあたりで話を終わりにしたいと思います。次回は、データベースの

著作物について説明しますね。それでは，今回は，これで終わります。

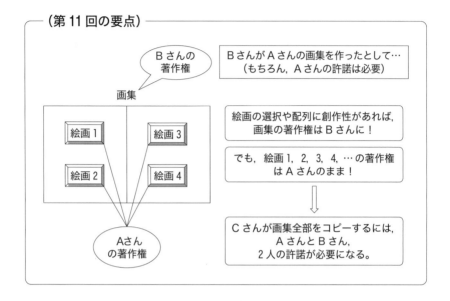

（第 11 回の要点）

Ｂさんの著作権

Ｂさんが A さんの画集を作ったとして…
（もちろん，A さんの許諾は必要）

画集

| 絵画 1 | 絵画 3 |
| 絵画 2 | 絵画 4 |

絵画の選択や配列に創作性があれば，
画集の著作権は B さんに！

でも，絵画 1，2，3，4，…の著作権
は A さんのまま！

Aさんの著作権

Ｃさんが画集全部をコピーするには，
A さんと B さん，
2 人の許諾が必要になる。

第**12**回
データベースの著作物

1. データベースの創作性

　皆さん，こんにちは。前回は，編集著作物でしたので，今回は，データベースについてお話しします。**データベースの著作物**の条文は，編集著作物の12条のすぐ後にありましたね。12条の2になります。その1項を見てみると，「データベースでその情報の選択又は体系的な構成によって創作性を有するものは，著作物として保護する。」ってありますね。ちなみに，データベース自体の定義規定は，2条1項10号の3になります[53]。前回の編集著作物では，素材の選択，配列だったところが，ここでは，データベースというものの特徴に合わせて，**情報の選択，体系的な構成**，っていうことになっています。まぁ，情報の選択の方はいいと思うんですが，体系的な構成って何？っていう感じでしょうね。私も，データベースの中がいったいどうなっているのか，よく分かりませんし，データベース自体もどんどん進化しているような気がします。ここで，皆さんが分かるように，それを具体的に説明することは，残念ながら，私にはできないんですが，まぁ，データベースを検索したら，利用者の求めている情報にできるだけ近い情報がヒットするような，内部の仕組みを言うんだろうな，って思っています。

---

53) 「データベース　論文，数値，図形その他の情報の集合体であつて，それらの情報を電子計算機を用いて検索することができるように体系的に構成したものをいう。」

2. 網羅型のデータベースの保護の問題点

で，このデータベースで問題になってくるのは，**網羅型**と言われるような
データベースの保護なんです。利用者にとってデータベースの価値って，あ
る特定の分野のデータベースだったら，その分野に関わる情報が多く入って
いればいるほどいいわけですね。例えば，判例のデータベースでしたら，こ
れまでの判決とかが全部入っていてくれた方が，使う方にとっては，調査に
漏れがなくなりますから，都合がいいわけです。でも，データベースの中に
情報を多く取り込んでいけばいくほど，誰が集めても同じような情報の集ま
りになっていきます。つまり，情報の選択に創作性がなくなっていくんです
ね。たとえ体系的な構成の方で創作性を発揮できたとしても，中の情報を抜
き取ることは，今日では技術的にそれほど難しいことではないように思えま
す。そうやって抜き取った情報を使って，まったく違った体系的な構成で別
のデータベースを作られてしまえば，もう著作権は及んでいけない，ってい
うことになってしまいます。ですから，データベースの保護に情報の選択や
体系的な構成での創作性を要求することと，データベースを作っている人た
ちが，本来，その保護を望んでいるところとはちょっとずれてしまっている
んですね。著作権法という枠の中でデータベースを保護しようとすると，ど
うしてもそういうことになってしまいます。なので，そうしたデータベース
の特性を考慮して，著作権法とは別に，データベース保護のための独自の立
法の必要が主張されることがあります。外国にはそのような例もあるんです
が，今のところ，日本では著作権法なんですね。

3. 自動車のデータベース事件（東京地中間判平 13.5.25）

では，著作権法では保護され得ないようなときに，一切，保護の道がない
のか，っていうことになりますね。そこで，ここで判決を 1 つ紹介します。

東京地裁の平成 13 年 5 月 25 日の判決になります（事件番号は平成 8 年（ワ）10047 号です。）[54]。で，そこに中間判決ってありますね。これはあんまり気にしなくていいと思うんですが，一応，簡単に説明しておきますね。実は，中間判決って，かなり珍しいんです。あまり使われません。中間判決に対する言葉が，終局判決になります。どちらも民事訴訟法という法律に載っています。普通，判決って呼んでいるのは，終局判決になります。終局ですから，第一審なら，原告の請求を認めるのか認めないのか，という第一審での最終的な結論になります。では，中間判決ってどんなときに使われるのかっていうと，この事件でもそうだったんですが，原告が何か権利を侵害されたって主張して，損害賠償を請求していたとしましょう。その場合，順序として，まずは，権利の侵害があったかどうか，っていう判断が前提になりますね。そして，権利の侵害があった，っていうことになったら，次に，では，それによって原告が被った損害の額は？っていうことになるわけです。そもそも権利の侵害はなかった，っていうことになれば，もうその時点で，原告の請求は認められない，っていう結論に達するわけですから，その先の損害の問題に入る必要はありませんね。そこで，まずは，権利の侵害があったかどうかを決めましょう，っていって使われたりするのが中間判決になります。中間判決で侵害が認められた，っていうことになったら，その場合，次に，では，損害の額はいくらになるのか，それを審理して，最後に，その審級での終局判決として，いくらいくらの賠償請求を認める，っていう形になります。

　では，この東京地裁の中間判決を見ていきましょう。ちなみに，この判決の 1 頁の一番上の方に甲事件，乙事件って書いてありますが，これは気にしないでください。ここでは甲事件の方だけを取り上げることになります。で，この事件は，自動車のデータベースが問題になった事件でした。どんなデータベースだったかっていうと，整備業者向けのデータベースで，国内に実在する全車両のデータを収録したものでした。で，具体的にそれはどんなデー

54）　https://www.courts.go.jp/app/files/hanrei_jp/333/034333_hanrei.pdf

タだったかっていうと，判決文の 10 頁の下から 20 行目〜4 行目にかけて a 〜q ってありますね。こういったデータを載せていた，そういうデータベースだったんですね。で，こういったデータって，その 10 頁の下から 2〜1 行目にあるように，d の車種以外は，自動車検査証，いわゆる車検証ですね，その車検証に記載される項目なんだそうです。で，どんな事案だったかというと，この原告のデータベースのデータを被告が複製して，そのデータを被告のデータベースに取り込んで，それを自社の製品として，同じように整備業者向けに販売していた，っていうんですね。裁判の中で，被告の方は，データの複製自体を争いましたが，それは裁判所に認定されています。原告のデータベースは，実在する車のデータを集めたものだって言いましたけど，実は，ダミーデータもあったんですね。判決文の 10 頁の 9〜10 行目に書いてありますね。で，そのダミーデータが被告のデータベースからも出てきたんですね。17 頁の 10〜13 行目になります。それが決め手になったのかもしれません。また，原告のデータベースにどのぐらいの件数の車両データが収録されていたのかは，判決文を見る限りはよく分からないんですが，同じ 17 頁の 7〜10 行目にあるように，両社のデータベースの車両データを比べてみると，約 6 万件とか 10 万件以上が一致していた，っていうんですね。そうしたことから，被告が，原告のデータベースのデータを複製して，そのデータを被告のデータベースに組み込んで販売していたことが認定されています。

(1) 著作物性の有無

　この裁判で原告が求めていたのは，差止めと損害賠償でした。その理由は？っていうと，まずは，著作権侵害でした。でも，**この原告のデータベースについては，著作物性が認められなかった**んですね。つまり，情報の選択にも体系的な構成にも創作性がない，っていう判断だったんです。どういうことかっていうと，判決文の中からいくつか引用してみます。

　まずは，**情報の選択の点**です。10 頁の 13〜20 行目になります。「本件デー

タベースは，原告が，日本国内に実在する国産又は国内の自動車メーカーの海外子会社によって日本国内販売向けに海外で製造された四輪自動車であると判断した自動車のデータ…を収録したものであると認められるが，以上のような実在の自動車を選択した点については，国内の自動車整備業者向けに製造販売される自動車のデータベースにおいて，通常されるべき選択であって，本件データベースに特有のものとは認められないから，情報の選択に創作性があるとは認められない。」それから，11 頁の 3 段落目です。「本件データベースで収録している情報項目は，自動車検査証に記載する必要のある項目と自動車の車種であるが，自動車整備業者用のシステムに用いられる自動車車検証の作成を支援するデータベースにおいて，これらのデータ項目は通常選択されるべき項目であると認められ，実際に，他業者のデータベースにおいてもこれらのデータ項目が選択されていることからすると，本件データベースが，データ項目の選択につき創作性を有するとは認められない。」

　次は，**体系的な構成の点**についてです。同じ頁の下から 17～12 行目になります。「本件データベースは，型式指定―類別区分番号の古い自動車の順に，自動車のデータ項目を別紙『データ項目の分類及びその属性等』のとおりの順序で並べたものであって，それ以上に何らの分類もされていないこと，他の業者の車両データベースにおいても，型式指定―類別区分番号の古い順に並べた構成を採用していることが認められるから，本件データベースの体系的な構成に創作性があるとは認められない。」

　こういった理由で，著作物性が否定されました。これは，まさに先ほど言った，網羅型のデータベースの保護についての問題点が現れたわけです。利用者が必要とする情報を網羅しようとすればするほど，少なくても情報の選択の点では創作性が認められなくなっていく，っていうわけなんです。

（2）　不法行為の成否

　でも，この原告のデータベースって相当なお金がかかっているんですね。判決文の 17 頁の本文の下から 16～15 行目にありますね。開発に 5 億円以上，

維持管理に年間 4000 万円だそうです。これだけかけて作っているのに，そのデータを簡単に抜き取られて，それを同業他社が，6 万件とか 10 万件とかって大量に使って，同じようなベータベースを作って売られてしまったら，商売が成り立たなくなりそうですよね。それぞれいくらぐらいで売っていたかは，判決文からは分かりませんが，データの収集や整理といった手間を省ける分，被告の方が有利な価格で販売できていたのかもしれません。そこで，裁判所は，**不法行為**の成立を認めました。同じ 17 頁の「3 争点（3）について」の 3～9 行目になります。「人が費用や労力をかけて情報を収集，整理することで，データベースを作成し，そのデータベースを製造販売することで営業活動を行っている場合において，そのデータベースのデータを複製して作成したデータベースを，その者の販売地域と競合する地域において販売する行為は，公正かつ自由な競争原理によって成り立つ取引社会において，著しく不公正な手段を用いて他人の法的保護に値する営業活動上の利益を侵害するものとして，不法行為を構成する場合がある」と言って，被告の損害賠償責任を認めました。

　ただ，ここで注意してほしいのは，前にもお話ししましたが，著作物として保護されない情報の無断利用が，いつも不法行為になるわけではない，っていうことです。そのような場合に不法行為が成立する，っていうのはあくまでも例外になります。ここでは，先ほどお話しした，実用的な，そして，経済的な価値を有するはずの網羅型のデータベースについて，著作権法では保護が不十分で，現状，それを補うような独自の法律も作られていない，っていう点がポイントになります。つまり，そのような状況だからといって，一切，法的に保護されない，っていうのはおかしい，っていう判断があるんだと思います。そこで，民法の不法行為がここで登場してきた，っていうことになるわけです。ここまでが，この中間判決になります。ちなみに，参考までに，この事件の終局判決は？というと，同じく東京地裁の平成 14 年 3 月 28 日の判決になります[55]。事件番号は，中間判決と同じですね。で，結論は？というと，請求額の全額ではありませんでしたが，損害賠償請求が認

められています。ただ，著作権侵害ではなく，不法行為なので，差止めは認
められていません。前回と今回は，編集著作物，データベースの著作物とい
う，ちょっと違った視点からの分類による著作物についてお話ししてきまし
た。それでは，今回は，このあたりで終わることにします。

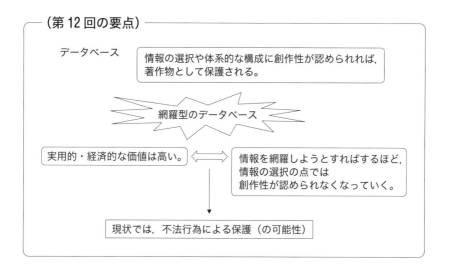

55)　https://www.courts.go.jp/app/files/hanrei_jp/947/011947_hanrei.pdf

第13回
応用美術 (1)

1. 純粋美術と応用美術

　皆さん，こんにちは。今回から3回にわたって，著作物性についての後半部分，すなわち，2条1項1号の「文芸，学術，美術又は音楽の範囲」に関してお話しします。この部分は，前に，一括りにして文化の範囲って理解してもらっていいですよ，って言いましたね。で，ここでは，**応用美術**というのが問題になってきます。応用美術って，applied art って言います。その反対は fine art で，**純粋美術**になります。純粋美術も応用美術も，どちらも条文上の言葉ではありません。この2つの違いは，簡単に言ってしまえば，目的の違いってことになると思います。ここで，絵を例にとってみましょう。例えば，絵を描くとして，それをキャンバスに描いたら？　普通は，それは，見てもらうため，っていうことになるんでしょう。目的が専ら鑑賞って言えるのが，純粋美術になります。で，普通は，オリジナルは1点なんでしょうね。では，例えば，その絵を T シャツの背中にプリントしたら？　確かに，周りの人が見たりはするかもしれませんが，専ら鑑賞目的っていうわけでもなさそうですね。こういった，**実用品**に美術の技法が利用されている，それを応用美術って呼んでいます。

2. 法解釈の手法

　応用美術の中には，美術工芸品と呼ばれる一品制作のものもありますが，それを除けば，応用美術って，大抵は，**量産**されるっていう特徴があったり

します。で，著作権法が純粋美術を保護している，っていうのはいいと思います。だって，まさに，そういったものを保護対象の1つとして念頭に置いて作られた法律でしょうからね。それでは，応用美術は？っていうのが，ここでの論点になります。どうしてそれが論点になるかっていうと，理由が2つあります。1つは，応用美術をどう扱うか，それをきちんと書いてくれている条文がないんですね。で，辛うじてあるのが**2条2項**なんです。「…『美術の著作物』には，美術工芸品を含むものとする。」という条文です。これを見れば，美術工芸品と呼ばれるものが著作権法で保護され得る，っていうのは分かりますね。では，それ以外の応用美術は？っていうと，よく分からないわけです。まぁ，応用美術のうち，美術工芸品は含む，って書いてあるんだから，それ以外の応用美術は含まれないんだな，って思う人もいるかもしれません。それって，実は，**反対解釈**しているんですね。でも，ここでは，そのような反対解釈はとられていないんです。ところで，この反対解釈って分かりますか？　念のために，ちょっと説明しておきますね。例えば，Xだったら A，っていう条文があったとします。そして，X ではないんだけど，X と割とよく似たような事柄である Y があったとして，その Y の場合にどうなるか，そういった条文がない場合に，Y についてはどういう結論をとるべきかが問題になるわけです。このとき，not A って，X の場合とは反対の結論をとる手法を反対解釈って呼んでいます。でも，注意してほしいのは，そのような場合に常に反対解釈をとるわけではない，っていうことなんです。つまり，Y の場合も，X の場合と同様に，A っていう結論をとることもあるんです。そのような手法は，**拡張解釈**，あるいは，**類推解釈**って呼ばれています。拡張解釈は，拡大解釈って言われることもありますね。で，この拡張解釈と類推解釈の違いは？っていうと，X という言葉の意味として，ちょっと無理をすれば，Y を含められないこともない，っていうような場合が拡張解釈，Y を含めるのはちょっと無理だよね，っていうような場合が類推解釈になります。ですから，反対解釈をとるか，拡張解釈あるいは類推解釈をとるか，で結論が正反対になるわけです。では，そのどちらをとるか，その

決め手になるのは何か？っていうと，それは，実は，**価値判断**なんですね。そういった結論をとった方がいいっていう判断です。で，これは，実は，前に，理由付けを説明したときに言っていた，必要性と許容性の，必要性の方なんです。必要性と許容性って，覚えていますか？　とっても大事です。ですから，必要性は，価値判断って言い換えてみてもいいと思います。で，理由付けって，人を説得するためのものでしたね。ですから，この価値判断だって，みんなが納得してくれそうな判断を提示する必要があるわけです。いくら価値判断だからと言って，独りよがりの判断だったら，人を説得するのはやっぱり難しいでしょうからね。で，この，反対解釈とか拡張解釈，類推解釈とかといったものは，よく**法律構成**って言われることがあるんですが，こちらは，許容性の方で使われたりするんですね。こういうふうにこの条文は反対解釈できるんだから，この結論をとってもいいんだよ，っていう感じの使われ方です。でも，注意してほしいのは，必要性≒価値判断とは言えても，許容性≒法律構成とは言えない，っていうことです。許容性の1つの方法として，法律構成っていうものがある，っていうことなんですね。それをあえて記号を使って表せば，許容性＞法律構成とか，許容性⊃法律構成っていう感じになるのかもしれません。

3.　応用美術の著作物性

(1)　立法の経緯

　それでは，また応用美術の問題に戻りますね。2条2項の「…『美術の著作物』には，美術工芸品を含むものとする。」っていう条文については，反対解釈はされていない，っていう話をしていました。どうしてかというと，それは，この条文が作られた立法の経緯にあります。当時，それは，現行の著作権法が制定されたのが1970年（昭和45年）ですから，その前ですね。明治時代に作られた旧著作権法を作り直すにあたって，応用美術の取り扱いについても議論されました。でも，そこで決められたのは，美術工芸品は著

作権法の対象にする，っていうことだけで，それ以外の応用美術については
どうするか，それは，結論が出なかったんですね。著作権法の対象にすると
もしないとも決まらなかった，っていうことなんです。そのため，こういう
ちょっと中途半端な条文になってしまったわけです。ですから，この条文を
根拠に，美術工芸品以外の応用美術については，著作権法の保護は及ばない，
って反対解釈することは，こういう立法の経緯を考えれば，それは採れない，
っていうことになるわけです。

(2)　著作権と意匠権の違い

　それでは，なんでそんなに難しい問題になっているのか，っていうと，前
にちょっと出てきたことがある，**意匠法**という法律の存在なんですね。応用
美術って，実用品で，量産されるっていう特徴がありますから，工業製品と
も言えるわけです。で，工業製品のデザインを保護するために作られたのが，
意匠法なんですね。となれば，応用美術って呼ばれるような実用品のデザイ
ンは，意匠法による保護だけでいいんじゃない？それに加えて，著作権法に
よる保護まで必要なの？っていう問題が出てくるわけです。ただ，両者の保
護にそれほど違いがないのならば，このことがそんなに問題にはならないの
かもしれません。でも，ずいぶん違うんですね。なので，まず，意匠権って
どんな権利なのか，著作権との違いをここでお話ししなければなりません。
とりあえず，ここでは，3 つの違いを少し詳しく説明してみます。

①出願の要否

　1 つめは，**権利の取得に出願が必要か不要か**，っていうのがあります。著
作権は，創作的な表現って言えるものが作られたら，その時，権利が自動的
に発生する，っていう制度でしたね。権利を取るために，どこかに出願する
とかといった手続をとる必要はなかったわけです。それに対して，意匠権は，
前にちょっと触れましたが，特許権や商標権と同じ，産業財産権って呼ばれ
るグループの 1 つでしたね。で，特許権や商標権については，これも前に

ちょっとだけ触れたところですが，特許庁というところに出願して，そこで審査を受けて登録してもらわなければなりませんでした。覚えていますか？意匠権も同じなんですね。ですから，意匠権は，著作権と違って，権利を取るために，手間や時間，それから，費用もかかる，っていうことになります。

②要件の違い

　2つめは，**権利が認められるための要件の違い**です。著作権は，前に詳しく説明したように，創作的な表現って言えればよかったわけです。で，そこで要求されている創作性のレベルっていうのは，実は，あまり高くない，いや，かなり低め，って言ってもいいぐらいですよ，ということをお話ししました。一方，意匠権は？っていうと，前に，特許権について，特許法の29条を挙げて，新規性と進歩性の両方が必要ですよ，っていうことを説明しましたね。これと似ているんですね。意匠法の3条[56]を見てください。特許法の29条と似たような条文になっているのが分かると思います。まぁ，ここでは，2項の方は進歩性とはあまり言いません。あえて言うならば，創作非容易性といったところになるでしょう。なので，意匠権の場合には，新規性と創作非容易性が必要になる，っていうことで，著作権と比べれば，権利が認められるためのハードルがちょっと高いんですね。

③存続期間の違い

　3つめは，**存続期間の長さの違い**になります。著作権は，前に説明したように，今は，著作者の死後70年が原則でしたね。意匠権は？っていうと，

---

56)　1項は，「工業上利用することができる意匠の創作をした者は，次に掲げる意匠を除き，その意匠について意匠登録を受けることができる。(以下，略)」と，2項は，「意匠登録出願前にその意匠の属する分野における通常の知識を有する者が日本国内又は外国において公然知られ，頒布された刊行物に記載され，又は電気通信回線を通じて公衆に利用可能となつた形状等又は画像に基づいて容易に意匠の創作をすることができたときは，その意匠(…)については，同項の規定にかかわらず，意匠登録を受けることができない。」と規定しています。

2019 年に改正されて，2020 年の 4 月から施行されているんですが，**出願から 25 年**です。ちなみに，かつては登録から 15 年，そして，2006 年（平成 18 年）にも改正があって，その時に登録から 20 年になっていました。意匠の場合，出願から登録までに，通常は 1 年もかからないようですから，起算日が登録時から出願時に前にずれたとはいえ，今回の改正でも期間は延びたわけです。ちなみに，出願時から起算する，っていうのは特許権がそうなんです。なので，今回の改正は，特許権に揃えたっていうことになります。ただ，ここで注意してほしいのは，起算日は出願時でも，権利が発生するのは，あくまでも登録時だっていうことです。権利が発生するのは登録時，でも，その権利がいつまで続くかは出願時から計算する，っていうことなんです。計算を簡単にするために，仮に登録までに 1 年かかったとしましょう。意匠権の場合には，最長で，出願から 25 年経った日まで続く，っていうことに今回の改正でなったわけですから，実質的に意匠権が存在できるのは，最長で 24 年間っていうことになります。それでも，著作権と比べたら，かなり短いですね。

　このように，両者の違いを 3 つ見てみて，どのように感じますか？　例えば，何かある実用品を創作したときに，そのデザインが，意匠法でも著作権法でも，どちらでも保護され得るとしたら，どうでしょう？　著作権法で要求されている創作性のレベルって，簡単に言ってしまえば，ありふれた表現，って言えなければ，まぁ，よかったわけでしたね。であれば，この場合だって，著作権が発生している可能性はかなり高い，っていうことになりますね。そんなときに，意匠権を取りに行こうって，もし皆さんだったら思いますか？　手間もお金もかかってしまうし，出願したからって必ずしも登録してもらえるとは限らないし，仮に登録してもらえたとしたって，もう著作権が発生しているんだったら，著作権の期間で意匠権の期間も十分にカバーされているしなぁ，って思いませんか？　だとすると，意匠の出願，正確には意匠登録出願って言いますが，それをする人ってほとんどいなくなってしまう

かもしれませんよね。そうなってしまうと，せっかく意匠制度を作ったのに無駄になってしまった，っていうことにもなりかねませんね。ですから，意匠法による保護と著作権法による保護との重複って，できれば避けたいわけです。で，産業は意匠法，文化は著作権法，ってきれいに分けられればいいのかもしれませんけど，実際にはそう簡単には分けられそうにありませんよね。判断に迷ってしまう，そういう微妙な場合っていうのが出てくるわけです。にもかかわらず，もし仮に，保護は意匠法か著作権法かのどっちか，っていうことにしてしまったら，つまり，両法の重複を一切許さず，判断が微妙な場合も最終的にはどっちかに割り振る，っていうことにしたら，どんなことが起こると思いますか？　ちょっと考えてみてください。まだ話の途中ではありますが，今回は，ここでいったん区切って，この続きは，次回にお話ししたいと思います。それでは，今回は，これで終わります。

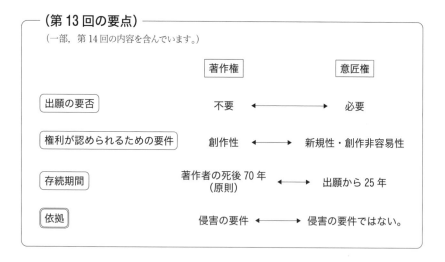

（第13回の要点）

（一部，第14回の内容を含んでいます。）

	著作権	意匠権
出願の要否	不要 ←→	必要
権利が認められるための要件	創作性 ←→	新規性・創作非容易性
存続期間	著作者の死後70年（原則） ←→	出願から25年
依拠	侵害の要件 ←→	侵害の要件ではない。

第14回
応用美術 (2)

1. 著作権法と意匠法の重複適用を一切認めなかったら？

皆さん，こんにちは。前回は，応用美術の話の途中でしたね。実用品について，意匠法と著作権法の両法の重複を一切認めないとすると，どうなるか？っていう問いかけで終わったところでした。今回の話は，そこからになります。で，もし仮にそうなったら，何か実用品を創作した人が，その法的保護に無関心な場合は別として，そういう人も確かにいるとは思いますが，そうではなくて，そのデザインを法的に保護してもらいたいって思ったときには，どちらで保護してもらえそうなのか，まず，その人自身が判断しなければならなくなりますね。その判断が，裁判所や特許庁の判断と結果的に一致すれば，問題はないでしょうが，でも，そうした創作に携わる人たちは，必ずしも法律の専門家とは限りませんね。むしろ，そうではない人の方が多いかもしれません。となると，その人の当初の判断が，結果的に裁判所や特許庁の判断とは違っていた，っていう場面も，当然，出てくることになるでしょう。そのような場面として，1つは，それを創作した人は，当初は，著作権法で保護されるって思っていたけれど，実際には意匠法でしか保護されない，っていうことが後で分かった，っていう場合です。そして，もう1つは，その逆ですね。創作した人は，当初は，意匠法で保護されるって思っていたけれど，実際には著作権法でしか保護されない，っていうことが後で分かった，っていう場合です。そうした場合にどんな不都合が起こり得るか，この2つを順番に見ていきたいと思います。

(1) 当初は，著作権法で保護されると思っていた場合

まずは，創作した人が，当初は，著作権法で保護される，って思っていた場合です。つまり，その人は，創作した時点では，自分の創作した，その実用品は，著作物に当たる，って判断したわけですね。だとすれば，著作権は，意匠権とは違って，出願といった手続は要らないわけですから，この時点では，その人は，何か法的保護に向けた行動をとる，っていうことはありませんね。で，例えば，著作権で保護されているって思って，その実用品の販売を始めたとします。そうしたら，その模倣品が出回り出してしまって，それをなんとかやめてもらおうと思って，相手に言ってみたけど，全然やめてくれない，っていうことになれば，その人は，裁判所に著作権侵害訴訟を起こすことになるでしょう。で，裁判所が，その実用品の著作物性を認めてくれればいいんですが，ここで，もし仮に裁判所が，それは著作権法ではなくて，意匠法で保護されるべきものですよ，って判断したとすると，どうなるでしょうか？　まず，その訴訟は負けてしまいますね。で，意匠の出願はしていなかったわけですから，意匠権侵害訴訟を起こすこともできませんし，これから意匠の出願をしようとしてみても，前回説明したように，意匠権を取るには，新規性が必要になりますから，販売を始めてからもうだいぶ時間が経ってしまったとすれば，これから出願するのでは，ちょっと時機を失してしまっているんですね。ですから，この時点で意匠権を取ろうとしてみても，普通は，無理なんです。ということは，法律の専門家でもない，その人は，創作した時点で，その実用品が意匠法で保護されるのか，それとも，著作権法で保護されるのか，という判断を結果的に誤ってしまったがために，どちらの保護も受けられない，っていうことになってしまっているんですね。

(2) 当初は，意匠法で保護されると思っていた場合

それでは，次に，創作した人が，創作の当初は，これは著作物ではなくて意匠だろう，って思った場合を見ていきましょう。意匠だろうって思ったわけですから，それを権利化したければ，特許庁に意匠の出願をすることにな

りますね。それを特許庁が認めて登録してくれれば，意匠権の出来上がり，っていうことになるわけですが，特許庁は，いや，それは意匠ではなくて著作物ですよ，って言って出願を拒絶，そう，拒絶っていう言葉を使うんですね。そう言って出願を拒絶した，なんていう事態を仮に想定してみましょう。もちろん，特許庁の拒絶という判断に対しては争う手段はあるんですが，ここでは，仮に，特許庁がそう言うんだったら，ちゃんと著作権で保護されるんだろうな，って思って，あえてそれを争わなかった，っていうことにしてみましょう。その後，先ほどの例と同様に，その実用品の販売を始めたところ，模倣品が出回り出したとしたら，その人は，同じように裁判所に著作権侵害訴訟を起こすことになるでしょう。で，裁判所が，特許庁と同じように，その実用品の著作物性を認めてくれればいいんでしょうが，いや，やっぱりこれは意匠であって著作物ではないですよ，なんていう判断になってしまったら，その訴訟は負けてしまいます。えっ？そんなことあるの？って思う人もいるかもしれませんが，特許庁の判断と裁判所の判断とが食い違うことはありますし，裁判所は，特許庁の判断に必ずしも拘束されるわけではありませんので，こういった事態を想定することも不可能ではないんですね。その人にとってみれば，今更そんなことを言われても…，っていう気持ちでしょうが，それからまた意匠の出願をしようとしてみても，先ほどと同様に，普通は，もう時機を失してしまっているでしょう。この後者の場合は，創作した人の当初の判断は，裁判所の判断と実は一致していたんですね。結果的に，裁判所の判断と食い違っていたのは特許庁の判断だった，ということになりますね。でも，結局，その実用品については，どちらの保護も受けられなかったことになります。ですから，ここでは，そういった判断機関の間の齟齬のリスクを，法律の専門家でもない，創作した人が負わされている，っていうことになりますから，先ほどの，創作した人が，当初は，著作物だと判断して，意匠の出願をしなかったっていう，前者の場合と比べると，創作した人にとって，さらに酷な結果になってしまっていますね。

　で，こういった事態が起こってしまう可能性があるのは，この議論の最初

に立てた前提，つまり，意匠法と著作権法との重複を一切許さず，判断が微妙な場合もどちらかに割り振る，っていう前提に問題があった，ということになりますね。産業は意匠法，文化は著作権法，って言ってみても，実際にはそう簡単には分けられそうにはない，っていうことは，皆さんにもよく分かると思います。それを無理して分けようとしたところにその原因があったことになります。必ずどちらかに割り振ろうとした結果，間に落っこちてしまって，結局，どちらの保護も受けられないものが出てきてしまった，ということなんですね。ですから，実用品のデザインの保護については，意匠法と著作権法の両法が適用される，という部分をある程度は認めざるを得ない，っていうことになります。

2. どこまで著作権法と意匠法の重複適用を認めるか？

では，それをどの程度まで認めていくか，っていうことが，次に問題になってきます。意匠法については，前回，ちょっと見てもらった3条の1項で，「工業上利用することができる意匠」って書いてありますので，**工業上利用可能性**というのが，意匠法の適用範囲を画することになります。これに対して，どこまで著作権法をかぶせていいか，すなわち，広めにかぶせてしまってもいいのか，それとも，狭めにかぶせておいた方がいいのか，っていうことになります。前者の広く適用を認めていこうという立場を**創作的表現説**って呼んだりしています。これに対して，後者の狭く限定していこうという立場を**純粋美術同視説**って呼んでいます。

(1) 純粋美術同視説

では，なぜ，そのような対立が生まれてくるのか，っていうと，やはり，前回お話しした，意匠法の存在意義に関わってきます。どういうことかというと，**仮に著作物性を意匠法の適用範囲にも広く認めていくと，わざわざ意匠の出願までしようと思う人があまりいなくなってしまうのではないか，**っ

ていう問題意識なんですね。確かに，前回挙げた 3 つの違い，それは，出願
の要否，権利が認められるための要件の違い，存続期間の相対的な長短，そ
の 3 つでしたね。これを考えれば，著作権法の適用は限定的にしていこう，
っていうことになるでしょう。このような立場が純粋美術同視説なんですね。
こちらがこれまでは大勢でした。判例・通説と言っていい状況だったんです
ね。この立場は，こう言うんだと思います。著作権法は，美術に関しては，
本来は，純粋美術を保護しようとしているはずだから，応用美術に保護を拡
張するにしても，それは純粋美術と同視できると言えるようなものに限られ
るべきだって言うことになるんだと思います。このような立場に立って，実
際に著作物性を認めたって考えられている例として，仏壇の彫刻とか T
シャツの図案とかっていったものがあったりします。では，ここで言ってい
る，純粋美術と同視できる，ってどういうこと？って皆さんは思うかもしれ
ません。純粋美術って，専ら鑑賞の目的で作られたもの，って前回説明しま
したね。なので，美的鑑賞性ということが言われたりします。つまり，純粋
美術と呼ばれているものと同じ程度の美的鑑賞性があるかどうかを問う，っ
ていうことです。

(2)　創作的表現説

　この純粋美術同視説に対して，近年，有力な反対説が現れてきました。そ
れが，創作的表現説になります。この説の特徴は，意匠法の存在をあまり気
にしないんですね。せっかく意匠法があるのに，それをみんなが使わなくな
ってしまわないように，著作権法の適用はできるだけ狭く限定的にしておこ
う，っていうのが，純粋美術同視説の基本的な発想でしたね。創作的表現説
は，意匠法は意匠法，著作権法は著作権法，っていう発想なんですね。応用
美術だって「美術」って言えるんだから，他のジャンルと同様に，そこに創
作的な表現がある，って言えれば，それ以上に純粋美術と同視できるかどう
かは問わずに，著作物性を認めていいっていう見解なんですね。確かに，純
粋美術と同視できるかどうかを判断するにあたって，美的鑑賞性というもの

を問題にする，っていうことになれば，それは判断する人の主観に左右されてしまうかもしれませんね。創作的表現説の立場に立てば，そのような心配はなくなるでしょう。でも，先ほども指摘した3つの違い，そう，著作権の方が意匠権よりも有利だと思われる，あの3つですね。それについては，創作的表現説はなんて言っていくと思いますか？　純粋美術同視説は，こういう違いがあるんだから，著作物性を広く認めてしまうと，意匠制度が使われなくなってしまうんじゃない？って心配していたんでしたね。それに対して，創作的表現説は，実際にそうなるかどうかは分からないって言うんです。どうしてそんなふうに言っていけると思いますか？

(3)　著作権と意匠権の違い（依拠の要否）

　実は，もう1つ，意匠権と著作権との大きな違いがあったんですね。創作的表現説は，それを理由の1つに挙げています。それはどういう違いかっていうと，前に説明した，著作権侵害の7つの要件を覚えていますか？　その2つめに依拠っていうのがありましたね。これなんです。実は，**意匠権侵害では，依拠は要件にならない**んですね。依拠がなくても，たとえ独自に創作したものでも，侵害になり得る，っていうことです。では，どうしてそういう違いがあるのかは，依拠について説明するときに，また詳しくお話ししますが，ここでは，登録の要否という点を1つ挙げておきたいと思います。著作権は，創作的な表現って言えるものが創作された時点で，自動的に発生するんでしたね。それに対して，特許権も意匠権も，発明や創作をした後に，特許庁へ出願する必要がありました。そこで審査されて，要件を満たしていれば，晴れて登録，っていうことになります。この登録があってはじめて，特許権あるいは意匠権という権利が発生するんでした。そして，登録があると，公報というのに掲載もされます。意匠法であれば，20条3項になります[57]。今では，特許情報プラットフォームというサイト[58]があって，イン

---

[57]　「前項の登録があつたときは，次に掲げる事項を意匠公報に掲載しなければならない。(以下，略)」

ターネットでも見ることができます。ですから，数は膨大で大変でしょうが，調べようと思えば，どんな特許権や意匠権があるのか，それを調べる手段は用意されているんですね。ここが，著作権とは違うわけです。ですから，特許権や意匠権の場合には，依拠を侵害の要件にしなくても，つまり，それは，独自発明や独自創作であっても侵害になり得る，っていうことになってしまうわけですが，そうであっても，著作権の場合と比べれば，調べようと思えば調べられないわけではありませんから，それほど酷とまでは言えない，っていうことになります。このような理由もあって，意匠権侵害の場合には，依拠は要件になっていないんです。ですから，侵害の要件における依拠の要否という点でも，意匠権と著作権には違いがあるんですね。

　では，この点では，権利者にとっては，どちらが有利になると思いますか？　そうですね，この点では意匠権なんですね。つまり，どちらの権利も，依拠があれば，それはもちろん侵害になり得る，だけど，依拠がなければ？そうですね，意匠権では侵害になり得るけど，著作権では侵害にはならない，っていうことになりますね。そういう意味で，著作権よりも意匠権の方が侵害として捕捉できる範囲が広い，っていうことになります。となると，一概に意匠権よりも著作権の方が有利だとは言えなくなってくるわけです。ですから，純粋美術同視説が言うような，実用品について，著作権法による保護を広く及ぼしてしまったら，意匠制度があまり利用されなくなってしまうかもしれない，っていう事態が本当に生じるのかどうかはよく分からない，っていうことになります。創作的表現説はそう言っていくんですね。で，最近，とは言っても，もう数年前になりますが，この創作的表現説に立った判決が知財高裁で現れたんですね。**知財高裁の平成 27 年 4 月 14 日の判決**になります。事件番号は平成 26 年(ネ)10063 号です[59]。ちなみに，一審判決は，東京地裁の平成 26 年 4 月 17 日の判決になります（事件番号は平成 25 年(ワ)8040 号です。）[60]。で，次回，この知財高裁の判決を取り上げてみたいと思

---

58)　https://www.j-platpat.inpit.go.jp/

59)　https://www.courts.go.jp/app/files/hanrei_jp/044/085044_hanrei.pdf

います。それでは，今回は，これで終わることにします。

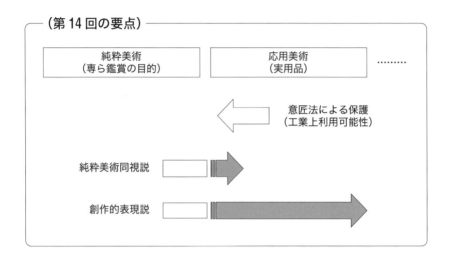

60）　https://www.courts.go.jp/app/files/hanrei_jp/138/084138_hanrei.pdf

第15回
応用美術 (3)

1. TRIPP TRAPP 事件

　皆さん，こんにちは。今回は，応用美術について，いわゆる創作的表現説に立ったと言われる，知財高裁の平成27年4月14日の判決[61] についてでしたね。で，TRIPP TRAPP っていうのは，原告の製品名になります。で，その一審判決は，東京地判平成26年4月17日[62] でしたね。まず，どんな事件だったかっていうと，幼児用椅子の著作物性が争われたんですね。控訴審判決ですから，当事者は，控訴人と被控訴人になるんですが，原告，被告って言った方が分かりやすいと思いますので，そう言うことにしますね。で，この事件では，控訴人が原告，被控訴人が被告になります。著作物性が争われた，原告の椅子は，高裁判決の46頁に，カラーで少し大きめに写っていますので，そちらを見てもらえるといいと思います。で，被告の椅子は？っていうと，ここでは6種類あって，それが高裁判決の47〜52頁に載っています。原告の主張はいくつかあったんですが，その1つが，原告の椅子は著作物であって，その椅子の著作権を被告の椅子は侵害している，っていうものでした。ですから，争点は，原告の椅子の著作物性と，その椅子と被告の椅子との類似性，っていうことになります。

61）　https://www.courts.go.jp/app/files/hanrei_jp/044/085044_hanrei.pdf
62）　https://www.courts.go.jp/app/files/hanrei_jp/138/084138_hanrei.pdf

2. 一審判決

まず，一審の東京地裁ですが，この応用美術の著作物性について，こう言ったんですね。一審判決の 10 頁の下から 3 行目〜11 頁の 2 行目にかけてになります。「原告製品のデザインが思想又は感情を創作的に表現した著作物（著作権法 2 条 1 項 1 号）に当たるといえるためには，著作権法による保護と意匠法による保護との適切な調和を図る見地から，実用的な機能を離れて見た場合に，それが美的鑑賞の対象となり得るような美的創作性を備えていることを要すると解するのが相当である。」ここで，ちょっと前回の講義を思い出してください。この一審判決がどちらの立場に立っているか，皆さんは分かりますか？ そうですね，一審判決は，いわゆる純粋美術同視説に立っている，って言えると思います。で，そのあてはめが，同じ 11 頁の 3 行目から始まる段落になります。そこにあるように，東京地裁は，原告の椅子のデザインの著作物性を否定したんですね。だから，著作権侵害にはならない，っていう結論です。この一審判決は，応用美術に関して，それまでの裁判例の大方の流れに沿ったものだと言えます。

3. 控訴審判決（知財高判平 27.4.14）

これに対して，控訴審の知財高裁は，違う判断を下しましたね。ちょっと長くなりますが，**法学における論証のやり方**を示す素材にもなる，大事なところなんで，判決文をところどころ拾っていきたいと思います。この応用美術の著作物性について，知財高裁がその判断を示しているのは，控訴審判決の 27 頁の下から 10 行目以下になります。まず，次の 28 頁の 9〜10 行目を見てください。「応用美術については，著作権法上，明文の規定が存在しない。」ってありますね。ここが，この論点における**問題の所在**になります。で，少し飛んで，32 頁の下から 3 行目〜33 頁の 1 行目を見てください。被控訴人，

すなわち，被告の主張っていう形で，純粋美術同視説が紹介されています。**反対説の紹介**になりますね。そして，この33頁の2〜14行目の(a)で，その**反対説への批判**が展開されています。この中で，純粋美術同視説にとって一番痛いのは，「『美的』という概念は，多分に主観的な評価に係るものであり，何をもって『美』ととらえるかについては個人差も大きく，客観的な観察をしてもなお一定の共通した認識を形成することが困難な場合が多いから，判断基準になじみにくいものといえる。」という部分かもしれません。そして，自説である創作的表現説の理由付けに進むわけです。**理由付け**は，必要性と許容性の2つの観点から考えるんでしたね。

(1)　必要性

そこで，まず，**必要性**になります。判決文の中では，あちらこちらに前後して，必要性とおぼしきくだりが見受けられるんですが，私の目から見ると，ちょっと前に戻りますが，29頁の2〜7行目ですね。この部分が，必要性として一番大きいのかな，って思います。「応用美術は，…様々であり（…），表現態様も多様であるから，応用美術に一律に適用すべきものとして，高い創作性の有無の判断基準を設定することは相当とはいえず，個別具体的に，作成者の個性が発揮されているか否かを検討すべきである。」という部分ですね。でも，ここだけに限られるわけではありません。他のところ，例えば，35頁の1〜3行目あたりを挙げることもできると思います。「応用美術につき，著作物としての認定を格別厳格にすれば，他の表現物であれば個性の発揮という観点から著作物性を肯定し得るものにつき，著作権法によって保護されないという事態を招くおそれもあり得るものと考えられる。」という部分ですね。

(2)　許容性

では，次に，**許容性**に行ってみましょう。許容性の1つは，前回説明しましたね。依拠の要否っていう点です。34頁の下から2段落目になります。

その3行目から引用しますね。「意匠権は，他人が当該意匠に依拠すること
なく独自に同一又は類似の意匠を実施した場合であっても，その権利侵害を
追求し得るという点において，著作権よりも強い保護を与えられているとみ
ることができる。…一定範囲の物品に限定して両法の重複適用を認めること
によって，意匠法の存在意義や意匠登録のインセンティブが一律に失われる
といった弊害が生じることも，考え難い。」という部分になります。

　それから，創作的表現説に立つのであれば，許容性として，もう1つ挙げ
ておいた方がよいことがあります。この見解に立てば，実用品であっても，
他のジャンルの作品と同じように，創作性がありさえすれば著作物になる，
っていうことになりますね。つまり，創作者の何らかの個性が表れていると
か，他と異なっているとか，ありふれた表現ではない，っていうことが言え
ればいいことになります。ですから，**創作的表現説では，純粋美術同視説と
比べて，著作権がかなりたくさん発生する，**っていうことが考えられるわけ
です。でも，実用品の分野で著作権がたくさん発生するっていうのは，新製
品の開発とかに支障が生じることはないだろうか，っていう懸念が出てくる
わけです。なぜかというと，著作権は禁止権でしたからね。ですから，創作
的表現説に立つ以上は，その懸念を払拭してあげなければならないわけです。
それが，35頁の3行目から始まる ii の段落になります。ここも引用してみ
ますね。「応用美術は，実用に供され，あるいは産業上の利用を目的とする
ものであるから，当該実用目的又は産業上の利用目的にかなう一定の機能を
実現する必要があるので，その表現については，同機能を発揮し得る範囲内
のものでなければならない。応用美術の表現については，このような制約が
課されることから，作成者の個性が発揮される選択の幅が限定され，したが
って，応用美術は，通常，創作性を備えているものとして著作物性を認めら
れる余地が，上記制約を課されない他の表現物に比して狭く，また，著作物
性を認められても，その著作権保護の範囲は，比較的狭いものにとどまるこ
とが想定される。」って言います。つまり，この立場に立っても，**実用品に
おいては，その機能による制約があるのだから，実際に著作物性が認められ**

る場合はそう多くないだろうし，著作物性を認められたとしても，その権利範囲である類似性もそう広くないだろうから，純粋美術同視説が心配しているような事態は起こらないはずですよ，っていうことなんですね。

(3)　選択の幅（著作物性の有無・類似性の広狭）

　この後半の部分，著作物性を認められても，類似性はそう広くないだろう，っていうのはどういうことかっていうと，詳しくは類似性のところでお話しすることになりますが，実は，著作権の権利範囲である類似性って，ものによって広かったり狭かったりするんですね。えっ？　びっくりしましたか？　今，引用した判決文の中にも出てきましたが，これって，前にお話しした，選択の幅に関係してくるんですね。そのときは，選択の幅の広い，狭いが，著作物性の有無の判断に関わってくる，っていうことをお話ししたわけですが，実は，選択の幅って，類似性の広狭にも影響を与えているんですね。今回は，簡単に結論だけを述べておきますが，**選択の幅が広ければ，類似性の範囲は広めになる，選択の幅が狭ければ，類似性の範囲は狭めになる，っていう傾向**があるんですね。で，選択の幅がもっともっと狭ければ，そのときは，そもそも著作物性自体が認められない。これは，そういった，ある種，連続性のある話なんですね。ですから，著作物性の判断と類似性の範囲って，実は，密接に関連しているわけです。で，控訴審判決のこの部分というのは，そのことを言っているんですね。これで，創作的表現説からの必要性と許容性の主なものは出揃ったと思います。後は，これらの理由付けを聞いて，聞いた人が納得するかどうか，っていうことになりますね。納得してもらえれば，説得は成功した，っていうことになるでしょうし，そうでなければ，うまくいかなかった，っていうことになるんでしょう。

(4)　著作物性を認めるも，類似性を否定

　ここまで見てきたように，知財高裁は，この事件で，創作的表現説に立ったわけですね。その上で，原告の椅子について，その形態的特徴を指摘して，

著作物性を肯定しました。32頁の下から12〜4行目にあるdの部分です。それによると，まず，原告の椅子は2本脚なんですね。で，その脚に掘られた溝に，座る板と足を置く板とをそれぞれはめ込む，っていうんですね。で，床にぴたっと接している木が脚を支えていて，それらの部材の接合の角度が約66度，っていうんです。これが，知財高裁が，この椅子に著作物性を見出した特徴になります。でも，知財高裁は，著作権侵害だって言う原告の主張を退けていますね。それはどうしてかっていうと，原告の椅子が2本脚だったのに対して，被告の椅子は4本脚だったんですね。その点を捉えて，37頁の8〜11行目になります。「脚部の本数に係る…相違は，椅子の基本的構造に関わる大きな相違といえ，その余の点に係る共通点を凌駕するものというべきである。」と判断したわけです。で，続けて，「被控訴人製品は，控訴人製品の著作物性が認められる部分と類似しているとはいえない。」って結論付けました。ここのくだりも，とっても大事で，類似性って，いったいどこが似ていたら，類似性ありってなるの？っていう問題です。これは，類似性のところで詳しくお話しすることになりますが，今回のところは，「著作物性が認められる部分と」なんだな，っていうことを覚えておいてください。

　それでは，この事件を，そろそろまとめたいと思います。この事件では，一審も控訴審も，著作権侵害ではないっていう結論は同じだったわけですが，一審は，そもそも原告の椅子の著作物性を否定したのに対して，控訴審は，著作物性自体は肯定しつつ，被告の椅子との類似性を否定して，非侵害という結論に至りました。どちらにしても侵害ではないんだから，理由の違いってそんなに大したことではないのでは，って思う人もいるかもしれませんね。でも，仮に，誰かが原告の椅子とほとんど同じ形態の椅子を作って売ったとしたら，どうでしょう？　そうですね，一審判決の立場であれば，もちろん著作権侵害にはなりませんね。でも，控訴審判決の立場だったら？　そう，侵害になり得るんですね。そうなると，単に理由の違いだけではなくなってしまうわけです。ずいぶん大きな違いですよね。ここでは，物が椅子ですか

（第 15 回の要点）

～知財高判平 27. 4. 14 （TRIPP TRAPP 事件）～

論証の流れ

〈問題の所在〉	明文の規定がない。
〈反対説〉	純粋美術同視説
〈反対説への批判〉	「美的」という概念は，多分に主観的な評価
〈理由付け〉　（必要性）	応用美術は様々であり，高い創作性の有無の判断基準を一律に設定することは相当でない。
（許容性）	①意匠権は，依拠がなくても，権利侵害を追求し得る点で，著作権よりも強い保護を与えられているとみれる。

↓

両法の重複適用を認めることで，意匠法の存在意義が一律に失われるといった弊害は考え難い。

②応用美術は，目的にかなう一定の機能を実現するという制約から，作成者の個性が発揮される選択の幅が限定される。

↓

著作物性を認められる余地が，他の著作物に比して狭く，著作物性を認められても，保護の範囲は，比較的狭いものにとどまる。

〈自説〉	創作的表現説

ら，意匠の要件を満たしていれば，あらかじめ意匠権を取っておく，っていうこともできるはずです。この事件の原告が，意匠の出願をしていたのかどうか，については分かりません。両判決の大きな違いは，仮に意匠権がないときにでも，著作権で行けるかどうか，っていうことになりますね。著作権では行けない，っていうのであれば，同業他社としては，同様の製品を作ろうかっていうときには，どんな意匠登録があるのかを調べれば，基本的にはいいことになりますね。でも，著作権でも行けるのであれば，同業他社としては，そこのところも考えなければならないわけですから，意匠登録を調べただけでは足りない，っていうことになりますね。さぁ，どちらの立場がよりいいんでしょう？　これは，まだ結論の出ていないところです。判例がこ

れからどういうふうに展開していくのか，とても興味深いところです。皆さんはどう考えますか？　ちょっと自分でも考えてみてください。それでは，3回にわたってお話ししてきました，応用美術の話は，このあたりで終わることにします。

第**16**回
依拠

1. 依拠の意義

皆さん，こんにちは。今回は，**依拠**について説明します。著作権侵害の7つの要件のうち，2つめになりますね。前に，依拠って，簡単に言ってしまえば，マネしたっていうことですよ，って説明しましたね。確かに，典型的にはそうなんですが，そこでもお話ししたように，日常用語で，マネしたね！って言うような場合だけではないんですね。これは，**独自創作を侵害から除外するための要件**なんです。そんなの当たり前ではないかなぁ，って思う人も多いと思います。独自に創作したのに侵害になってしまうのでは困りますよね。えっ！そんなに似た著作物がすでに他にもあったの？そんなの知らなかったよ，なんていう場合にも侵害になってしまったら，まさに不意打ちですよね。でも，**特許権では，独自発明でも侵害になり得る**んですね。もう，応用美術のところで，意匠権については独自に創作したものであっても侵害になり得る，ってお話ししましたね。実は，特許権もそうなんです。へ～，って思うでしょ。でも，その前に，著作権侵害には，依拠が必要ですよ，って言った判例をまず紹介したいと思います。前に，著作権侵害の7つの要件を説明した中で，依拠が必要ですよ，ってはっきり書いてくれている条文はない，ってお話ししたんですが，覚えていますか？　そうなんですね。では，なんで必要とされているのかって言ったら，それが判例でした。

2. ワン・レイニー・ナイト・イン・トーキョー事件（最判昭 53.9.7）

　その判例は，**最高裁の昭和 53 年 9 月 7 日の判決**になります（事件番号は昭和 50 年(オ)324 号です。）[63]。これは，音楽の事件ですね。この判決文を見てもらうと，甲曲とか乙曲とかって出てきますね。この事件は，ちょっと事案は複雑なんですが，簡単に言うと，原告は，当時，アメリカの著作権者から，この判決で言う A 楽曲の日本での著作権を譲り受けていました。甲曲っていうのは，A 楽曲の一部ですね。で，乙曲っていうのは，この判決文からではちょっと分からないと思いますが，被告が作曲した「ワン・レイニー・ナイト・イン・トーキョー」という曲の一部になります。なお，この判決文の中では，被告は，被上告人 B と表記されています。そして，判決文の 2 頁の 2〜3 行目に，「甲曲と乙曲とを対比すると，動機を構成する旋律において類似する部分がある」って書いてありますので，メロディーの一部に似たところがあったようですね。そのため，乙曲が甲曲の著作権を侵害しているかどうか，が問題になったわけです。まぁ，私には，作曲とかってとてもできそうにもありませんし，この事件で問題になった曲を実際に聞いてみたこともないので，よくは分かりませんが，音楽って，一般的には，実際に使える音階には限りがあるような気がしますし，もし，聞いている人が心地いい，って感じられるような曲を作ろうとすれば，一部ではあっても，似たようなメロディーになってしまったね，ということも起こり得るのかな，って気はしています。で，最高裁もこう言っていますね。2 頁の 3〜5 行目になります。「右類似部分の旋律は，…いわゆる流行歌においてよく用いられている音型に属し，偶然類似のものがあらわれる可能性が少なくない」っていう部分です。なので，この事件では，音楽というジャンルの特質，っていうことも考えておいた方がいいようには思います。

---

63) https://www.courts.go.jp/app/files/hanrei_jp/243/053243_hanrei.pdf

　ただ，似ていたら，もうそれで侵害になってしまうの？っていう疑問については，そうではないですよ，って最高裁ははっきりと言ってくれていますね。判決文ですと，1 頁の下線の付されたところの 5〜8 行目になります。「既存の著作物と同一性のある作品が作成されても，それが既存の著作物に依拠して再製されたものでないときは，…著作権侵害の問題を生ずる余地はない」っていう部分です。依拠がなければ，たとえよく似ていたとしても，著作権侵害にはならない，っていうことですね。つまり，依拠が，著作権侵害の要件になるわけです。で，判決文から分かるように，この判示は，特に音楽に限ったものではありませんね。著作物一般の話になります。そして，判決では，その依拠があったかどうか，っていう判断がそれに続いていきます。それが 2 頁の 6〜8 行目になります。ここで，被告が，乙曲の作曲前に，甲曲に接していたとも，接する機会があったとも，推認するのは難しいから，依拠があったということはできない，っていう判断になりました。なので，この事件は，結論として，著作権侵害にはならなかったわけです。

3.　特許権では？

　それでは，どうして，著作権侵害には依拠が必要とされるのでしょうか？先ほど述べたように，特許権侵害では要らないわけです。同じ知的財産権なのに，どうしてこのような違いが生じてくるのでしょうか？　ちょっと長くなりますが，それをこれから順に説明していきますね。特許の世界では，おそらく，ライバル会社とかが，日々，研究開発でしのぎを削っているんだと思います。何かある技術をどちらの会社がより早く開発できるか，熾烈な競争を繰り広げているかもしれません。そんなときに，例えば，A 社と B 社が，ほぼ同じような時期に，まったく同じ技術の開発に成功した，っていう場合を考えてみてください。もちろん，ここでは，A 社も B 社もその技術を独自に発明しています。決してありそうもない話ではありませんよね。で，A 社も B 社も，その技術を特許出願したとしましょう。ここで，その技術自

体は，特許要件を満たしている，すなわち，特許になり得る，ってしておきますね。でも，まったく同じ技術について，A 社にも B 社にも特許を出すことはできません。どちらかになります。さて，どちらが特許を取れるでしょうか？　そうなんですね，早い者勝ちなんです。出願の日が仮に 1 日でも早ければ，その早かった方がその特許を取れるんです。ちなみに，条文は，**特許法の 39 条**になります[64]。で，ここで，例えば，A 社の出願の方が B 社よりも早かったとすれば，特許を取れるのは A 社だけ，っていうことになります。これを**先願主義**って呼んでいます。で，そのとき，B 社はどうなるの？って思いますよね。せっかく頑張って発明したけど，特許は取れなかった。でも，その技術を使って製品を作って売ることはできないの？っていうことが気になりますよね。まぁ，例外がないわけではないんですが，基本的には，いくら B 社が独自に発明した技術であっても，その技術について A 社に特許を取られてしまえば，A 社の許諾がない限り，B 社はその技術を使って製品を作って売ったりはできないんですね。今は，A 社と B 社がともに出願した，っていう前提でお話ししましたが，例えば，A 社は出願したけど，B 社は出願しなかった，っていう場合もあると思います。でも，そのときでも同じなんですね。A 社が特許を取ってしまえば，いくら独自に発明したといっても，B 社は，A 社の許諾がなければ，基本的には，その技術を使えなくなってしまうんですね。

そうなると，何かを発明した！ってなったら，とりあえず急いで出願だけはしておこう，っていうことにもなりそうですよね。なので，余談ですが，特許では，意匠や商標とは違って，出願しただけでは審査が始まらないんです。出願とは別途，**審査請求**という手続をとる必要があります。もちろん出願と同時に審査請求をすることもできますが，出願から 3 年以内であれば審査請求はできるんですね。ですから，その 3 年の間に，特許を取りに行くか

64）　例えば，1 項は，「同一の発明について異なった日に二以上の特許出願があったときは，最先の特許出願人のみがその発明について特許を受けることができる。」と規定しています。

どうかを検討することができるわけです。条文は，**特許法の 48 条の 3** にな
ります[65]。もし興味があったら，見てみてください。

（1）　必要性

それでは，話を元に戻しますね。依拠は，特許権では，侵害の要件になっ
ていない，っていうことでした。でも，著作権では，依拠が侵害の要件にな
っていますね。同じ知的財産権なのに，どうしてこういう違いが生じるのか，
っていうことでしたね。ここでは，また，必要性と許容性とに分けて，その
理由を考えていきましょう。まず，特許権の方から行きます。依拠を侵害の
要件としない，その必要性ってなんだと思いますか？　前に，著作物性のと
ころで，特許は技術だから，そこは効率性の世界だとも言える，っていうよ
うなことをお話ししました。分かりやすく言ってしまえば，より良いものを
より安く，って言えるかもしれません。ですから，あくまでも文化の領域と
比べて相対的には，っていうことにはなりますが，目指す方向は同じだった
りするわけですね。同じような技術がそれぞれ独自に発明される，っていう
こともそれほど珍しいことではないのかもしれません。だとすれば，そこで，
もし依拠を侵害の要件にすれば，せっかく特許を取っても，そのような独自
発明者には特許権が及ばない，っていうことになりますから，その分，権利
の範囲が小さくなるわけですね。それでは，特許権の旨みが不足する，って
考えたんでしょうね。だから，特許権侵害には依拠を要件とはしない，そう
いう必要がある，っていうことになったんでしょう。

（2）　許容性

では，許容性の方はどうなるでしょう？　著作権では，依拠を侵害の要件

65）　例えば，1 項は，「特許出願があつたときは，何人も，その日から 3 年以内に，特
　　許庁長官にその特許出願について出願審査の請求をすることができる。」と，4 項は，
　　「第 1 項の規定により出願審査の請求をすることができる期間内に出願審査の請求が
　　なかつたときは，この特許出願は，取り下げたものとみなす。」と規定しています。

にしないと，不意打ちになりかねない，って先ほど言いましたね。ということは，特許権の場合には，不意打ちとは言えない，っていうことになるはずです。どういうことでしょうか？　この点に関しては，応用美術のところでお話ししたことをちょっと思い出してみてください。意匠権と同様に，特許権でも，登録があったら，その内容が公開されるんでしたね。**特許法**では**66 条 3 項**になります[66)]。そのうえ，特許法では，**出願公開**という制度もあります。出願から 1 年 6 か月が経つと，審査が始まっていようがいまいが，自動的に出願の内容が一般に公開されます。条文は **64 条**です[67)]。1 年 6 か月が経つ前に特許になったような出願（そういうこともあることはあるんですね。）を除けば，登録の前にも，あらかじめ出願の内容が公開されますから，それを見れば，この技術は，将来，特許になるかもしれないぞ，っていうことが分かるわけですね。ですから，この 2 段階の公開によって，どんな出願があったのか，どんな発明が特許になっているのか，調べようと思えば調べられるようになっているわけです。まぁ，毎年 30 万件前後の出願がありますから，それを全部調べるなんていうことは現実的な話ではないかもしれませんが，技術分野を絞れば，それもある程度はできるかもしれませんね。ここが，権利の発生に出願や登録といった手続を一切必要としていない著作権との大きな違いになります。ですから，特許権の場合には，調べようと思えば調べられる手段が用意されているんだから，依拠を侵害の要件にしていなくても，それは不意打ちとは言えないでしょ，っていうふうに言っていくこともできるわけです。これが許容性の方の理由になります。

---

66) 「前項の登録があつたときは，次に掲げる事項を特許公報に掲載しなければならない。(以下，略)」

67) 「特許庁長官は，特許出願の日から 1 年 6 月を経過したときは，特許掲載公報の発行をしたものを除き，その特許出願について出願公開をしなければならない。(以下，略)」

4.　著作権では？

　では，本題の著作権の方の理由付けはどうなるでしょう？　今，お話しし
た，特許権での理由付けの逆になるんですね。ここで，逆って言うのは，先
ほどの必要性が，今度は，許容性になって，先ほどの許容性が，今度は，必
要性になる，っていうことです。多少，繰り返しにはなってしまいますが，
著作権ではなぜ依拠が侵害の要件になっているのか，順に見ていきましょう。
まず，必要性ですね。これは，不意打ちになってしまう，っていうことでし
た。**著作物を創作しただけで自動的に権利が発生する，っていう著作権の特
徴からすれば，どこにどんな著作物があるのかをしっかりと調べられるよう
な手段はない**わけです。そして，世の中には無数の著作物が溢れています。
にもかかわらず，ただ，とっても似ている，っていうだけで仮に侵害になっ
てしまうのでは，おいそれと創作なんてできなくなってしまいかねませんよ
ね。ですから，著作権の場合には，それが独自に創作したものであれば侵害
にはならない，つまり，依拠を侵害の要件にする，そういう必要がある，っ
ていうことになります。
　では，次は，許容性になりますね。先ほど，特許権の場合の必要性のとこ
ろでは，効率性の世界っていう言葉が出てきていましたね。著作権が扱う文
化の領域では，それに対して，どんなキーワードがあったか，覚えています
か？　そうですね，多様性の世界でした。効率性の世界では，ある程度，み
んなが同じ方向を目指す，そういう傾向が強いのに対して，多様性の世界で
は，基本的にはどっちの方向を目指したっていいわけですね。それぞれ好き
な方向へ行けばいい。これは，あくまでも相対的なものですが，そういった
傾向はあるとは言えるでしょう。だとすると，効率性が支配する産業の領域
では，同じような技術がそれぞれ独自に発明される可能性だってそう低くは
ないのに対して，多様性を特徴とする文化の領域では，それこそ，似たよう
な作品がそれぞれ独自に創作される可能性って，もちろんないわけではあり

ませんし，多少，ジャンルによる違いっていうのもあることはあるでしょう
が，一般に，技術の場合と比べると，相対的にかなり低いものになる，って
言えそうです。依拠を侵害の要件にすると，たとえどんなに似ていても，依
拠がなければ，権利の範囲には入ってきませんから，依拠を侵害の要件にし
ない場合と比べると，その分，権利の範囲は狭くなりましたね。つまり，依
拠を侵害の要件にした方が，権利者にとっては不利だとも言えるわけです。
でも，**依拠なく似た作品が作られる可能性がそれほど高くないのであれば，
まぁ，その分，権利の範囲が狭くなったとしても，権利者にとってそのこと
が許容できないっていうほどのことではないでしょ**，って言っていくことも
できるわけです。これが，著作権侵害では依拠が要件とされる，許容性の方
の理由になります。こうして見てくると，特許権の場合と著作権の場合とで，
必要性が許容性になって，許容性が必要性になっていますよ，って言った意
味が分かってもらえたかと思います。

5. 依拠の立証

　で，その依拠をどちらが立証しなければならないのか，っていうと，依拠
って請求原因？　それとも，抗弁？　どちらだったか，覚えていますか？
そうですね，請求原因でしたね。つまり，侵害を主張する，著作権者側の方
で立証しなければなりませんでしたね。それって，ちょっと大変なんじゃな
い？とも思えますよね。なにせ，依拠したかどうかって，相手方の，しかも，
その内面の事情ですからね。そこで，実は，この依拠をさらに2つに分解し
てしまうんですね。どういうことかというと，**依拠をアクセスと独自創作と
の2つに分けてしまうんです**。ここで，説明しやすいように，著作権者を原
告，そして，相手方，つまり，ある人に著作権侵害をされているって原告が
主張する，そのある人を被告としますね。まぁ，これまでにもこうやって説
明したりしてきたんですが，なんでそんなことをわざわざ断るんだろう？っ
て不思議に感じた人もいるかもしれませんので，ちょっと細かくなりますが，

ここで説明しておきますね。多くの訴訟では，侵害されたって主張する著作権者側が原告になります。でも，実は，そうではない場合もあるんですね。これは，民事訴訟法の話になってしまうんですが，**債務不存在確認訴訟**っていう形態があるんですね。つまり，ここで言えば，著作権侵害をしているって言われている側の人が原告になって，そう言っている著作権者側を被告にして，著作権侵害がない，まぁ，正確に言うと，差止請求権の不存在とかの確認を裁判所に求めて訴える，っていうこともできるんです。数はそう多くはありません。でも，そういった場合もあることはあるので，わざわざこういう断りを入れています。で，さらにちょっと細かい話になってしまいますが，一応，念のために言っておくと，こうやって原告と被告とが入れ替わった場合でも，立証責任の分配は変わりません。つまり，侵害の7つの要件のうち，1つめ〜4つめと7つめの5つは，そこでは，被告っていうことになりますが，やはり著作権者側の方で立証していかなければなりませんし，5つめと6つめの要件の2つについては，今度は，こちらは原告っていうことになりますが，侵害している！って著作権者側から言われている，その相手方が，やはり立証責任を負っています。

　それでは，話を戻して，著作権者側を原告，その相手方を被告，として，依拠がどのように2つに分けられるのかを説明していきますね。まず，原告の方で，被告が，原告のその著作物にアクセスしたことがある，あるいは，少なくてもアクセスする機会があった，っていうことを立証してもらうんですね。でも，たとえアクセスしたことがあったからといっても，それで直ちに独自創作が否定されるわけではありませんね。確かに，以前，それを一度見たことがある，聞いたことがある，からといって，もしそれだけで，依拠があるから侵害になりますよ，っていうことになってしまうんだったら，一度でも見たり聞いたりしてしまったら，もうそれと似たものは一切作れないっていうことになってしまいますね。なので，今度は，被告の方で，でも，それは自分が独自に創作したものです，っていうことを言っていくんですね。ただ，本人は独自に創作したつもりであっても，実は，以前，見たり聞いた

りしたものの記憶が頭の中に残っていて，無意識のうちにそれをマネしていたんだ，なんてことも考えられないことはありませんが，でも，話がそこまで行ってしまうと，人間の心理っていったいどうなってるんだ？っていう話になってしまって，とても私の手には負えそうもありません。ただ，理論的に詰めていくと，こうやって，依拠の立証をアクセスと独自創作とに分けて，その責任をそれぞれ双方に振り分けている，って言えるんですね。

　で，先ほどのワン・レイニー・ナイト・イン・トーキョー事件の判決に戻ってみると，その2頁の6～8行目に「被上告人Bにおいて乙曲の作曲前に現に甲曲に接していたことは勿論，甲曲に接する機会があつたことも推認し難く，乙曲をもつて甲曲に依拠して作曲された甲曲の複製物と断ずることはできない」ってありますね。ここで言う被上告人Bというのは，被告でしたね。で，ここは，この立証責任を意識した書き方になっていると言えると思います。つまり，原告の方で，甲曲への被告のアクセスを立証できなかった，ということになります。この事件の高裁判決を見てみると，ちょっと事情が分かってくるんですが，東京高裁の昭和49年12月24日の判決になります（事件番号は昭和43年（ネ）1124号です。）[68]。甲曲を含むA曲が出たのが，昭和8年（1933年）のアメリカだったそうです。で，映画の主題歌に使われて，あちらではヒットしたようなんですね。一方，乙曲を含むB曲が作曲されたのは，昭和38年（1963年）頃の日本だっていうんです。で，A曲の方は，アメリカではその頃でもまだ，ある程度，有名だったみたいなんですが，日本では，A曲の入ったレコードは売られてはいたものの，でも，それは，その当時までに，枚数にして合計1万3000枚ほどだった，っていうんですね。こういった事情を前提に，この最高裁判決の1頁の下から5～4行目にあるように，「音楽の専門家又は愛好家の一部に知られていただけで，音楽の専門家又は愛好家であれば誰でもこれを知つていたほど著名ではな」かった，っていうところにつながっていくんですね。そして，だから，

68）　https://www.courts.go.jp/app/files/hanrei_jp/446/014446_hanrei.pdf

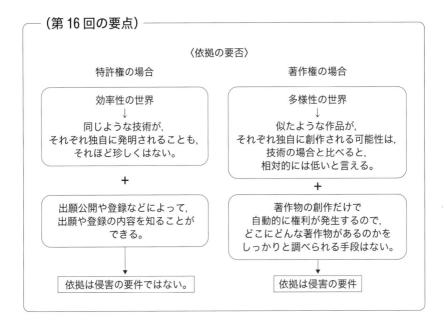

　乙曲を作曲する前に甲曲に接する機会が被告にあったとはいえない，っていう判断になったわけです。つまり，アクセスについての原告側の立証が成功しなかった，っていうことなんですね。まぁ，ここまでの話は，かなり分析的に述べてはいます。

　まぁ，そうは言っても，実際には，マネしてなければこんなに似るわけはないよね，っていう場合もあると思います。そんなときは依拠が認定されやすくなります。あるいは，あの自動車のデータベースの事件を覚えていますか？　あの事件では，著作物性が否定されていますので，著作権侵害での依拠の問題ではありませんでしたが，原告のデータベースにあったダミーデータが被告のデータベースからも出てきたんでしたね。被告は，データの複製自体も争っていましたね。でも，不法行為が成立するかどうかの前提としての判断ではありましたが，そんなダミーデータが出てきたこともあって，裁判所は，データの複製を認定しました。このダミーデータと同じように，マ

ねしなければそんなところで同じになるわけはないよね，っていう部分がも
しあれば，依拠はずっと認定されやすくなりますね。ただ，どちらも，先ほ
どの分析的な見方からすれば，マネしてなければこんなに似るわけはないよ
ね，とか，マネしなければそんなところで同じになるわけはないよね，とい
うところで，アクセスが立証されている，ってみることができます。で，特
にダミーデータみたいなものが出てきたような場合には，でも，独自に創作
したんです，ってたとえ言ってみたところで，もうそれを信じてもらうのは
なかなか難しいでしょうね。それでは，依拠については，このあたりで終わ
ることにします。

第17回
類似性 (1)

1. 類似にまで権利が及ぶ理由

皆さん，こんにちは。今回から，**類似性**に入っていきます。3つめの要件になりますね。類似性については，侵害の7つの要件を紹介した時に，少し詳しくお話ししましたが，とても大事なところですので，多少の重複は厭わずに説明していくことにします。さて，ある著作物があって，それとまったく同じだったら，まぁ，依拠があるっていう前提ですけど，その著作権が，当然，及んでいくだろう，っていうのはいいと思います。では，なんで，同一に限らず，類似の範囲にまで権利が及ぶのか？っていうことになりますね。ここでも，必要性と許容性とでその理由を考えてみましょう。

まず，必要性からです。著作権の権利範囲を，もし同一に限るとすると，どうなるでしょう？　もしそうなれば，どこかを多少変えさえすれば，自由に利用できる，っていうことになりそうですね。で，例えば，文章などを考えてみると，あまり意味を変えないで，言い回しとかをところどころ変えてみるのって割と簡単にできてしまうかもしれませんね。で，そうやって変えてしまったら，もう著作権は及ばないっていうことになってしまったら，たとえ著作権があるって言ってみたところで，その権利を容易に回避できてしまうわけですから，著作権があっても，それはあまり意味をなさないものになってしまうかもしれませんね。そうしないためには，権利の範囲にある程度の広がりが必要になってくる，っていうことになります。で，それを類似性って呼んでいるんですね。

では，次に，許容性に行きましょう。著作権が，同一の範囲にとどまらず，

類似の範囲にまで及ぶ，っていうことになると，その分，他者の表現活動を制約している，って見ることもできますね。そうだとすれば，何かそのことを正当化できる理由が必要になってきそうです。例えば，著作者が創作した，○○を利用しているんだから，といった理由です。その○○は，まさにその著作者が創作したものなんだから，その利用を制約されても仕方がないよね，って許容性では言っていくわけです。で，この○○って何？っていうことになりますね。これが，まさに類似性の範囲を画する基準になりますので，ここではちょっとしばらく○○のままにしておきますね。

2. 条文上の根拠＝28条

では，著作権の範囲が類似にまで及ぶ，っていう法律上の根拠はどこにあるのか？っていう話になっていきます。依拠のときもそうでしたが，ここでも，著作権の範囲は類似にまで及びますよ，ってはっきり書いてくれている条文はないんですね。ただ，ここでは，**28条**という条文があって，この条文が根拠になっています。それでは，28条を見てみましょう。「二次的著作物の原著作物の著作者は，当該二次的著作物の利用に関し，この款に規定する権利で当該二次的著作物の著作者が有するものと同一の種類の権利を専有する。」ってありますね。ちょっと読んだだけでは，よく分からないかもしれません。まず，**二次的著作物ってなんだろう？**って思いますよね。ここで初めて出てきましたね。二次的著作物については，2条1項11号というところに定義規定があります。それを見てください。「著作物を翻訳し，編曲し，若しくは変形し，又は脚色し，映画化し，その他翻案することにより創作した著作物」っていうことになっていますね。まず，この条文の最初に出てくる「著作物」っていうのが，**原著作物**になります。そして，その後に，翻訳以下，編曲とか映画化とか，いろいろと挙がっていますね。この部分と，もう1つ，28条の1つ前の27条[69]とを見比べてみてください。まったく対応していますよね。で，この，翻訳以下，編曲，変形，脚色，映画化，その

他翻案をまとめて，この授業では「翻案」って呼ぶことにします。まぁ，それはちょっと不正確ではないか，っていう意見もあるのかもしれませんが，私は，この 27 条に挙がっている行為を全部まとめて翻案って呼んでもそれほどおかしくはない，って思っています。なので，27 条の権利は，**翻案権**，って呼ぶことにしますね。前にお話しした，知的財産権の本質を踏まえて，より分かりやすく言うとすれば，翻案禁止権っていうことになりますね。ですから，2 条 1 項 11 号に戻ると，二次的著作物っていうのは，原著作物を翻案して創作された著作物，っていうことになるわけです。

3.　原著作物と二次的著作物

で，この翻案の中には，翻訳も挙がっていますから，例えば，英語で書かれた小説，っていうのを考えてみてください。まぁ，小説って言えるぐらいですから，ここでは，それは著作物になる，っていうことでいいでしょう。ただ，ここで，例えば，外国の人が外国で書いたものでも，日本の著作権法で保護されるの？ってふっと思った人もいるかもしれません。確かに，著作権法の 6 条[70] を見ると，当然には保護されていませんね。ただ，その 3 号に「条約によりわが国が保護の義務を負う著作物」ってあります。で，**ベルヌ条約**と呼ばれる，著作権の条約があって，日本もこの条約に入っているんですが，この条約には，現在，世界の 170 か国余りが加盟していますので，世界のほとんどの国の著作物が日本でも保護される，って考えてもらっていいと思います。

　では，また話を戻しますね。英語で書かれた小説を例に挙げていました。で，例えば，その日本語訳があったとします。とすると，そのとき，元々の小説

---

69)　「著作者は，その著作物を翻訳し，編曲し，若しくは変形し，又は脚色し，映画化し，その他翻案する権利を専有する。」

70)　6 条は，「著作物は，次の各号のいずれかに該当するものに限り，この法律による保護を受ける。」とした上で，3 号のほかに，1 号に「日本国民 (…) の著作物」，2 号に「最初に国内において発行された著作物 (…)」を挙げています。

が原著作物で，日本語訳の方が，普通，二次的著作物っていうことになります。まぁ，翻訳って，もともとの原文があっての翻訳っていうことにはなりますが，例えば，英語の単語と日本語の単語とでは，必ずしも1対1に対応しているわけではありませんね。同じ原文を翻訳するにも，翻訳する人によって，言葉の言い回しとかが違ってきたりするはずです。そこに，翻訳した人の個性が表れているって言えたりするわけです。ですから，ある程度の長さの文章を翻訳した，っていうことになれば，普通は，それは二次的著作物になる，っていうことなんです。で，例えば，元々の小説はXさんが書いて，それを日本語に翻訳したのはYさんだった，とすると，原著作物の著作者はXさんで，二次的著作物である，その日本語訳の著作者はYさんになります。ですから，英語で書かれた小説については，Xさんが著作権を持ち，その日本語訳の方については，Yさんが著作権を持つことになるんですね。そして，ここで28条が出てくるんですね。この条文の文言に従って，今の例に当てはめてみると，まず，「二次的著作物の原著作物の著作者」っていうのは，Xさんになりますね。次にある「当該二次的著作物」っていうのは，この日本語訳になります。そして，「当該二次的著作物の著作者」っていうのは，Yさんですね。これをつなげてみると，こうなります。Xさんは，この日本語訳の利用について，Yさんと同様の権利を持つ，っていうことになるんですね。ですから，その日本語訳については，XさんもYさんも権利を持っている，すなわち，禁止権を持っているっていうことになります。

　この2人が，それぞれ，この日本語訳について権利を持っている，っていうことはどういうことか，っていうと，例えば，**Zさんがこの日本語訳を出版したい，って思ったときに，Zさんが適法に出版するには誰の許諾が必要か？**っていうことになります。XさんもYさんも禁止権を持っているわけですから，その禁止を解除してもらうには，この2人から許諾を得なければならない，ってことなんですね。それが，XさんとYさんの2人が権利を持っている，っていうことの意味になります。

　で，ここで，Xさんに注目してみると，Xさんは英語で小説は書きました

が，この日本語訳を書いたわけではありませんね。でも，Xさんは，その日本語訳についても権利を持っています。ということは，Xさんの著作権は，原著作物である英語の小説だけではなくて，その二次的著作物である日本語訳にも及んでいる，っていうことになりますね。そして，この著作権の及ぶ範囲を，類似性って呼んでいるんです。つまり，その英語の小説を基に何かが作られたとして，その何かが，元の英語の小説の二次的著作物って言える限りは，その小説を書いたXさんの著作権が及んでいく，っていうことになります。28条を根拠に，類似性という要件を導くことができる，っていうのはこういうことなんです。

(1)　YさんがXさんに無断で翻訳していたら？

ところで，今，述べた例では，Yさんが，Xさんの小説を日本語に翻訳するにあたって，Xさんから許諾を得ていたかどうかについては，特に何も言いませんでした。27条がありますから，もしYさんがXさんに無断で翻訳していたとしたら，それが何か著作権の制限規定に当たらない限りは，やはりXさんの著作権を侵害することになります。でも，Xさんの著作権を侵害したとはいえ，Yさんは，その日本語訳という二次的著作物を作ったわけです。このとき，Yさんは，その日本語訳について著作権を持てるかどうか，その点はどう思いますか？　他人の著作権を侵害しておきながら，そうやって作ったものについて，著作権が持てるなんて！って思う人もいるかもしれません。でも，今の日本の著作権法の解釈では，それでもYさんは著作権を持てるんですね。びっくりしましたか？

では，どうしてそうなるのか，それをこれから説明してみますね。Yさんは，Xさんの著作権を侵害したとはいえ，二次的著作物って呼べるようなものを作った，っていうことは，その日本語訳の中には，Yさんの創作的な表現も入っている，っていうことになります。で，例えば，先ほどの例のように，Zさんがこの日本語訳を出版する，っていうことを考えた場合に，そのとき，Zさんが利用するのは，Xさんの作った創作的な表現だけではありま

せんね。当然，Ｙさんの作った創作的な表現も利用することになりますね。だとすれば，たとえＹさんがＸさんの著作権を侵害して，この日本語訳を作ったのだとしても，やはり，Ｚさんには，Ｘさんの許諾だけじゃなくて，Ｙさんの許諾も要求すべきだっていう考え方なんですね。で，ＹさんがＸさんの著作権を侵害した，っていうことについては，その責任を追及するかどうかは，Ｘさんに任せればいい，っていうことなんです。あくまでも著作権って禁止権ですから，Ｙさんが作った創作的な表現を他人，今の例では，Ｚさんですね，が利用できるかどうかについては，それを作ったＹさん自身に決めさせていい，っていうことなんです。でも，どこの国の著作権法でも，そうなっているかっていうと，そうでもありません。例えば，アメリカでは違っていたりするんですね。だから，現行の日本の著作権法では，そう解釈されている，っていうことになりますね。

（2）　Ｙさんが二次的著作物を利用する場合

では，ここで，著作権は禁止権，っていう意味をあらためて確認するために，この日本語訳を使って，2つの事例について考えてみましょう。先ほどの例では，Ｚさんが，この日本語訳を出版するには，誰の許諾が必要か，っていう問いでした。今度は，**Ｙさん自身がこの日本語訳を出版するには**，どうなるか？っていうことを考えてみてください。Ｙさんは，この日本語訳について著作権を持っています。著作権を持っているんだから，自由に出版できるとも考えられそうですね。でも，違うんです。この日本語訳は，Ｘさんが書いた小説を翻訳したものですから，その中には，Ｙさんの作った創作的な表現だけではなくて，当然，Ｘさんの作った創作的な表現もあるわけです。ですから，それを出版するっていうことは，Ｘさんの創作的な表現も利用することになります。条文で言えば，先ほど紹介した28条によって，その日本語訳の利用について，Ｘさんも禁止権を持つ，っていうことになります。ですから，Ｙさんは，その日本語訳について，たとえ著作権を持っていても，Ｘさんの許諾がなければ，自由に出版できないんですね。まぁ，権利がある

のに自由に使えない，なんてちょっと不思議に感じられるかもしれませんが，これが，禁止権っていうことの意味なんですね。確かに，権利を持っていれば，それを自由に使えることが多いっていうのは事実かもしれませんが，それができるのは，他人の権利と抵触しないからなんですね。**著作権という権利を持っているっていうことが，その著作物の自由な利用を法的に保障しているわけではない**，っていうことなんです。あくまでも，他人の無断利用を禁止できますよ，っていう形で権利が構成されているわけです。

　で，ここで，ちょっと細かい話になってしまうかもしれませんが，Y さんが，翻訳するにあたって，事前に X さんからその許諾を受けていたような場合にも，その日本語訳を出版するには，あらためて X さんの許諾が必要なのかなぁ？って思った人もいるかもしれませんね。確かに，Y さんが，あらかじめ翻訳と出版の許諾を X さんからもらって翻訳したんだったら，さらに重ねて出版の許諾をもらう必要はありません。まぁ，普通は，最初にいっぺんに許諾をもらってしまうのかもしれませんね。でも，法的には，翻訳の許諾と出版の許諾とは分けて考えなければなりません。で，当初，Y さんがもらった許諾が翻訳についてだけのものだったならば，翻訳した日本語訳について，いくら著作権を持ったからといって，それだけでは自由に出版はできない，っていうことなんです。

(3)　X さんが二次的著作物を利用する場合

　では，Z さん，Y さん，って来ましたから，次は，X さんになりますね。**X さんがこの日本語訳を出版するには**，どうか？っていうことです。そうですね，この日本語訳には Y さんの著作権がありますから，いくらその原著作物の著作権者だからといって，Y さんに無断で出版はできないんですね。やはり Y さんの許諾が必要になります。で，仮に，この日本語訳が，X さんに無断で，すなわち，X さんの著作権を侵害して作られたものであっても，その結論は変わりません。それはちょっと何か釈然としない感じがするかもしれませんが，Y さんに禁止権がある以上は，そういう結論になるんです。

　ここまで，類似性の要件は 28 条から導き出せますよ，っていう話から，ずいぶん展開してきましたね。なので，今回は，このあたりでいったん区切って，この続きは，次回にしたいと思います。先ほどの○○が何か，っていうのも，次回のお楽しみになります。それでは，今回は，これで終わります。

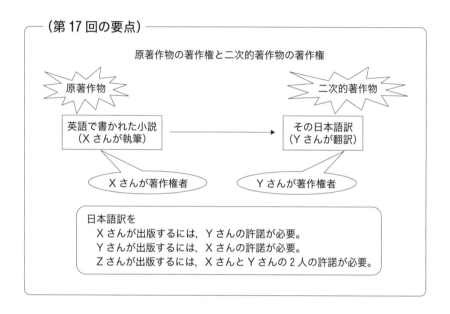

（第 17 回の要点）

原著作物の著作権と二次的著作物の著作権

原著作物　　　　　　　　　　　　　　二次的著作物

英語で書かれた小説　　→　　その日本語訳
（X さんが執筆）　　　　　　　（Y さんが翻訳）

X さんが著作権者　　　　　　　Y さんが著作権者

日本語訳を
　X さんが出版するには，Y さんの許諾が必要。
　Y さんが出版するには，X さんの許諾が必要。
　Z さんが出版するには，X さんと Y さんの 2 人の許諾が必要。

第18回
類似性 (2)

1. 江差追分事件（最判平 13.6.28）

　皆さん，こんにちは。今回も，類似性の話になります。前回は，28 条から，それが二次的著作物であれば，原著作物の著作権者の権利が及んでいく，っていうことをお話ししました。それでは，二次的著作物って言えるには，それがどうである必要があるのか？っていうことを，今回は説明していきます。実は，ある著作物を参考にしても，それが二次的著作物にはならない場合っていうのもあるんですね。では，それはどこに違いがあるのか，っていうことになりますね。それが，前回，あえて伏せていた〇〇なんです。ここで，判例を 1 つ紹介します。**最高裁の平成 13 年 6 月 28 日の判決**です（事件番号は平成 11 年(受)922 号になります。）[71]。この事件は，江差追分事件って呼ばれたりしています。まず，この判決文の 5 頁の下の方にある（別紙）というところを見てください。その（別紙）というのは 7 頁まであります。で，5 頁の下から 2 行目から始まって 7 頁の 10 行目まで続く文章が，本件プロローグになります。そして，同じ 7 頁の最後の 5 行が，本件ナレーションになります。プロローグの方は，「北の波濤に唄う」という，原告の書いたノンフィクションの一部で，一方，ナレーションの方は，被告となった NHK の「ほっかいどうスペシャル」というテレビ番組の中のナレーションの一部になります。この事件では，その両者が類似しているかどうかが争われました。つまり，このナレーションが，このプロローグの著作権を侵害している

71）　https://www.courts.go.jp/app/files/hanrei_jp/267/052267_hanrei.pdf

かどうか，ということです。なお，依拠があったことについては，当事者間に争いはありませんでした。さぁ，類似しているかしていないか，皆さんだったら，どう判断しますか？

(1) 一審判決

さて，一審の東京地裁も，控訴審の東京高裁も，類似性を認めたんですね。例えば，一審の東京地判平成 8 年 9 月 30 日（事件番号は平成 3 年（ワ）5651号になります。）72) は，次のように言いました。ここで，皆さんに，何頁の何行目とかって示せればいいんですが，とっても長い判決文で，あいにくこれには頁数を付けてくれていないので，だいたい真ん中ぐらいとしか言えませんが，いくつか引用してみますね。まず，ここでは，便宜的に，①としておきます。「両者は，江差町がかつて鰊漁で栄え，その賑わいが『江戸にもない』といわれた豊かな町であったこと，現在では鰊が去ってその面影はないこと，9 月に…江差追分の全国大会が開かれ，年に一度，かっての栄華ないし賑わいを取り戻し，町は一気に活気づくことを表現している点で共通している」。次は，②としておきますね。「現在の江差町が一年で一番賑やかになるのは，姥神神宮の夏祭りのときであることが江差町民の一般的な認識であり，江差町が江差追分全国大会のときに『幻のようにはなやかな一年の絶頂を迎え…町は生気をとりもどし，かっての栄華が甦ったような一陣の熱風が吹き抜けていく。』との認識は，一般的な認識とは異なるものであって，江差追分に対する特別の情熱を持つ原告に特有の認識であ」る。そして，最後に，ここは，③としておきます。「江差町と江差追分全国大会について，本件プロローグないし本件ナレーションにみられるような順序で，鰊漁で栄えたころの江差町の過去の栄華と鰊漁が不振になった現在の江差町の様子を描写し，その上で江差追分全国大会の熱気を江差町の過去の栄華が甦ったものと認識するとの独特の表現形式を取っているものは他に見当たらない」。

---

72)　https://www.courts.go.jp/app/files/hanrei_jp/799/013799_hanrei.pdf

こういった理由を挙げて，類似性を肯定しました。そして，控訴審の東京高裁も，この判断を支持しました。

(2)　最高裁判決

　それでは，最高裁はどう判断したでしょうか？　なお，最高裁では，原告が被上告人，被告が上告人になっています。ちょっと判決文の順序とは違いますが，まず，今，紹介した地裁判決にどう答えているか，というところから見てみましょう。最高裁判決の4頁の(2)の6行目からになります。まず，①に対しては，「本件ナレーションが本件プロローグと同一性を有する部分のうち，江差町がかつてニシン漁で栄え，そのにぎわいが『江戸にもない』といわれた豊かな町であったこと，現在ではニシンが去ってその面影はないことは，一般的知見に属し，江差町の紹介としてはありふれた事実であって，表現それ自体ではない部分において同一性が認められるにすぎない。」続いて，次の②に対しては，「現在の江差町が最もにぎわうのが江差追分全国大会の時であるとすることが江差町民の一般的な考え方とは異なるもので被上告人に特有の認識ないしアイデアであるとしても，その認識自体は著作権法上保護されるべき表現とはいえず，これと同じ認識を表明することが著作権法上禁止されるいわれはなく，本件ナレーションにおいて，上告人らが被上告人の認識と同じ認識の上に立って，江差町では9月に江差追分全国大会が開かれ，年に1度，かつてのにぎわいを取り戻し，町は一気に活気づくと表現したことにより，本件プロローグと表現それ自体でない部分において同一性が認められることになったにすぎず，具体的な表現においても両者は異なったものとなっている。」そして，③に対しては，「本件ナレーションの運び方は，本件プロローグの骨格を成す事項の記述順序と同一ではあるが，その記述順序自体は独創的なものとはいい難く，表現上の創作性が認められない部分において同一性を有するにすぎない。」このように，最高裁は，地裁判決に答えているんですね。で，今，引用したのは，いわゆるあてはめって言われる部分になります。その前に，一般論を提示していますね。それが，3頁の下

から9行目以下になります。まず,「言語の著作物の翻案（…）とは,既存の著作物に依拠し,かつ,その表現上の本質的な特徴の同一性を維持しつつ,具体的表現に修正,増減,変更等を加えて,新たに思想又は感情を創作的に表現することにより,これに接する者が既存の著作物の表現上の本質的な特徴を直接感得することのできる別の著作物を創作する行為をいう。」と言います。ここで,最高裁は,言語の著作物って断ってはいますが,一般には,この部分の判示は,言語の著作物に限らず,著作物一般に妥当する,って考えられています。

①表現上の本質的な特徴を直接感得

それから,表現上の本質的な特徴を直接感得,ってちょっと難しい言い方をしていますが,これは,パロディ事件って呼ばれたりしているんですが,昭和55年3月28日の最高裁判決（事件番号は昭和51年（オ）923号になります。）73) の説示を踏襲しているんですね。ただ,この判決は,どちらかと言うと,著作権の制限規定の1つである引用について判断したものって言えると思いますので,詳しくは制限規定のところでお話ししますが,このパロディ事件で,最高裁は,「自己の著作物を創作するにあたり,他人の著作物を素材として利用することは勿論許されないことではないが,右他人の許諾なくして利用をすることが許されるのは,他人の著作物における表現形式上の本質的な特徴をそれ自体として直接感得させないような態様においてこれを利用する場合に限られる」って言っていたんですね。パロディ事件の判決文の5頁の2〜5行目になります。ですから,最高裁は,江差追分事件でも,表現上の本質的な特徴を直接感得,っていう言葉を使ったわけです。

②既存の著作物の創作的な表現が残っているということ

ただ,江差追分事件の最高裁判決でより大事なところは,それに続く,次

---

73) https://www.courts.go.jp/app/files/hanrei_jp/283/053283_hanrei.pdf

のくだりだと思います。その判決文の 3 頁の下から 4 行目からになります。
「既存の著作物に依拠して創作された著作物が，思想，感情若しくはアイデア，
事実若しくは事件など表現それ自体でない部分又は表現上の創作性がない部
分において，既存の著作物と同一性を有するにすぎない場合には，翻案には
当たらないと解するのが相当である。」っていう部分です。つまり，前に，
著作物性のところでもお話しした，アイディア・表現二分論が出てくるんで
すね。あそこでは，アイディア自体は保護しない，あくまでも保護の対象は
表現であって，その表現に創作性が認められる場合に，それが著作物として
保護される，っていうことでしたね。ここでも，同じような考え方なわけで
す。ちなみに，判決は「思想，感情若しくはアイデア，事実若しくは事件な
ど表現それ自体でない部分」って言っていますが，アイディア・表現二分論
という言葉からすれば，ここのところは，一括してアイディアって読み替え
てしまった方が，理解のためにはいいかもしれません。そうすると，この部
分は，こういうふうに整理できるわけです。**単にアイディアが共通している
にすぎない場合には，類似性は認められないし，たとえ表現が共通していて
も，その共通する表現に創作性がないのであれば，やはり類似性は認められ
ない**，そういうふうになるんですね。だとすれば，この江差追分事件でも使
われている，表現上の本質的な特徴を直接感得できる，っていうことの意味
は，修正や増減，変更などを加えても，**既存の著作物の創作的な表現がまだ
残っていること**だって理解することができます。そして，そこが類似性の範
囲になります。ここまでお話ししてくれば，前回の○○が何か？っていうこ
とも，もう分かりましたね。そうです，ここでも創作的な表現になるわけで
す。

2.　既存の著作物に変更などを加えた場合

　そうなると，既存の著作物に修正や増減，変更などを加えたときに，それ
によって出来たものについては，まず，大きくは 2 つに分けて考えることが

できます。1つは，修正や増減，変更などを加えた結果，**既存の著作物の創作的な表現がもうどこにも残っていないような場合**です。そうなってしまえば，もう既存の著作物の著作権の範囲は越えてしまっているわけです。つまり，類似性はない，っていうことになります。ですから，たとえある著作物を参考にして何かを作ったとしても，もうその著作物の創作的な表現がどこにも残っていなければ，それは著作権侵害にはならない，っていうことなんです。たとえ何か共通する部分があったとしても，それは，最高裁の言葉を借りて言えば，表現それ自体でない部分，つまり，アイディアですね，あるいは，表現上の創作性がない部分で共通しているにすぎない，っていうことになります。

　で，ちょっと細かい話になりますが，もう既存の著作物の創作的な表現がどこにも残っていないっていうときに，そこで新たに出来たものはなんになるのか，って言えば，新たに創作的な表現が加えられているかどうか，によって違ってくるわけです。そこに新たに創作的な表現が加わっていれば，それは著作物だって言うことができますね。ただし，既存の著作物の創作的な表現はもうどこにも残っていないわけですから，単にその既存の著作物を参考にしたっていうだけで，それとは全く別個の，独立した著作物，っていうことになります。では，新たな創作的な表現が，そこには何も加わっていないとすれば，どうでしょうか？　ここでは，既存の著作物の創作的な表現も，もうすっかりなくなってしまっていたんでしたね。だとしたら，新たに出来たものには，どこにも創作的な表現は見当たらない，っていうことになりますね。ただ，前に説明したように，創作性で要求されているレベルはかなり低めなわけですから，そういった場合を現実に想定するっていうのはちょっと難しいかもしれませんが，理屈の上ではあり得るわけです。では，その新たに出来たものはなんでしょうか？　そうですね，著作物ではないわけですから，著作権法上は，なんでもないんですね。既存の著作物をいろいろ変えていったら，単なるありふれた表現になってしまった，っていうような感じになります。

　もう1つは，既存の著作物に変更などは加えたけれども，既存の著作物の
創作的な表現はまだ残っている，っていう場合です。そして，その場合には，
さらに2つに分けることができます。1つは，新たに創作的な表現が加えら
れた場合ですね。つまり，**既存の著作物の創作的な表現がまだ残っていて，
かつ，そこに新たな創作的な表現も加えられている場合**，っていうことにな
ります。これが翻案であって，それによって出来たものが二次的著作物にな
ります。そして，もう1つは，新たに創作的な表現が加えられることはなか
った場合ですね。つまり，**既存の著作物の創作的な表現がまだ残っていて，
かつ，そこになんら新たな創作的な表現が加えられていない場合**，っていう
ことになります。そこには新たに創作的な表現が加わっていませんので，翻
案ではありませんね。でも，既存の著作物の創作的な表現は残っているんで
す。実は，これも複製なんです。複製っていうと，そっくりそのままコピー
した場合を言うのではないか，って皆さんは，もしかしたら，思っているか
もしれません。確かに，そのような場合が複製の典型って言えるでしょうが，
こういった場合も，著作権法上は，複製に位置付けられます。ですから，こ
こで出来たものは，複製物になるんです。

　結局，既存の著作物に変更などを加えて何かを作ったときに，今，説明し
てきたように，3通りの場合に分けることができるわけです。変更などの程
度が少ないものから順に言うと，まず，**複製物になる場合**ですね。それから，
二次的著作物になる場合ですね。そして，最後に，**全く別個の，独立した著
作物になるか，あるいは，**まれでしょうが，**もう著作物とは言えないような
ものになってしまうような場合**，っていうことですね。これらの3つになる
わけですね。

3.　類似性の範囲

　そのうちで，当初の既存の著作物の権利範囲に入ってくるのは，前の2つ
になるわけです。これを利用行為という面から言えば，複製と翻案とになり

ますね。したがって，**複製に当たる範囲と翻案に当たる範囲とを合わせたところが類似性の範囲**，っていうことになります。で，その両者の共通点は何かと言えば，既存の著作物の創作的な表現が残っている，っていうことですね。ここで，既存の著作物の創作的な表現が残っているって言っても，それが全部残っている必要はないんですね。当初の創作的な表現がなんらか残っていればいいんです。ですから，既存の著作物の創作的な表現がなんらか残っているっていうことが，類似性があるっていうことになります。類似性があれば，それは侵害になり得るわけですから，著作権侵害かどうかを判断するにあたっては，その行為が複製に当たるのか，それとも，翻案に当たるのかを判断する必要は必ずしもないことになります。

　では，複製なのか，翻案なのかっていう違いにまったく意味がないのかっていうと，そうではありません。翻案っていうことは，それは，二次的著作物を作ることでした。二次的著作物が出来たのであれば，仮に，たとえそれを作ったことが原著作物の著作権を侵害していたとしても，それを作った人には，二次的著作物の著作権が発生する，って前に言いましたね。でも，そこで出来たのが複製物であったら，新たに著作権が発生することはないわけです。つまり，複製になるのか，翻案になるのかは，新しく出来たものに新たに著作権が発生するかどうか，っていうことには関わりますが，どちらも既存の著作物の著作権に触れるっていう点では変わらない，っていうことなんです。

　ここまでが，江差追分事件最高裁判決についての説明，っていうことになりますが，これまでの説明は，かなり有力ではあるんですが，でも，1つの解釈なんですね。実は，これとはちょっと違った解釈もあるんです。ただ，それについては，また次回にしたいと思います。今回の内容は，かなり大事なところになりますので，しっかりと復習しておいてもらえればと思います。それでは，今回は，これで終わります。

（第 18 回の要点）

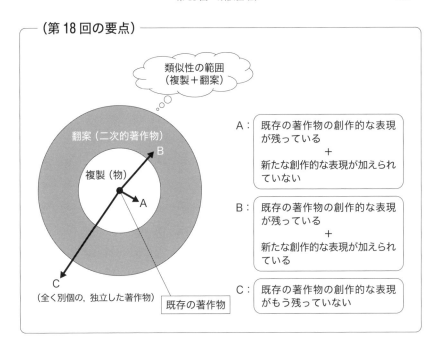

類似性の範囲
（複製＋翻案）

翻案（二次的著作物）

複製（物）

既存の著作物

B

A

C
（全く別個の，独立した著作物）

A： 既存の著作物の創作的な表現
が残っている
＋
新たな創作的な表現が加えられ
ていない

B： 既存の著作物の創作的な表現
が残っている
＋
新たな創作的な表現が加えられ
ている

C： 既存の著作物の創作的な表現
がもう残っていない

第19回
類似性 (3)

1. 全体比較論

　皆さん，こんにちは。前回は，江差追分事件の最高裁判決を取り上げました。そこでは，創作的な表現が共通していれば，類似性が認められる，っていう，現在，かなり有力な理解を紹介しました。でも，それって，この最高裁判決の1つの解釈なんですよ，って言ったところで，前回は終わったんでしたね。実は，**全体比較論**とも呼ばれる理解の仕方もあるんです。どういうことかっていうと，たとえ創作的な表現の共通性が認められるとしても，全体を見れば，表現上の本質的な特徴を直接感得できない場合，っていうのがあるのではないだろうか，っていうことなんですね。で，そういう立場に立って類似性を否定した，って考えられている判決があります。知財高裁の平成24年8月8日の判決です（事件番号は平成24年(ネ)10027号になります。）74)。これは，モバイルゲームの画面とかの類似性が争われた事件だったんですが，どちらも釣りのゲームで，原告の方は「釣り★スタ」，被告の方は「釣りゲータウン2」というゲームでした。たぶん，ゲームに関しては，皆さんの方が詳しそうですね。

　で，問題になった画面というのは，魚の引き寄せ画面，というものでした。具体的には，一審判決の7頁に，原告の画面と被告の画面がカラーで載っていますので，そちらを見てみてください。その一審判決は，東京地裁の平成24年2月23日の判決になります（事件番号は平成21年(ワ)34012号です。）75)。

---

74) https://www.courts.go.jp/app/files/hanrei_jp/492/082492_hanrei.pdf

この地裁判決の 87 頁の (エ) というところで，原告の魚の引き寄せ場面の特徴が，そして，88 頁の (エ) で，被告の魚の引き寄せ場面の特徴が，それぞれ文章で描かれています。そして，90 頁の (2) で両者の共通点が，91 頁の (3) で相違点がそれぞれ指摘されています。その上で，91 頁の一番下の行になります。「被告作品の魚の引き寄せ画面は，…原告作品の魚の引き寄せ画面の表現上の本質的な特徴といえる，『水面上を捨象して，水中のみを真横から水平方向の視点で描いている点』，『水中の中央に，三重の同心円を大きく描いている点』，『水中の魚を黒い魚影で表示し，魚影が水中全体を動き回るようにし，水中の背景は全体に薄暗い青系統の色で統一し，水底と岩陰のみを配置した点』，『魚を引き寄せるタイミングを，魚影が同心円の一定の位置に来たときに決定キーを押すと魚を引き寄せやすくするようにした点』についての同一性は，被告作品の中に維持されている。」と述べて，両ゲームの魚の引き寄せ場面について，類似性を肯定しました。

　これに対して，高裁はどう判断したか？っていうと，その類似性を否定したんですね。その結論部分は，高裁判決の 41 頁の 2 段落目になります。「…原告作品の魚の引き寄せ画面との共通部分と相違部分の内容や創作性の有無又は程度に鑑みると，被告作品の魚の引き寄せ画面に接する者が，その全体から受ける印象を異にし，原告作品の表現上の本質的な特徴を直接感得できるということはできない。」と述べています。ここの判示を捉えて，この高裁判決は，先ほど触れた，全体比較論を採ったのではないか，って言われているわけですが，ただ，その前の 40 頁の「ウ」というところを見ると，両画面の共通性について，地裁判決とほぼ同様の点を挙げながらも，次のように述べています。「抽象的にいえば，原告作品の魚の引き寄せ画面と被告作品の魚の引き寄せ画面とは，…において共通するとはいうものの，上記共通する部分は，表現それ自体ではない部分又は表現上の創作性がない部分にすぎず，また，その具体的表現においても異なるものである。」とも言ってい

75)　https://www.courts.go.jp/app/files/hanrei_jp/118/082118_hanrei.pdf

るんですね。確かに，その41頁にある「その全体から受ける印象を異にし」というくだりは，全体比較論を指向しているのかもしれませんが，この40頁の部分は，創作的な表現の共通性がない，っていうことを指摘しているわけですから，創作的な表現の共通性はあるけれども，全体を見れば，表現上の本質的な特徴を直接感得できない，って言う全体比較論を採ったとは必ずしも言えないような気はしていますが，とはいえ，今後，全体比較論が広がっていくのかどうか，江差追分事件最高裁判決の理解がどうなっていくのか，今の時点ではまだよく分かりません。この点は，今後の判例の動きをよく見ていく必要がありそうです。

2. 類似性の広狭

さて，前々回から続く，これまでの説明で，類似性っていう要件が，28条から導き出されるんだっていうことが分かったと思います。そして，類似性があるっていうことは，江差追分事件最高裁判決についての，現在のかなり有力な理解に従えば，何か共通する創作的な表現が両者にあることなんだっていうことを知りました。ただ，実際には，一見，似ているとも思える2つの作品を前にしたときに，両者に共通しているのは，さて，それは，アイディアのレベルなのか，それとも，表現のレベルなのか，また，表現のレベルで共通しているとしても，その表現に創作性があるのかないのか，っていう判断はなかなか難しいんじゃないかなぁ，って感じている人もいるかと思います。確かに，そういう面はあるんですね。で，実は，その類似性の範囲っていうのが，著作物によって，広めだったり，狭めだったり，ってなることがあるんです。もちろん，ある1つの著作物の類似性の範囲が，時によって伸びたり縮んだり，っていうことではありません。類似性の範囲が，広めに認められやすい著作物があったり，逆に，狭めにしか認められない著作物があったりする，っていうことなんです。著作物性の要件のところで，表現の選択の幅っていう言葉を紹介しました。覚えていますか？　表現の選択の

幅が広いところでは，著作物性が認められやすく，逆に狭いところでは，著作物性が認められにくくなる，っていう考え方でしたね。これと同じように，**表現の選択の幅が広いところでは，類似性の範囲を広めにとってもらいやすい，逆に，選択の幅が狭いところでは，仮に，著作物性が認められたとしても，類似性の範囲は狭くなりがちであり，そして，極端な場合には，まったく同じ，そっくりそのままのものにしか，権利が及ばない**っていうこともあるんです。

（1）　狭めの例

　そのような例として，東京高裁の平成 13 年 10 月 30 日の判決（事件番号は平成 13 年 (ネ)3427 号になります。）[76]　を挙げることができるでしょう。この事件では，原告の交通標語と被告の CM 用スローガンとの類似性が争われました。その判決文の 2 頁の下から 3 段落目と 2 段落目を見てください。その中から，特に要点と思われるところに絞って引用してみます。まず，下から 3 段落目のところからです。「原告スローガンや被告スローガンのような交通標語の著作物性の有無あるいはその同一性ないし類似性の範囲を判断するに当たっては，…②交通標語は，交通安全に関する主題（テーマ）を盛り込む必要性があり，かつ，交通標語としての簡明さ，分りやすさも求められることから，これを作成するに当たっては，その長さ及び内容において内在的に大きな制約があること，…を，十分考慮に入れて検討することが必要となる」などと述べた上で，その次の段落に続きます。「交通標語には，著作物性（著作権による保護に値する創作性）そのものが認められない場合も多く，それが認められる場合にも，その同一性ないし類似性の認められる範囲（著作権法による保護の及ぶ範囲）は，一般に狭いものとならざるを得ず，ときには，いわゆる**デッドコピー**の類の使用を禁止するだけにとどまることも少なくない」と言っています（太字は筆者）。ここで，デッドコピーという

---

76)　https://www.courts.go.jp/app/files/hanrei_jp/225/012225_hanrei.pdf

のは，前にもちょっと出てきましたが，まさにそっくりそのままのコピーの
ことを言います。そして，この判決では，両者の類似性を否定しました。た
だ，ここでちょっと注意してもらわなければならないのは，この判決文の3
頁の5〜6行目にある，「原告スローガンに著作権法によって保護される創作
性があるとすれば」という部分です。この高裁判決では，原告の交通標語に
ついて，それが著作物に当たるってはっきりと認定しているわけではない，
っていうことです。仮にそれが著作物に当たったとしても，その類似性の範
囲に被告のスローガンは入りませんよ，って言ったということなんです。

(2)　広めの例

　それでは，次に，類似性の範囲が比較的広く認められたって言えるような
例を紹介しましょう。東京地裁の平成5年8月30日の判決になります（事
件番号は昭和63年（ワ）6004号です。）[77]。この事件では，「目覚め」と題する，
原告の約1万8000字のルポルタージュ風の読み物と，正味44分間の「悪妻
物語？夫はどこにも行かせない！海外単身赴任を阻止せよ」というテレビド
ラマとの類似性が問題になりました。被告は，このドラマの制作会社とそこ
の担当者，それから，このドラマを放送したテレビ局でした。まず，原告の
ルポルタージュの基本的なストーリーを，裁判所がまとめたところに従って，
引用してみますね。この判決文も，頁数を振ってくれていないので，たぶん，
18枚目になると思います。その頁の下から10行目です。「五　翻案権侵害，
放送権侵害について」の「1」というところになります。「建設会社に勤務す
る主人公章子の夫がサウジアラビアへ二年間の単身赴任を命じられる。章子
は，夫と同行したいと願い，夫と議論するが，会社の方針によって許されな
いまま，夫は赴任する。章子は希望を実現しようと夫の会社と直談判するが，
会社側は，治安の悪さを理由に章子を説得しようとする。章子はサウジアラ
ビアに社員を派遣している石油会社や商事会社を訪ね歩き，会社が同行を許

---

77)　https://www.courts.go.jp/app/files/hanrei_jp/902/013902_hanrei.pdf

さない理由とする事情は真実でないことや，企業の海外単身赴任の実情を知
るとともに，社員用アパートを提供できるかも知れないという企業まで見つ
けた。章子は，自力でサウジアラビアへ赴こうとするが，回教国である同国
へは，女性の単身での入国ビザが得られないという障害にぶつかる。しかし，
書類上の操作で入国が不可能ではないことを知る。章子が夫の後を追って行
きそうだと知った会社は，単身赴任の慣行を維持しようとして，夫に帰国命
令を下し，章子は別れてから六ケ月半後に夫を取り戻す。しかし，章子と夫
との間には亀裂が生じ，章子が就職したことが破局の直接的なきっかけとな
る。章子は，次第に仕事と家庭の両立が困難な状況になり，家事の分担を巡
って夫婦間の溝は深まり，離婚するに至る。その後，章子は，章子の新しい
生き方を尊重する男性と再婚する。」ちょっと長くなりましたが，これが，
原告の方のストーリーになります。それに対して，被告のテレビドラマの基
本的なストーリーは？っていうと，次の19枚目の8行目からの「2」という
ところになります。ここでも，裁判所がまとめたところに従って，引用して
みますが，夫への帰国命令のところまでは，若干の違いはありますが，ほぼ
同様のあらすじになっていますので，引用は，そのあたりから始めることに
しますね。「…章子が夫の後を追うおそれがあると知った会社は，夫に帰国
命令を下す。現地の上司のとりなしで，章子を説得するため一時帰国した夫
は，隣人の妻の不倫相手の刃傷沙汰に巻き込まれて負傷し，入院する。章子
と夫との間に溝ができかけるが，章子は夫の真意を知り，よい妻になろうと
決意し，夫の単身赴任先に同行しようと大騒ぎしたことを夫に謝り，章子と
和解した夫は，再度単身赴任し，章子は日本で職業につく。」となっています。
こうやって比べてみると分かるように，両者の話の結末は，まったく正反対
だって言ってもいいでしょう。そのことは，双方のタイトルからも窺えるの
かもしれません。で，裁判所は，この両者の類似性をどう判断したか？って
いうと，同じ19枚目の下から8〜4行目になります。「原告著作物を読んだ
ことのある一般人が本件テレビドラマを視聴すれば，本件テレビドラマは，
原告著作物をテレビドラマ化したもので，テレビドラマ化にあたり，夫の帰

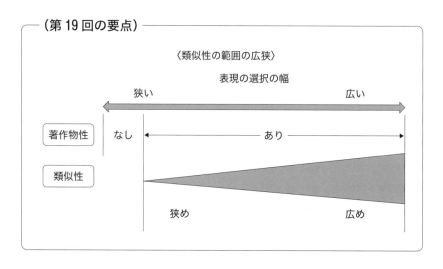

┌─ （第19回の要点）─────────────────────┐

〈類似性の範囲の広狭〉

表現の選択の幅

狭い　　　　　　　　　　　　　　広い

著作物性　なし　←────── あり ──────→

類似性

狭め　　　　　　　　　　　　　　広め

└──────────────────────────┘

国以後のストーリーを変えたものと容易に認識できる程度に，前半の基本的ストーリー，主人公夫婦の設定，細かいストーリーとその具体的な表現が共通でありあるいは類似している」と言って，類似性を認めました。この事件では，当初，制作会社の担当者は，原告のルポルタージュを忠実にテレビドラマ化したいと考えていたようですが，そのままではテレビ局に受け入れてもらえなかったために，後半のストーリーを変えることにしたようです。原告は，そのルポルタージュのテレビドラマ化自体は基本的に承諾していたものの，そうした変更を放映予定日の直前に知り，そのような作品の放映を承諾することはできない旨，拒絶したにもかかわらず，そのテレビドラマは，予定どおり，放映されてしまった，ということだったようです。このような事情はあったわけですが，類似性の範囲の広がりという点から，この事件を，先ほど紹介した，交通標語の事件と比べて見てみると，ここでの類似性の範囲は，ある程度の広がりを持ったものだっていうことが分かってもらえるのではないかと思います。そして，そういった類似性の広狭は，実際に表現活動を行う上での，表現の選択の幅というものにどうやら影響されていそうだっていうことも理解してもらえるかと思います。それでは，今回は，これで

終わることにします。

第**20**回
二次的著作物 (1)

1. 原著作物の著作権者と二次的著作物の著作権者との関係

　皆さん，こんにちは。さて，第17回の授業で，類似性に関連して，原著作物と二次的著作物との関係についても少し説明しました。今回は，そこをもうちょっと深く見ていきたいと思います。二次的著作物の利用については，二次的著作物自体の著作権者だけではなくて，その基になった原著作物の著作権者の権利も及んできますよ，っていうのがその時の内容でしたね。ですから，二次的著作物の著作権者自身が，その二次的著作物を利用するんであっても，それがどれか著作権の制限規定に当たらない限りは，やはり原著作物の著作権者の許諾が必要になったわけです。それが28条[78]でしたね。ただ，ここでは，原著作物を基にして作られた，二次的著作物と呼べる，その作品全体を利用する場合を，まずは念頭に置いていると思います。でも，必ずしもそういう場合だけじゃありませんね。その作品の一部だけを利用するっていうことも考えられるわけです。で，**そこで利用される，その一部には，原著作者が作った創作的な表現が，もしも，一切ないとしたら，それでも，原著作物の著作権者の権利が及んでいくんでしょうか？**

---

78)　「二次的著作物の原著作物の著作者は，当該二次的著作物の利用に関し，この款に規定する権利で当該二次的著作物の著作者が有するものと同一の種類の権利を専有する。」

2.　キャンディ・キャンディ事件（最判平 13.10.25）

そういったことが問題になった判例があります。**最高裁の平成 13 年 10 月 25 日の判決**です（事件番号は平成 12 年(受)798 号になります。）[79]。皆さんは，キャンディ・キャンディという漫画を知っていますか？　私が子供の頃だったんですが，最初は，雑誌の連載だったと思います。で，とっても流行って，テレビアニメにもなったんですね。で，当時は知らなかったんですが，まぁ，子供でしたからね。実は，この漫画は，ストーリーを書いている人と，画を描いている人とが，別だったんですね。今も，そういう漫画って結構ありますよね。で，まぁ，よくは分かりませんけど，その後，2 人の間でいろいろあったようなんですが，画を描いていた人の方で，ストーリーを書いていた人には無断で，その主人公のキャンディの姿を描いたリトグラフや絵葉書の販売を始めようとしたみたいなんですね。それで，ストーリー作者が原告になって，作画者を相手に，原著作者としての権利の確認と，そのリトグラフや絵葉書の原画について，複製などの差止めを求めて訴訟を起こした，という事件でした。ちなみに，その原画というのは，平成 10 年（1998 年）に，このために新たに書き下ろされたものだったそうです。この漫画の連載が終わったのが，昭和 54 年（1979 年）だそうですから，時期的にはずっと後になってから，ということになりますね。

　で，この裁判で，原告が権利の確認を求めた対象というのが，実は，2 つに絞られていました。1 つは，この連載漫画の，ある特定の 1 コマでした。たくさんあったであろうコマのうちのたった 1 コマだったんですね。もう 1 つは，当時，連載中に雑誌の表紙を飾った，主人公のキャンディを描いた絵で，もちろん，これは，その作画者が描いたものになります。実際に，このコマ絵，表紙絵，原画を皆さんに見てもらえればいいんでしょうけど，残念

---

79)　https://www.courts.go.jp/app/files/hanrei_jp/471/062471_hanrei.pdf

ながら，裁判所のサイトには載っていないようですね。判例時報という雑誌の 1673 号の 72 頁には載っていますので，ちょっと見てみるのもいいかもしれません。ちなみに，このコマ絵には吹き出しが付いていました。で，このコマ絵と表紙絵の 2 つについて，原著作者としての権利の確認を求める，っていうのはどういうことかというと，まず，キャンディ・キャンディという漫画自体が二次的著作物に当たる，っていう主張になります。では，その原著作物は何？っていうと，原告の書いた，ストーリーの原作がそれに当たる，っていうことなんですね。で，コマ絵は，もちろん，その漫画の一部なわけです。表紙絵の方は？っていうと，こちらは，ちょっと漫画自体の一部と言えるかどうかは微妙ですよね。

　それでは，裁判所はどう判断したかを見ていきましょう。まず，ここでは，控訴審の東京高裁から見てみますね。平成 12 年 3 月 30 日の判決になります（事件番号は平成 11 年（ネ）1602 号です。）[80]。その判決文の 3 枚目の 12〜22 行目を見てください。ちょっと長くなってしまいますが，引用してみます。ここで，控訴人とは被告のことを，被控訴人とは原告のことをそれぞれ指します。「著作権法 28 条は，『…』と規定しており，この規定によれば，原著作物の著作権者は，結果として，二次的著作物の利用に関して，二次的著作物の著作者と同じ内容の権利を有することになることが明らかであり，他方，控訴人が，二次的著作物である本件連載漫画（…）の著作者として，本件連載漫画の利用の一態様としての本件コマ絵の利用に関する権利を有することも明らかである以上，本件コマ絵につき，それがストーリーを表しているか否かにかかわりなく，被控訴人が控訴人と同一の権利を有することも，明らかというべきである。」と言っています。そのうえで，表紙絵と原画については，この連載漫画の主人公キャンディを描いたものである以上は，この連載漫画を複製あるいは翻案したものと評価される，って判断しました。そして，最高裁も，この高裁の判断を支持したんですね。最高裁の判決文の 1 頁

---

80)　https://www.courts.go.jp/app/files/hanrei_jp/172/013172_hanrei.pdf

にある【要旨 1】[81] というところがそれになります。ただ，それを読んでも
らえば分かると思いますが，あまり具体的な理由は書いてくれていませんね。
今，紹介した高裁の判示と合わせて考えてみると，裁判所がこういう判断を
下した根拠は，まさに 28 条にある，っていうことになりそうです。原告の
書いた，最高裁の言葉を借りれば，小説形式の原稿，これが原著作物になっ
て，それを基に作られた連載漫画は，その二次的著作物になる。だから，そ
の連載漫画の利用については，原告の権利と被告の権利とが併存するから，
その一部であるコマ絵はもちろん，その主人公キャンディを描いた表紙絵に
も原画にも，原告の権利は及ぶ，っていう判断なんですね。

3.　問題の所在

　ただ，この表紙絵や原画って，被告が描いたものでしたね。主人公の作画
にあたって，その顔立ちなどの容姿を原告が細かく指示するなどといった事
情があったか，っていうと，この事件では，特にそういった事情はなかった
ようです。となると，この主人公の容姿というのは，被告が創作したものに
なりそうですね。で，二次的著作物って言ったら，原著作物の著作者が作っ
た創作的な表現と，二次的著作物の著作者が作った創作的な表現との両方が
あるわけで，だからこそ，その利用には両者の許諾が必要だったんですね。
でも，その一部を取り出してきたときに，そこには，原著作物の著作者が作
った創作的な表現しかないとか，二次的著作物の著作者が作った創作的な表
現しかない，っていう場合もあるわけです。そのようなときにも，やはり両

---

81)　「本件連載漫画は被上告人作成の原稿を原著作物とする二次的著作物であるという
　　ことができるから，被上告人は，本件連載漫画について原著作者の権利を有するも
　　のというべきである。そして，二次的著作物である本件連載漫画の利用に関し，原
　　著作物の著作者である被上告人は本件連載漫画の著作者である上告人が有するもの
　　と同一の種類の権利を専有し，上告人の権利と被上告人の権利とが併存することに
　　なるのであるから，上告人の権利は上告人と被上告人の合意によらなければ行使す
　　ることができないと解される。」

者の許諾が必要になるのか？っていうことが問題になってくるわけです。この事件で言えば，たった１コマでも，コマ絵となると，それに，ここでは，吹き出しもありましたから，ちょっと微妙かもしれませんが，表紙絵と原画については，二次的著作物の著作者の創作的な表現しかない，って言えるのかもしれません。

　だとすると，そのように二次的著作物の著作者の創作的な表現しかないような部分だけを利用する場合であっても，原著作物の著作者の権利が及んでくる，という，その実質的な理由はなんなのか？という疑問が湧いてくるかもしれません。この点も，高裁が説明してくれていますので，その部分を引用してみますね。高裁の判決文の３枚目の25〜35行目になります。「二次的著作物は，その性質上，ある面からみれば，原著作物の創作性に依拠しそれを引き継ぐ要素（部分）と，二次的著作物の著作者の独自の創作性のみが発揮されている要素（部分）との双方を常に有するものであることは，当然のことというべきであるにもかかわらず，著作権法が上記のように上記両要素（部分）を区別することなく規定しているのは，一つには，上記両者を区別することが現実には困難又は不可能なことが多く，この区別を要求することになれば権利関係が著しく不安定にならざるを得ないこと，一つには，二次的著作物である以上，厳格にいえば，それを形成する要素（部分）で原著作物の創作性に依拠しないものはあり得ないとみることも可能であることから，両者を区別しないで，いずれも原著作物の創作性に依拠しているものとみなすことにしたものと考えるのが合理的であるからである。」と述べています。確かに，二次的著作物であれば，原著作物の著作者の創作的な表現と，二次的著作物の著作者の創作的な表現とが融合して，両者を分けることができないような部分もあるでしょうね。でも，作品によっては，それを子細に見ていけば，そういった部分のほかにも，先ほど言ったような，原著作物の著作者の創作的な表現しかないと言えるような部分だってあるはずでしょうし，二次的著作物の著作者の創作的な表現しかないと言えるような部分だってあるはずです。確かに，１つの作品を，そういった３種類の部分に分けて考えて，

それぞれの部分に誰の権利が及んでいくのかを個別にみていく，っていうのは煩雑かもしれませんね。でも，過去の最高裁の判決には，原著作物の著作者の創作的な表現と，二次的著作物の著作者の創作的な表現とを分けて判断した例があるんですね。その判決を，この後，紹介します。**最高裁の平成 9 年 7 月 17 日の判決**になります（事件番号は平成 4 年 (オ) 1443 号です。)[82]。ポパイ・ネクタイ事件って言われたりします。ただ，この事件を理解するためには，著作権の存続期間についての知識が，ある程度，必要になってきます。ですので，まだ類似性の途中なんですが，先に，6 つめの要件である存続期間について説明しておいた方がいいと思いますので，今回のところは，ここでいったん区切って，次回は，まず，存続期間の話をしたいと思います。それでは，今回は，これで終わることにします。

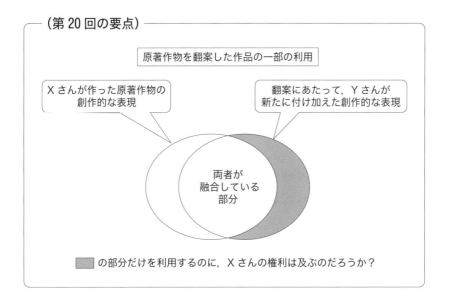

（第 20 回の要点）

原著作物を翻案した作品の一部の利用

X さんが作った原著作物の創作的な表現

翻案にあたって，Y さんが新たに付け加えた創作的な表現

両者が融合している部分

■ の部分だけを利用するのに，X さんの権利は及ぶのだろうか？

---

82)　https://www.courts.go.jp/app/files/hanrei_jp/776/054776_hanrei.pdf

第21回
著作権の存続期間

1. 著作者の死後70年

皆さん，こんにちは。まだ，類似性に関連した話は続いているところなんですが，ここで，ポパイ・ネクタイ事件を取り上げる都合上，今回は，先に，6つめの要件の存続期間を説明する，っていうことでしたね。前に，著作権の存続期間は，今は，70年になった，っていうことをお話ししました。でも，このポパイ事件の当時は，まだ50年でした。それから，この70年ってどこから計算するの？っていうと，著作者の死後でしたね。著作権者ではありませんので，注意してください。まぁ，実情としては，著作権者が著作者である，っていうことがかなり多いとは思いますが，著作権者が必ずしも著作者とは限らない，っていうことはもうお話ししましたね。で，著作者の死後70年まで続く，っていうのが存続期間の原則的な規定でした。条文は51条2項[83]でしたね。でも，例外的な規定が3つあります。それが，52条，53条，54条になります。ここでは，そのうち，53条と54条を説明します。

2. 法人その他の団体名義の著作物

では，まず，53条です[84]。条文の見出しには，**団体名義の著作物の保護**

---

[83] 「著作権は，この節に別段の定めがある場合を除き，著作者の死後（共同著作物にあつては，最終に死亡した著作者の死後。…）70年を経過するまでの間，存続する。」

[84] 例えば，1項は，「法人その他の団体が著作の名義を有する著作物の著作権は，その著作物の公表後70年（その著作物がその創作後70年以内に公表されなかつたときは，その創作後70年）を経過するまでの間，存続する。」と規定しています。

期間，って書いてありますね。ここも，正確に説明しようとすると，ちょっ
と複雑になってしまいますので，要点だけをざっくりと説明することにしま
す。この条文は，職務著作と密接に関わってきます。職務著作って覚えてい
ますか？　前に7つの要件をざっと説明したときに，そこでちょっと出てき
たんですが，詳しい説明はまだですね。それは，著作者のところでしっかり
と説明しますので，ここでは，前と同様，軽く触れるだけにとどめておきま
す。例えば，会社の仕事で，そこの従業員が，何か著作物を作ったとしましょ
う。そのときに，その著作物の著作者が，それを作った従業員じゃなくて，
その会社になることがある，っていうのが職務著作でした。条文は15条で
したね。で，15条1項[85]を見てみると，「自己の著作の名義の下に公表す
るもの」ってありますね。職務著作の規定では，この部分が大事になってく
るんですが，そこが，53条1項の「法人その他の団体が著作の名義を有す
る著作物」っていうところとほぼ対応しているんですね。どういうことかっ
ていうと，著作者が会社とかの法人っていうことになると，著作者の死後
70年って言ったときに，それでは，会社の死亡って？ということになりま
すよね。また，会社によっては，半永久的に続いていくところだってあるか
もしれません。で，そうなれば，著作権も，いつまでもずっと続いていくの？
っていうことになってしまいます。そこで，この条文にあるように，公表後
70年までか創作後70年まで，っていうことにしたんですね。ですから，53
条1項は，団体名義を要求していますが，たとえ団体名義がなくても，職務
著作の規定が適用されて，法人が著作者になるような場合には，やはり死後
ではなく，公表後または創作後っていうことになります。どういうことかっ
ていうと，もう一度，職務著作の規定を見てください。今度は15条2項に
なります[86]。こちらは，プログラムの著作物に適用される条文で，先ほど

---

85)　「法人その他使用者（…）の発意に基づきその法人等の業務に従事する者が職務上
　　作成する著作物（プログラムの著作物を除く。）で，その法人等が自己の著作の名義
　　の下に公表するものの著作者は，その作成の時における契約，勤務規則その他に別
　　段の定めがない限り，その法人等とする。」
86)　「法人等の発意に基づきその法人等の業務に従事する者が職務上作成するプログラ

とは違って，著作の名義が問題にされていませんね。ということは，プログラムについては，従業員が会社の仕事で作った場合には，ほぼその会社が著作者になるんですね。で，そういった場合に対応するために，53条には3項[87] が規定されています。で，ポパイ事件では，まだ期間は50年だった時ですが，この条文の1項が使われたんですね。

3. 映画の著作物

では，次に，54条[88] に行きましょう。54条は，**映画の著作物**に適用される条文です。こちらも，公表後70年までか創作後70年までになります。ただ，こちらは，一足早く，2003年（平成15年）の法改正で50年から70年に延長されています。では，なんで映画の著作物については，著作者の死後ではなくて，公表後または創作後，っていうことになっているのかっていうと，映画を作るときって，たくさんの人が関わったりするわけですね。映画の著作物の著作者については，16条[89] という特別な規定があるんですが，必ずしも監督だけではなくて，複数の人たちが著作者になる，っていうことも，ままあるわけです。その場合は，共同著作者っていうことになるんですが，もし，この54条がなかったら，51条2項の括弧書きのところで，最終に死亡した著作者の死後，っていうことになるんですね。だとすると，多数

ムの著作物の著作者は，その作成の時における契約，勤務規則その他に別段の定めがない限り，その法人等とする。」

87) 「第15条第2項の規定により法人その他の団体が著作者である著作物の著作権の存続期間に関しては，第1項の著作物に該当する著作物以外の著作物についても，当該団体が著作の名義を有するものとみなして同項の規定を適用する。」

88) 例えば，1項は，「映画の著作物の著作権は，その著作物の公表後70年（その著作物がその創作後70年以内に公表されなかつたときは，その創作後70年）を経過するまでの間，存続する。」と規定しています。

89) 「映画の著作物の著作者は，その映画の著作物において翻案され，又は複製された小説，脚本，音楽その他の著作物の著作者を除き，制作，監督，演出，撮影，美術等を担当してその映画の著作物の全体的形成に創作的に寄与した者とする。（以下，略）」

の関係者の中から，著作者に当たる人はいったい誰々になるのか，っていうことを確定させた上で，その中で一番最後に亡くなったのは誰なのかを調べなければ，存続期間がいつまでなのかが決まらない，っていうことになってしまうわけです。これは，ちょっと大変な作業になるかもしれませんね。なので，比較的分かりやすい公表や創作から数えることにしたわけです。ただ，著作権法で映画の著作物って言うと，今，想定したような，映画館で上映されるような映画だけじゃないんですね。実は，もっと広いんですが，そのあたりのことは，ちょっと後の回で，中古ゲームソフト事件っていうのがあって，その事件を取り上げるときにお話しします。

4. 戦時加算

それから，正確に 70 年って計算するときに，それはどこから数えるのかっていうのが，57 条にあります[90]。**死亡した日とか公表された日とかの翌年から数える**んですね。つまり，その翌年を 1 年目って数えて，70 年目に当たる年の大晦日まで，っていうことになります。ですから，著作権って，普通は，ちょうど年越しの時に切れることになるんです。でも，今，普通は，って言ったのは，やはりここでも例外があるんですね。で，ポパイ事件でも，その例外が適用されています。それは何かっていうと，**戦時加算**という制度です。戦前や戦中の外国の著作物について，問題になってきます。ここでの戦時というのは，第二次世界大戦になります。その講和条約であるサンフランシスコ平和条約に定められたものです[91]。その 15 条(c)(ii)というところにあります。そのページだと 605 頁ですね。「権利者による申請を必要とすることなく，且つ，いかなる手数料の支払又は他のいかなる手続もすること

---

90) 「…著作者の死後 70 年又は著作物の公表後 70 年若しくは創作後 70 年の期間の終期を計算するときは，著作者が死亡した日又は著作物が公表され若しくは創作された日のそれぞれ属する年の翌年から起算する。」

91) https://www.mofa.go.jp/mofaj/annai/honsho/shiryo/archives/pdfs/heiwa-jouyaku5_24.pdf（このページは，外務省のサイトになります。）

なく，1941年12月7日から日本国と当該連合国との間にこの条約が効力を生ずるまでの期間は，これらの権利の通常期間から除算し…なければならない。」で，ここで言う「これらの権利」というのは，引用はしませんが，その前の（c）（i）というところに書かれています。で，これを受けて，「連合国及び連合国民の著作権の特例に関する法律」というのが作られています[92]。例えば，その4条1項では，「昭和16年12月7日に連合国及び連合国民が有していた著作権は，著作権法に規定する当該著作権に相当する権利の存続期間に，昭和16年12月8日から日本国と当該連合国との間に日本国との平和条約が効力を生ずる日の前日までの期間（…）に相当する期間を加算した期間継続する。」と規定されているんですね。まぁ，ちょっと細かいところでしょうが，条約と法律とで1日だけずれていますね。それは，おそらく時差の関係だと思います。で，ここで加算される「昭和16年12月8日から日本国と当該連合国との間に日本国との平和条約が効力を生ずる日の前日までの期間」というのが，また国ごとに違っていたりするんですね[93]。で，ポパイ事件は，アメリカになります。アメリカとの関係では，平和条約の発効は昭和27年（1952年）4月28日になりますので，昭和16年（1941年）12月8日からその日の前日，すなわち，昭和27年（1952年）4月27日までの日数を数えることになるんですね。3794日になるはずです。だいたい10年ちょっとになりますね。それだけの日数が本来の期間に加算されることになるんですね。なので，本来であれば，大晦日で終わったはずが，この場合は，年の途中で終わる，っていうことになります。

92）https://elaws.e-gov.go.jp/document?lawid=327AC0000000302_20150801_00000000 0000000&keyword=連合国及び連合国民の著作権の特例に関する法律（これは，e-Gov法令検索のページになります。）

93）https://www.mext.go.jp/b_menu/shingi/bunka/gijiroku/021/07091009/006.htm（このページは，文部科学省のサイトになります。）

5.　逐次公表著作物

で，もう 1 つ，これも，ポパイ事件で問題になったんですが，56 条なんです[94]。53 条 1 項とか 54 条 1 項とかで，公表の時を基準に存続期間を計算する，っていうことになったときに，例えば，その作品が連載物とかで，時間を置きながら少しずつ公表されるようなものだったとしたら，そのときはどうするの？っていうことになりますね。全部が同じ年の間に公表されるっていうのであれば，その翌年を 1 年目として数えればいいわけですから，特に問題はありませんが，それが年をまたいでしまったら，その前後で著作権の期間が 1 年ずれることになりそうですね。まぁ，そこがちょうど切りのいいところだったら，それでも構わないのかもしれませんが，必ずしもそうなるとも限りませんね。そこで，56 条は，継続的な刊行物などについて，それが「一部分ずつを逐次公表して完成する著作物」，これを縮めて**逐次公表著作物**って言ったりしますが，その逐次公表著作物に当たるときは，存続期間の終期が揃うように，最終部分の公表の時を基準にし，そうではないものについては，それぞれ各回の公表の時を基準にする，っていうことにしています。で，ポパイ事件でも，ポパイ漫画がこの逐次公表著作物に当たるかどうか，っていうことが論点の 1 つでした。ここまでが，著作権の存続期間についての一般的な説明になります。これらを踏まえて，次回は，ポパイ・ネクタイ事件を具体的に見ていきたいと思います。それでは，今回は，これで終わります。

---

94)　例えば，1 項は，「…，第 53 条第 1 項及び第 54 条第 1 項の公表の時は，冊，号又は回を追って公表する著作物については，毎冊，毎号又は毎回の公表の時によるものとし，一部分ずつを逐次公表して完成する著作物については，最終部分の公表の時によるものとする。」と規定しています。

（第 21 回の要点）

著作権の存続期間

原則：著作者の死後 70 年（51 条 2 項）

〈法人その他の団体名義の著作物〉　　　　〈映画の著作物〉

　公表後 70 年 or 創作後 70 年（53 条）　　　公表後 70 年 or 創作後 70 年（54 条）

（56 条）

　冊，号，回を追って公表する著作物 ──────▶ 毎冊，毎号，毎回の公表時

　一部分ずつを逐次公表して完成する著作物 ──▶ 最終部分の公表時

　ただし，戦時加算（連合国及び連合国民の著作権の特例に関する法律 4 条）

第**22**回
二次的著作物 (2)

1. ポパイ・ネクタイ事件 (最判平 9.7.17)

　皆さん, こんにちは。今回は, ポパイ・ネクタイ事件でしたね。最高裁の平成 9 年 7 月 17 日の判決 (平成 4 年 (オ) 1443 号) でした[95]。皆さんは, ポパイって知っていますか?　アメリカの漫画なんですね。ほうれん草を食べると, すごい力が出てきて, それまでの劣勢を跳ね返して危機を脱する, そんなストーリーだったような気がします。日本でも, テレビアニメが放映されていたんですね。子供の頃によく見ていた覚えがあります。このポパイ事件なんですが, キャンディ・キャンディ事件と対比したくて, ここで取り上げたわけですが, 実は, そこにたどり着くまでに, 結構, いくつかの論点があるんです。なので, それを順に追っていきたいと思います。この事件自体は, 著作権侵害以外の請求もありますし, また, 関係する当事者の数も少なくないんですが, この最高裁判決を著作権の問題に限って理解するのに必要な範囲で, 事案を単純化してみると, この事件の被告, 最高裁判決では上告人になりますが, その被告が, ポパイ漫画の著作権者に無断で, その主人公ポパイの絵を付けたネクタイを販売していたことから, 著作権者が, その差止めと損害賠償を求めた, っていうものでした。ちなみに, そのネクタイに付された図柄というのは, この最高裁判決であれば, 別紙一っていうのがそうなんですが, 残念ながら, 裁判所のサイトには載っていないようですね。ところで, 皆さんの中には, もう既に知っている人もいるかもしれませんが,

---

95)　https://www.courts.go.jp/app/files/hanrei_jp/776/054776_hanrei.pdf

最高裁判所民事判例集というのがあって，よく民集って略して言われたりするんですが，その民集の51巻6号の2730頁には載っていますので，もし興味があったら，図書館などで探してみるのもいいかもしれませんね。で，このポパイも，連載漫画で，こちらは新聞に掲載されたりしていたようです。日本では，4コマ漫画が新聞に連載されていたりしますよね。ポパイ漫画も，そういう感じだったのかもしれません。でも，長年の連載中に，描く人は何人も交代しているんですね。で，この事件の当時も，連載は続いていたようです。途中，会社の合併とかもあったそうですが，この判決文の5頁の一番下の行に，法人著作ってあるように，会社が社員とかに描かせてきた，っていう，日本法で言えば，職務著作に相当するものでした。なので，著作権は，会社が持っているわけです。

2. キャラクターの著作物性

さて，この事件では，原告の著作権者は，キャラクター著作物っていうことを，まず，主張していました。それはどういうものかっていうと，一審の東京地裁平成2年2月19日判決（事件番号は昭和59年（ワ）10103号になります。）96)の中から，ちょっと引用してみると，ただ，この判決文には頁数を打ってくれていませんので，だいたい半分あたりとしか言えないんですが，「本件漫画は，長期間連載され，その間に多数の絵が描かれているのであるが，多数の絵が関連性なく描かれるのではなく，その登場人物の姿態，容貌，性格等が一貫性を持って描かれるのであるから，本件漫画には，その登場人物についてキャラクターが表現されており，したがって，キャラクターは著作物たりうる」という主張でした。このキャラクターっていう言葉をどう理解するかっていうのは，その言葉を使う人によって，イメージするものが違っていたりして，ちょっと難しいところはあるんですが，ここでは，原告側は，

96）https://www.courts.go.jp/app/files/hanrei_jp/706/014706_hanrei.pdf

ポパイのキャラクターを「水兵帽をかぶり，水兵服を着，口にマドロスパイプをくわえ，腕には錨を描き，ほうれん草を食べると超人的な強さを発揮する船乗りであって，ポパイ又は POPEYE の名称を有するもの。」と言っています。一審判決の 2 枚目の 26〜29 行目の部分です。つまり，具体的な個々の漫画を離れて，ポパイという，この一連の連載漫画における主人公のキャラクター自体が，著作物として保護されるべきだっていう主張だったわけです。この点は，前に著作物性のところでお話しした，アイディア・表現二分論に関わってきます。ここで原告が主張しているキャラクターっていうものが，表現と言えるのか，それは，アイディアではないのか，っていう問題です。これについては，最高裁は，その判決文の 4 頁の 6〜9 行で，「キャラクターといわれるものは，漫画の具体的表現から昇華した登場人物の人格ともいうべき抽象的概念であって，具体的表現そのものではなく，それ自体が思想又は感情を創作的に表現したものということができない」と述べて，**いわゆるキャラクター自体の著作物性を否定しています。**となると，具体的な漫画の，数ある場面のうちで，いったいどれが侵害されたのか，っていうことを言っていく必要が出てくることになりそうです。ただ，これをあんまり厳密に求めてしまうと，著作権者にとって酷な場合も出てくるでしょうから，最高裁は，その 5 頁の 10〜12 行目にあるように，「第三者の作品が漫画の特定の画面に描かれた登場人物の絵と細部まで一致することを要するものではなく，その特徴から当該登場人物を描いたものであることを知り得るものであれば足りる」とも言っています。

3.　逐次公表著作物か否か

　とはいえ，このように，具体的な漫画を離れては著作権を論じることはできないわけですから，このポパイ漫画のように，具体的な表現が時期をずらして公表されていくような作品の場合には，そして，この事件では，先ほど触れたように，法人著作っていうことですから，その存続期間の計算は，著

作者の死亡時ではなく，公表時から，っていうことになりますが，それでは，各回の公表時からそれぞれ数えるのか，それとも，一括して最終部分の公表時から数えるのか，前回説明した56条のどちらが適用されるのか，っていうことが問題になってくるわけです。というのも，まだ言っていませんでしたが，このポパイ漫画の第1回の作品が新聞に掲載されたのが，昭和4年（1929年）の1月17日だったんですね。ずいぶんと長い間，連載が続いているわけです。ちなみに，その第1回作品は，この最高裁判決であれば，別紙二になるんですが，これも裁判所のサイトには載っていないようですね。先ほど紹介した，民集の51巻6号には，その次の2731頁に載っていますので，もしよかったら，参考にしてみてください。で，この第1回作品について，そこから存続期間を計算するとなると，翌年の1930年を1年目って数えて，ただ，この事件の当時は，まだ70年じゃなくて50年でしたから，1979年の年末までが，本来の期間っていうことになりますね。これに，前回お話しした戦時加算の3794日を足すと，平成2年（1990年）の5月21日まで，っていうことになるわけです。最高裁の判決文ですと，5頁の下から4行目から6頁の6行目にかけて，そのことが書いてあります。で，この事件の一審判決は，先ほど見たように，平成2年2月19日だったんですが，控訴審の東京高裁判決は，平成4年5月14日だったんですね（事件番号は平成2年（ネ）734号になります。）[97]。ですから，存続期間を第1回作品の掲載時から計算するとなると，この高裁判決の時点では，少なくとも第1回作品については著作権が切れている，っていうことになるわけです。でも，最終部分の公表時から，となれば，高裁判決によれば，平成元年（1989年）の時点でもまだ連載が続いていたようですから，この第1回作品も含め，ポパイ漫画の全部について，依然として著作権が続いている，っていうことになります。で，この点について，東京高裁の判断はどうだったかっていうと，最高裁は，その判決文の3頁の下から8行目から始まる(3)というところで，

「本件漫画については，連載に係る各回の漫画ごとに著作権が成立し，その保護期間も個別に各公表時から起算すべきものであるから，第一回作品の著作権の保護期間が平成2年5月21日の経過をもって満了しても，後続作品には著作権の保護期間が満了していないものがあ」るって，原審，つまり，東京高裁ですね，原審はそう判断した，ってまとめてくれていますが，ここで，念のため，東京高裁の，その点に関するくだりをちょっと引用してみますね。高裁の判決文の6枚目の下から2段落目になります。「本件漫画については，少なくとも，一連の完結形態を有するものとして発表された漫画毎に著作権が発生するものと解すべきであるから，その保護期間の起算日は，右一連の完結形態を有する漫画が発表された時が著作権法56条1項の『公表の時』に当たるものと解し，右発表の時から起算すべきものとするのが相当であるところ，本件漫画が少なくとも1989年4月28日の時点においても継続して著作，出版されている…から，いまだ主人公ポパイの登場する本件漫画の著作権の保護期間が満了していないことは明らかというべきである。」と言っているんですね。ですから，東京高裁は，このポパイ漫画を逐次公表著作物と考えていたはずです。では，最高裁は？っていうと，先ほど指摘した6頁の1〜5行目を見ると，「第一回作品の著作権の保護期間は，…平成2年5月21日の経過をもって満了したから，これに伴って第一回作品の著作権は消滅した」と言っているわけですから，最高裁は，このポパイの連載漫画を逐次公表著作物とは考えていない，っていうことが分かります。56条1項に照らして言えば，「毎冊，毎号又は毎回の公表の時による」という方を適用した，っていうことになります。

　では，この56条1項の前半と後半って，どういう基準で分かれるの？って思いますよね。こういった連載物については，最高裁判決の4頁の4行目とかに出てくる，**一話完結形式**かどうか，っていうことがメルクマールの1つになります。で，このポパイ漫画は一話完結形式だったみたいですね。ですから，各回の公表の時からそれぞれ計算する，っていうことになりました。それに対して，いわゆる続き物ですね。次回に，次回に，って話が続いてい

く，例えば，朝の連続テレビ小説のようなものであれば，それは，逐次公表
著作物になって，存続期間は，最終の公表の時から一括して計算することに
なります。それでは，ポパイ事件に戻って，第1回作品の著作権が既に消滅
しているとなると，原告の請求はどうなるのか？っていうことになりますが，
今回は，このあたりでいったん区切ることにして，次回，そこからまた始め
たいと思います。それでは，今回は，これで終わりにします。

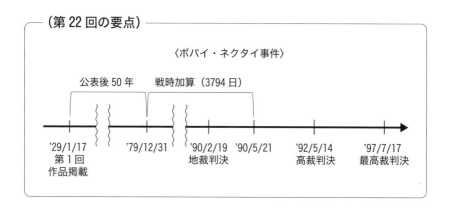

（第 22 回の要点）

〈ポパイ・ネクタイ事件〉

公表後 50 年　　戦時加算（3794 日）

'29/1/17　　　　'79/12/31　　'90/2/19　'90/5/21　　'92/5/14　　　'97/7/17
第 1 回　　　　　　　　　　　地裁判決　　　　　　高裁判決　　　最高裁判決
作品掲載

第23回
二次的著作物 (3)

1. ポパイ・ネクタイ事件（最判平 9.7.17）（続き）

　皆さん，こんにちは。今回は，ポパイ・ネクタイ事件[98] の続きからですね。ポパイ漫画の第 1 回作品の著作権が既に消滅しているっていうことになると，その原告の請求はどうなるのか？っていうところからでしたね。まず，ここで注意してほしいのは，存続期間の満了によって影響を受けるのは，あくまでも差止請求の方だけであって，著作権侵害によっていったん発生した損害賠償請求権の方は，著作権が存続期間の満了によって消滅したとしても，別途，損害賠償請求権自体が消滅時効にかからない限りは，影響を受けることはない，っていうことなんです。現に，この最高裁判決でも，高裁で認められた損害賠償は維持されています。一方，差止請求の方は，この事件では，地裁で認められ，それが高裁でも維持されているんですが，第 1 回作品の著作権が消滅している，っていう判断に立つとなると，その結論はどうなるのか，っていうことになるわけです。ただ，第 1 回作品の著作権が消滅したとしても，長い間，連載が続いてきたわけですから，主人公のポパイが描かれている，まだ著作権が切れていない作品はまだまだあるはずですね。だとしたら，そういった，まだ切れていない著作権を根拠に，やはり差止請求は認められるんじゃないか，って思うかもしれません。そこで，第 1 回作品の著作権と，第 2 回以降の作品の著作権との関係が問題になってくるわけです。

---

98) https://www.courts.go.jp/app/files/hanrei_jp/776/054776_hanrei.pdf

(1) 第2回以降の作品は二次的著作物

　この点，最高裁は，次のように判断しました。その判決文の4頁の真ん中あたりにある「2」というところになります。「このような連載漫画においては，後続の漫画は，先行する漫画と基本的な発想，設定のほか，主人公を始めとする主要な登場人物の容貌，性格等の特徴を同じくし，これに新たな筋書を付するとともに，新たな登場人物を追加するなどして作成されるのが通常であって，このような場合には，後続の漫画は，先行する漫画を翻案したものということができるから，先行する漫画を原著作物とする二次的著作物と解される。」としました。ですから，**第1回作品を原著作物とすると，第2回以降の作品は，その二次的著作物という位置付け**なんですね。で，この事件では，第1回作品の著作権は切れていますが，第2回以降の作品のうちで，それが第何回になるのかっていうのは分かりませんが，どこか以降の作品については，まだ著作権があるわけですから，そういった二次的著作物の著作権者が何を言えるのか，っていうことが次に問題になってくるわけです。

(2) 二次的著作物の著作権の範囲

　その点について，最高裁は，今，引用した部分に続けて，こう言いました。同じ4頁の下から7行目になります。下線が付けられていますね。そこからになります。「**二次的著作物の著作権は，二次的著作物において新たに付与された創作的部分のみについて生じ，原著作物と共通しその実質を同じくする部分には生じない**と解するのが相当である。けだし，二次的著作物が原著作物から独立した別個の著作物として著作権法上の保護を受けるのは，原著作物に新たな創作的要素が付与されているためであって（…），二次的著作物のうち原著作物と共通する部分は，何ら新たな創作的要素を含むものではなく，別個の著作物として保護すべき理由がないからである。」と述べました（太字は筆者）。では，この事件の被告がネクタイに付けたポパイの絵が，第1回作品で登場したポパイの絵とどこか違うところがあるか？っていうことになりますね。その点については，6頁の2段落目になります。「本件図

柄…は，第一回作品において表現されているポパイの絵の特徴をすべて具備するというに尽き，それ以外の創作的表現を何ら有しないものであって，仮に後続作品のうちいまだ著作権の保護期間の満了していないものがあるとしても，後続作品の著作権を侵害するものとはいえない」と判断しました。その結果，差止請求については認められなかったんですね。ここまでが，ポパイ事件の紹介になります。

2.　ポパイ・ネクタイ事件とキャンディ・キャンディ事件

　ここで，ようやくキャンディ・キャンディ事件に戻ることができます。キャンディ・キャンディ事件では，原著作物の著作権者の権利が，二次的著作物の利用について，どこまで及ぶのか，が問題になったんでしたね。これに対して，ポパイ事件では，原著作物の著作権者と二次的著作物の著作権者とが同じ会社だっていう違いはありますが，最高裁が判断したのは，二次的著作物の著作権者の権利は，何に対して及ぶのか，っていう点でした。**一方は，原著作物の著作権者の権利について，他方は，二次的著作物の著作権者の権利について，っていうように，両者は，判断している対象が違うことは違うわけです。**でも，二次的著作物を眺めてみたときに，ポパイ事件では，原著作物から引き継がれた創作的な表現と，二次的著作物の創作にあたって新たに付け加えられた創作的な表現とを分けた上で，二次的著作物の著作権は，後者の創作的な表現の利用にしか及ばない，って判断したのに対して，キャンディ・キャンディ事件では，高裁での判示ではありますが，両者の創作的な表現を区別することは現実には困難か不可能なことが多い，と言って，そして，最高裁も，両者の創作的な表現を区別することなく，二次的著作物の一部である以上，その利用には原著作物の著作権が及ぶ，って判断したわけです。先ほど述べたように，両事件では，判断している対象が違うわけですから，矛盾しているわけではありませんが，あまり整合的とは言えないかもしれません。そして，創作的な表現を著作物として保護するという著作権

法の考え方を推し進めていけば，まだ著作者については詳しくは説明してい
ませんが，著作者として，著作権という権利を与えられるべき人は，その創
作的な表現を作った，まさに，その人であって，だからこそ，その著作権も，
その人の作った，創作的な表現の利用には及ぶが，その人が作ったわけでは
ない，創作的な表現の部分には及ばない，って考えるのが理論的にはすっき
りとするような気がしています。そのように考えれば，キャンディ・キャン
ディ事件において，ストーリー作者の創作的な表現が含まれているとは言い
難い，表紙絵や原画についてまで，原著作物の著作者の権利が及ぶ，と裁判
所が判断したことに対しては，多少の疑問を感じないわけにはいきません。
もっとも，漫画の人気って，ストーリーがあってこそではないのかなぁ，っ
て考える人もいるでしょう。でも，そうだとしても，もし，ストーリー作者
の方で，作画者による，こうした単独の利用を禁じたいのであれば，あらか
じめ契約を結んでおくということも考えられるわけです。実際，一審判決を
見ると，その判決文の３枚目の最後の段落にあるんですが，この訴訟の始ま
る少し前だったようですが，原告と被告との間で，この連載漫画の二次的利
用に関して，契約を締結していたようなんですね。まぁ，これだけでは，そ
の契約の内容がどのようなものだったかは分かりませんが，このような場面
にこの契約を使うことはできなかったのかなぁ，って気はしています。さぁ，
皆さんはどのように考えますか？

3. 共同著作物

　キャンディ・キャンディ事件に関しては，最後に，もう１つ。この連載漫
画について，裁判所は，ストーリー原稿を原著作物とする二次的著作物，っ
て判断しましたね。ただ，原告はどう主張していたか？っていうと，**共同著
作物**又は二次的著作物，って主張していたんですね。理由はよく分からない
んですが，裁判所は，地裁からずっと二次的著作物で判断しています。まぁ，
訴訟上は，どちらかの主張が認められさえすれば，原告にとってはそれでい

いはずなんですが，もしかしたら，共同著作物って言った方がしっくりくる，っていう人もいるかもしれませんね。では，もし共同著作物だったら，この原告と被告との関係はどうなるか，っていうことをちょっと見ておきたいと思います。そこで，まず，共同著作物について簡単に説明しますね。共同著作物についても，条文がいくつかあります。まず，2条1項12号というところに定義規定があるんですね。「二人以上の者が共同して創作した著作物であつて，その各人の寄与を分離して個別に利用することができないもの」ってなっています。これに関連してよく言われるのが，歌詞と楽曲との関係ですね。両者は，メロディーに合わせて歌ったり，っていうように一緒に利用されることが，確かに多いでしょうが，でも，歌詞は歌詞だけで，楽曲は楽曲だけで個別に利用することもできますね。なので，共同著作物にはならないんです。そういうふうに見てみると，キャンディ・キャンディの連載漫画についても，ストーリーだけの利用とかを考えてみると，個別に利用できるって言える部分が，確かにありそうですが，中には「各人の寄与を分離して個別に利用することができない部分」っていうのもあるような気がしています。で，共同著作物になったときに，共同著作者間の権利関係はどうなるかが，64条と65条にあります。64条は著作者人格権に関してで，65条は著作権に関してになります。ここでは，65条[99)]を見てみましょう。見てもらえれば分かるように，**共同著作者間では，著作権は共有**になるんですね。まぁ，民法の264条に則して言えば，正確には準共有ですね。で，その65条の2項になります。ここにあるように，**権利の行使には全員の合意が必要**なんですね。この点では，キャンディ・キャンディの連載漫画が共同著作物って判断されても，その共同著作物とされる部分の利用については，やはり原告と被告の合意が必要なことになりますから，それは，二次的著作物って判断されたときと変わらないわけです。でも，ここには，3項というのがあ

---

99)　例えば，2項は，「共有著作権は，その共有者全員の合意によらなければ，行使することができない。」と，3項は，「…各共有者は，正当な理由がない限り，…前項の合意の成立を妨げることができない。」と規定しています。

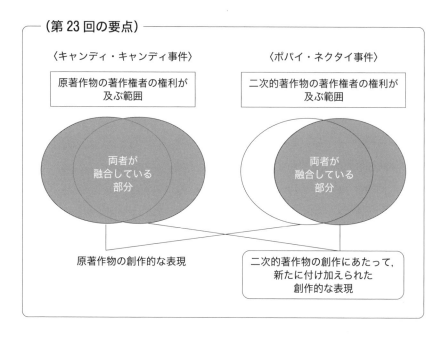

（第23回の要点）

〈キャンディ・キャンディ事件〉　　　　〈ポパイ・ネクタイ事件〉

| 原著作物の著作権者の権利が及ぶ範囲 | 二次的著作物の著作権者の権利が及ぶ範囲 |

両者が融合している部分　　　　両者が融合している部分

原著作物の創作的な表現　　　　二次的著作物の創作にあたって，新たに付け加えられた創作的な表現

って，正当な理由がない限りは，その合意の成立を妨げられない，っていう縛りがあるんですね。二次的著作物であれば，条文上は，そのような縛りはありませんので，原著作物の著作権者は，二次的著作物の利用について，別途，契約などがない限りは，許諾するかどうかを自由に決められるはずなんですね。ですから，ストーリー作者の方から見れば，この点で，共同著作物よりも二次的著作物の方が有利だとも言えます。そして，ある作品が二次的著作物なのか共同著作物なのかは必ずしも択一的ではないような気がしています。それはどういうことかっていうと，二次的著作物であり，しかも，共同著作物でもある，っていうことがあり得るんじゃないかな，っていうことなんです。つまり，二次的著作物になるための要件，それから，共同著作物になるための要件，というものがそれぞれあるわけですが，仮にどちらの要件も満たすのであれば，その作品は両方に当たり得るだろう，っていうことです。で，この事件では，原告が，訴訟の中で，そのどちらかに当たるって

主張していたわけですから，キャンディ・キャンディの連載漫画が，もし両方の要件を満たしていたのであれば，原告にとって，より有利な二次的著作物の方を，裁判所は取り上げたのかな，って想像しています。それでは，ここまでずっと続いてきました，類似性に関する話は，今回で終わりになります。

第**24**回
法定の利用行為 (1)

1.　条文の2つのグループ (21条・27条と, 22条〜26条の3)

　皆さん, こんにちは。今回から, 法定の利用行為に入っていきます。4つ
めの要件になりますね。条文は, **21条〜27条**と, それから, **113条**でした。
そのうち, 27条については, 類似性のところでもう説明しましたね。かな
り多くの条文がありますので, 授業では, そのうちのいくつかに絞ってお話
しすることにします。

　それでは, まず, 全体像を見ておきましょう。ただ, 113条は, 種々の行
為が入っていますので, こんな感じですよ, って一括してはちょっと言いづ
らいところがありますので, 21条〜27条だけで見ていきましょう。ここは,
大きく2つに分けて考えることができると思います。1つは複製と翻案
で[100), もう1つはそれ以外です。著作権って, 前にも言いましたように,
英語では, copyright ですね。ですから, やはり複製の禁止が中心になるわ
けです。でも, 複製だけではちょっと狭いので, 翻案まで広げている, って
言うことができるでしょう。で, その範囲が類似性でしたね。そして, もう
1つのグループが, 22条〜26条の3[101) になるわけですが, これらの条文を
21条や27条と見比べてみて, 何か気づくことはありませんか？　26条[102)

---

100)　21条は,「著作者は, その著作物を複製する権利を専有する。」と, 27条は,「著
　　作者は, その著作物を翻訳し, 編曲し, 若しくは変形し, 又は脚色し, 映画化し, そ
　　の他翻案する権利を専有する。」と規定しています。
101)　例えば, 22条は,「著作者は, その著作物を, 公衆に直接見せ又は聞かせることを
　　目的として（以下「公に」という。）上演し, 又は演奏する権利を専有する。」と規定
　　しています。

はちょっと分かりにくいんですが，それ以外の条文で，何か共通して出てく
る言葉はないでしょうか？　そうですね，「公に」とか「公衆」っていう言
葉が出てきています。21 条や 27 条にはありませんね。で，26 条も，そこに
出てくる頒布（はんぷ）っていう言葉の定義が，2 条 1 項 19 号[103]) にあって，実は，そ
の中にやはり「公衆に」って出てくるんですね。ですから，このグループは，
公の利用行為って括ることもできるわけです。

2.　公の利用行為

で，22 条を見てみると，公に，とは，公衆に直接見せ又は聞かせること
を目的として，を言うってなっています。ですから，22 条〜26 条の 3 に挙
がっている利用行為については，それが公衆に向けられたものであってはじめ
て著作権の対象に入ってくる，っていうことなんです。例えば，22 条には，
演奏がありますね。著作権で保護されている音楽を何か演奏するんでも，そ
れが著作権に触れるのは，あくまでも公に演奏って言える場合に限られるわ
けです。たとえ，そうした音楽を演奏するんであっても，それが，公に，と
は言えなければ，そもそも，それは著作権で規制された行為には入ってこな
い，っていうことなんです。それに対して，21 条の複製や 27 条の翻案には，
条文上，そういった限定はありませんね。ということは，複製や翻案に当た
れば，それだけで 21 条や 27 条で規定する法定の利用行為にいったんは入っ
てくる，っていうことなんです。ただ，ここで，いったんは，って言ったの
は，複製や翻案でも，例えば，それが私的使用目的であれば，複製について
は 30 条 1 項[104]) で，翻案については 47 条の 6 第 1 項 1 号で，それぞれ権利

---

102)　「著作者は，その映画の著作物をその複製物により頒布する権利を専有する。」
103)　「頒布　有償であるか又は無償であるかを問わず，複製物を公衆に譲渡し，又は貸
　　　与することをいい，映画の著作物…にあつては，これらの著作物を公衆に提示するこ
　　　とを目的として当該映画の著作物の複製物を譲渡し，又は貸与することを含むものと
　　　する。」
104)　「著作権の目的となつている著作物（…）は，個人的に又は家庭内その他これに準

が制限されるからです。ちなみに，これまで何条って条文を挙げるときには，第何条の第は省いてきましたが，このように，条数に「何条の何」って枝番が付いて，その後に項とかが続くときは，その第何項の第を省いてしまうと，数字がどこで区切られるのかが分かりづらくなってしまいますので，普段は，第を省いて書いているときでも，このようなときには，第何項って第を付けて表記することが多いと思います。では，話を戻しますね。ですから，21条や27条と，22条〜26条の3とでは，条文の作り方が違う，っていうことです。前者では，まず，複製だ，あるいは，翻案だ，っていうところでいったん大きく網をかけておいて，その後で，制限規定を使って，そこから私的使用とかを外していく，っていうやり方を採っているのに対して，後者では，もちろん，種々の制限規定の適用もありますが，そもそも，最初の段階で，権利の働く場面が公の利用に限定されている，っていうことなんです。ですから，法定の利用行為って言ったときには，113条を別にすれば，簡便には，複製や翻案と，それから，それ以外の公の利用行為，って覚えると，割と覚えやすくていいかもしれませんね。

　では，公の利用かそうでないかを分ける，**公衆**って？ということになりますね。で，2条5項を見てみると，「『公衆』には，特定かつ多数の者を含む」って書いてあります。これだけですと，ちょっと分かりづらいかもしれませんが，この前提として，通常は，不特定の者を公衆って言うんですよ，っていう理解があるようです。ですから，分析的に言うと，著作権法で言う公衆とは，**不特定かつ多数，不特定かつ少数，特定かつ多数**の3つを指すことになります。逆に言えば，特定かつ少数の者だけが公衆に当たらない，っていうことになりますね。この特定とか不特定というのは，見せたり聞かせたり，あるいは売ったり貸したりとかする人と，それを見たり聞いたり，あるいは買ったり借りたりとかする人との間の関係を言うんですが，ちょっとはっき

ずる限られた範囲内において使用すること（以下「私的使用」という。）を目的とするときは，次に掲げる場合を除き，その使用する者が複製することができる。(以下，略)」

りと言いづらいところはありますが，例えば，この私と，この授業を受けて
くれている皆さんとの間の関係を見てみると，小樽商大という大学の教員と
その学生ということになりますから，それは特定っていうことになるはずで
す。一方で，例えば，会員制とかを採っていても，申し込みさえすれば，誰
でも会員になれるのであれば，それは不特定って判断されることになります。
それから，多数か少数か，っていうことになると，これはもう一概には言え
ません。そこで利用される著作物の種類や性質，それから，その利用行為の
種類や態様などによって，ケース・バイ・ケースの判断になるんだと思いま
す。なお，現在，係争中のようですが，音楽教室での演奏が，22 条の「公
衆に直接…聞かせることを目的として」に当たるかどうか，などが争われて
いる事件として，東京地判令和 2 年 2 月 28 日・平成 29 年 (ワ)20502 号[105]，
その控訴審である，知財高判令和 3 年 3 月 18 日・令和 2 年 (ネ)10022 号[106]
があります。もし関心があったら，ちょっと判決文を見てみるのもいいかも
しれません。

3.　個々の利用行為の内容

(1)　複製
　それでは，ここで少し，個々の利用行為の内容を見ていきましょう。まず，
21 条の複製ですね。まぁ，コピーっていうことですが，もちろん，コピー
機でコピーをとる，っていうことだけではないですね。2 条 1 項 15 号に定
義規定があります。「複製，印刷，写真，複写，録音，録画その他の方法に
より有形的に再製すること」ってなっています。ですから，例えば，コン
ピューター内にデータとして電子的に保存するようなことも，複製に当たり
ます。

---

105)　https://www.courts.go.jp/app/files/hanrei_jp/632/089632_hanrei.pdf
106)　https://www.courts.go.jp/app/files/hanrei_jp/223/090223_hanrei.pdf

(2) 上演・演奏

それから，22条には，上演と演奏が挙がっていますね。まぁ，演奏って言えば，楽器の演奏がすぐに思い浮かぶと思うんですが，2条1項16号[107]を見てもらうと，ここでは歌唱も含んでいるんですね。その点，注意してください。それから，この22条の上演と演奏，それと24条[108]にある口述については，生の演奏とかだけじゃなくて，録音とか録画したものを再生することも入ります。それが2条7項[109]というところに規定されています。

(3) 公衆送信

そして，次は，1つ飛んで，23条の1項[110]を見てください。ここに公衆送信っていう言葉が出てきますね。テレビやラジオの放送とか，有線放送とかがこれに含まれます。それから，その括弧の中に「自動公衆送信の場合にあつては，送信可能化を含む。」って書いていますね。で，これは何かっていうと，今なら，典型的にはインターネットですね。例えば，ホームページとかに何かをアップロードするとします。このアップロードが，**送信可能化**になります。でも，そのホームページにまだ誰もアクセスしていない時点では，送信はありませんね。で，誰かがアクセスしたら，ほぼその瞬間に，そのホームページの情報がその人のパソコンとかに送信されるわけですね。この送信が，**自動公衆送信**になります。で，自動公衆送信の場合には，他の公衆送信とは違って，送信の前段階である送信可能化の時点で，もう著作権に触れることになる，っていうのがこの括弧の中の意味になります。

---

107) 「上演　演奏（歌唱を含む。…）以外の方法により著作物を演ずることをいう。」
108) 「著作者は，その言語の著作物を公に口述する権利を専有する。」
109) 「この法律において，『上演』，『演奏』又は『口述』には，著作物の上演，演奏又は口述で録音され，又は録画されたものを再生すること（…）…を含むものとする。」
110) 「著作者は，その著作物について，公衆送信（自動公衆送信の場合にあつては，送信可能化を含む。）を行う権利を専有する。」

(4)　頒布・譲渡・貸与

　では，次は，26条と 26条の 2 と 26条の 3，この 3 つを一緒に見てみましょう。26条[111] は頒布，26条の 2[112] は譲渡，26条の 3[113] は貸与ですね。で，26条は，映画の著作物についてだけの規定ですね。逆に，26条の 2 と 26条の 3 では，映画の著作物が除かれています。まず，26条の 2 と 26条の 3 の方から見てみましょう。26条の 2 は，譲渡により公衆に提供すること，ですね。26条の 3 は，貸与により公衆に提供すること，になります。では，26条の頒布って何かっていうと，2条 1 項 19 号[114] に定義がありましたね。26条は映画の著作物を対象にしていました。ですから，この 19 号の前半部分だけではなくて，後半部分も入ってくることになります。したがって，26条の頒布には，4 つの行為が含まれていることになるわけです。つまり，**公衆に譲渡すること**，**公衆に貸与すること**，それから，**公衆に提示することを目的として譲渡すること**，最後に，**公衆に提示することを目的として貸与すること**，この 4 つになります。で，映画の著作物ですから，ここで提示って言ったら，それは上映って考えてもらえばいいと思います。前の 2 つ，すなわち，公衆への譲渡と公衆への貸与が，それぞれ 26条の 2 と 26条の 3 に対応しています。だから，26条の 2 や 26条の 3 では，映画の著作物を除く，ってなっているんですね。ですから，映画の著作物とそれ以外の著作物とを比べた場合，公衆提示目的の譲渡っていうのと公衆提示目的の貸与っていうのが入っている分だけ，映画の著作物の方が保護が厚くなっている，っていうことが言えるわけです。では，後の 2 つは，前の 2 つとはどう違うのか，

---

111)　「著作者は，その映画の著作物をその複製物により頒布する権利を専有する。」
112)　「著作者は，その著作物（映画の著作物を除く。…）をその原作品又は複製物（…）の譲渡により公衆に提供する権利を専有する。」
113)　「著作者は，その著作物（映画の著作物を除く。）をその複製物（…）の貸与により公衆に提供する権利を専有する。」
114)　「頒布　有償であるか又は無償であるかを問わず，複製物を公衆に譲渡し，又は貸与することをいい，映画の著作物…にあっては，これらの著作物を公衆に提示することを目的として当該映画の著作物の複製物を譲渡し，又は貸与することを含むものとする。」

っていうと，譲渡や貸与自体は，公衆とは言えない，すなわち，特定かつ少数の者への譲渡や貸与であっても，そこに公衆提示目的があれば，頒布に当たる，っていうことなんです。それってどんな場合かっていうと，今は，実際，どういう形態になっているのか，よく分かりませんが，映画の製作会社が各地の映画館に映画を配給する，そういった場面を想像してもらうといいと思います。この点は，次回，取り上げる予定の中古ゲームソフト事件で出てきますので，そのとき，詳しくお話ししますね。

(5) 違法プログラムの業務上の使用

　それでは，最後に，113条の中から，1つだけ見てみましょう。113条5項になります[115]。この規定は，著作権を侵害して違法に作られたプログラムをコンピューターで使用する行為について，それを買うなりする時に，情を知って，つまり，そのプログラムが違法に作られたものだっていうことを知っていた場合に，それを業務上使用する行為は侵害とみなす，というものです。プログラムをコンピューターで使うっていうのは，普通は，「公に」っていうことにはなりませんね。なので，その代わりに「業務上」という限定が入っている，とも言えると思います。

　以上，駆け足でしたが，法定の利用行為の主だったものをざっと見てきました。個々の利用行為について，さらに詳しく知りたい人は，前に紹介した，加戸守行先生の「著作権法逐条講義（6訂新版）」（著作権情報センター）を参考にしてみるのもいいかもしれません。それでは，今回は，これで終わりにします。

---

115)　「プログラムの著作物の著作権を侵害する行為によって作成された複製物（…）を業務上電子計算機において使用する行為は，これらの複製物を使用する権原を取得した時に情を知つていた場合に限り，当該著作権を侵害する行為とみなす。」

（第 24 回の要点）

〈著作権の内容〉
（法定の利用行為）

> 21 条：複製
> 27 条：翻案

22 条：公に上演・演奏
22 条の 2：公に上映
23 条：公衆送信，公に伝達
24 条：公に口述（言語の著作物）
25 条：公に展示（美術の著作物・未発行の写真の著作物の原作品）
26 条：頒布（映画の著作物）
26 条の 2：公衆に譲渡（映画の著作物以外）
26 条の 3：公衆に貸与（映画の著作物以外）

第25回
法定の利用行為 (2)

1. 中古ゲームソフト事件 (最判平 14.4.25)

　皆さん, こんにちは。今回は, いわゆる中古ゲームソフト事件を取り上げます。著作権法の条文で言えば, 前回, 少しだけ説明した, 26条の頒布権の問題になります。皆さんにとっては, おそらく, 中古のゲームソフトの販売っていうのは, 普通のことなのかもしれませんが, かつて, これが裁判で激しく争われたことがありました。それはどんな形でだったか？っていうと, ゲームソフトの中古品の販売が, 映画の著作物の頒布について定めた26条に違反するかどうか, っていうことでした。原告も被告もそれぞれ異なる2つの事件が, 東京と大阪とであって, 1つは, 東京地裁→東京高裁→最高裁, もう1つは, 大阪地裁→大阪高裁→最高裁っていうように, それぞれ進んでいきました。そして, この2つの事件は, **最高裁**から, まったく同じ**平成14年4月25日**に, それぞれ**判決**が出ています。ですから, 最高裁判決自体は, 東京訴訟と大阪訴訟とでそれぞれ1つずつあるんですが, 内容自体はほぼ同じになります。ちなみに, 東京訴訟の方は平成13年(受)898号, 大阪訴訟の方は平成13年(受)952号[116] になります。ここでは, 大阪訴訟の最高裁判決を見ていきましょう。

---

116)　https://www.courts.go.jp/app/files/hanrei_jp/335/052335_hanrei.pdf

2.　下級審の判決

　この 2 つの事件では，下級裁判所の判断が 4 つ出ているわけですが，それ
ぞれ理由が違ったりするんですね。まず，中古品の販売を違法としたのは，
大阪地裁だけでした。後の 3 つの裁判所は，著作権法上，それを適法としま
した。でも，その 3 つの裁判所も，その適法の理由はまちまちです。どうし
てそんなことになったのか？っていうと，これから順にお話ししていくこと
になりますが，実は，条文にあまり手がかりがないんですね。で，この 3 つ
の裁判所がそれぞれ理由にした点が，この問題での論点になります。ですか
ら，ここでの論点は 3 つになります。で，その 3 つを，論理的な順序で並べ
てみると，まず，①ゲームソフトは「映画の著作物」に当たるかどうかって
いう点，次に，②ゲームソフトの複製物は 26 条の頒布権の対象になるかど
うかっていう点，で，最後に，③頒布権は 消尽するかどうかっていう点，
という 3 つになります。消尽は，ここでの問題を検討するにあたって，とっ
ても大事な概念になりますので，できれば覚えてしまってください。で，①
と②は Yes，③は No って言ったのが，大阪地裁なんですね（大阪地判平成
11 年 10 月 7 日・平成 10 年 (ワ) 6979 号になります。）[117]。ですから，①か②
で No，あるいは，③で Yes って言えば，ゲームソフトの中古品の販売は，
著作権法上，適法になるっていうことです。では，最高裁は，どういう筋道
をたどって，どういう結論をとったのかを，これから見ていきましょう。

3.　ゲームソフトは「映画の著作物」か？

　1 番目の論点は，ゲームソフトが映画の著作物に当たるのか？っていうこ
とですね。東京地裁は，これを否定しました（東京地判平成 11 年 5 月 27

---

117)　https://www.courts.go.jp/app/files/hanrei_jp/550/013550_hanrei.pdf

190

日・平成 10 年（ワ）22568 号になります。）118)。この東京地裁判決が，映画の
著作物とはどういうものか？っていう点について，どう言ったかというと，
東京地裁の判決文の 5 枚目の下から 15〜10 行目になりますが，「著作権法上
の『映画の著作物』といい得るためには，(1) 当該著作物が，一定の内容の
影像を選択し，これを一定の順序で組み合わせることにより思想・感情を表
現するものであって，(2) 当該著作物ないしその複製物を用いることにより，
同一の連続影像が常に再現される（常に同一内容の影像が同一の順序により
もたらされる）ものであることを，要する」って言ったんですね。ちなみに，
ここに影像ってありますが，著作権法では，例えば，2 条 1 項 14 号の録画
の定義119) にもあるように，映像ではなくて，影像っていう字が使われてい
ます。で，東京地裁はこう言ったんですが，著作権法には，映画の著作物の
定義規定として，2 条 3 項という条文があって，「映画の効果に類似する視
覚的又は視聴覚的効果を生じさせる方法で表現され，かつ，物に固定されて
いる著作物を含む」って規定されていて，特に，ここで東京地裁が言うよう
な「常に同一内容の影像が同一の順序によりもたらされ」なければならない，
っていうような限定はしていないんですね。ですから，最高裁も，大阪訴訟
での判決文で言えば，2 頁の一番下の行から 3 頁の 4 行目にかけてあるよう
に，「映画の著作物」該当性についてはさらっと肯定しています120)。この「映
画の効果に類似する視覚的又は視聴覚的効果を生じさせる方法で表現され」
っていう部分は，皆さんがパッとイメージしやすい言葉であえて言えば，動
画っていうことになるでしょう。で，物，つまり，媒体ですね。**動画で，か
つ，それが何かの媒体に固定されていれば**，もうそれで，著作権法上は，映
画の著作物になるっていうことなんです。ですから，ゲームソフトでも，例
えば，ほとんど静止画だけで構成されているようなものを除けば，映画の著

118) https://www.courts.go.jp/app/files/hanrei_jp/714/013714_hanrei.pdf
119) 「録画　影像を連続して物に固定し，又はその固定物を増製することをいう。」
120) 「本件各ゲームソフトが，著作権法 2 条 3 項に規定する『…』であり，同法 10 条 1
　　項 7 号所定の『映画の著作物』に当たるとした原審の判断は，正当として是認するこ
　　とができる。」

作物に当たる，っていうことになります。

4.　頒布権の対象となる「複製物」に当たるか？

　では，2 番目の論点に進んでいきましょう。これは，東京高裁が言いました（東京高判平成 13 年 3 月 27 日・平成 11 年 (ネ)3355 号になります。)[121]。どういうことかっていうと，**26 条 1 項の映画の著作物の「複製物」の中にも，頒布権が認められる複製物と認められない複製物とがある，っていう見解**なんですね。東京高裁の判決文の後ろから 6 枚目の下から 2 段落目になります。「法 26 条 1 項の立法の趣旨に照らし，同条項にいう頒布権が認められる『複製物』とは，配給制度による流通の形態が採られている映画の著作物の複製物，及び，同法条の立法趣旨からみてこれと同等の保護に値する複製物，すなわち，一つ一つの複製物が多数の者の視聴に供される場合の複製物，したがって，通常は，少数の複製物のみが製造されることの予定されている場合のものであり，大量の複製物が製造され，その一つ一つは少数の者によってしか視聴されない場合のものは含まれないと，限定して解すべきである」と言っています。ただ，東京高裁自身も，その 4〜3 行前で指摘しているように，「法 26 条 1 項は，文言上，そこでいう『複製物』につき格別の制限を付していない」わけです。ですから，最高裁も，皆さんに読んできてもらった，大阪訴訟での判決文で言えば，3 頁の 5〜7 行目にあるように，そのような見解を否定しています[122]。

5.　譲渡権の消尽

　では，最後の，でも，一番重要な，3 番目の論点に移りましょう。これは，

---

121)　https://www.courts.go.jp/app/files/hanrei_jp/586/012586_hanrei.pdf
122)　「本件各ゲームソフトが映画の著作物に該当する以上，その著作権者が同法 26 条 1 項所定の頒布権を専有するとした原審の判断も，正当として是認することができる。」

頒布権の消尽の有無でした。一連の判決の中で，大阪高裁が，これを肯定しています（大阪高判平成13年3月29日・平成11年（ネ）3484号になります。）[123]。まず，ここで，消尽とは何か？っていうことを説明しますね。消尽って，おそらくは，知的財産法に特有の概念だと思います。かつては，用尽っていう言葉も使われていたんですが，今では，ほとんど消尽になっていますね。でも，その意味からすると，用尽の方がむしろよかったんじゃないかなぁ，なんて私は思っています。前回，**26条の2の譲渡権**[124]をちょっと説明しましたね。公衆への譲渡を禁止できる権利でした。ここでは，とりあえず，本を例にとってみましょうか。で，例えば，漫画を書いたAさんが，それを本にして出版する，っていうときに，その本が一般の読者の1人である，例えば，Dさんの手元に届くまでに，A→B→C→Dっていうような販売経路をたどる，っていうことにしてみましょう。で，まぁ，普通は，この「A」っていうところには，出版社が来るんでしょうけど，話を簡単にするために，ここでは，「A」は著作権者自身，っていうことにしておきますね。そのときに，BさんからCさんへの販売や，CさんからDさんへの販売が，公衆への譲渡に当たると，26条の2第1項がありますから，そんなときでも，BさんやCさんは，販売にあたって，Aさんの許諾をとらなければならない，っていうことになってしまうんですね。でも，それって常識にはあまりそぐわない感じがしますよね。そこで，26条の2には，2項[125]っていうのがあるんです。そこには，5つほど挙がっていますが，その中で1号と4号を見てください[126]。この2つを合わせて読むと，著作権者とかが売ったりした

---

123) https://www.courts.go.jp/app/files/hanrei_jp/568/012568_hanrei.pdf

124) 例えば，1項は，「著作者は，その著作物（映画の著作物を除く。…）をその原作品又は複製物（…）の譲渡により公衆に提供する権利を専有する。」と規定しています。

125) 「前項の規定は，著作物の原作品又は複製物で次の各号のいずれかに該当するものの譲渡による場合には，適用しない。（以下，略）」

126) 1号は，「前項に規定する権利を有する者又はその許諾を得た者により公衆に譲渡された著作物の原作品又は複製物」を，4号は，「前項に規定する権利を有する者又はその承諾を得た者により特定かつ少数の者に譲渡された著作物の原作品又は複製物」を挙げています。

物については，26 条の 2 第 1 項は適用しない，っていうことになります。これが消尽なんですね。ここで特に注意が必要なんですが，**消尽って言っても，譲渡権自体が消えてなくなってしまうわけではないんです。著作権者とかが売ったりした，当該「物」についてだけ，もう譲渡権は行使できませんよ，**ということなんですね。著作権者とかが売ったりした時点で，その売ったりした物については，もう譲渡権が使い尽くされましたよ，っていうことなんです。ですから，消尽って呼ぶよりは，用尽って言った方が多少は分かりやすいのかな，なんて思うわけです。ただ，この 26 条の 2 は，前回も説明したように，映画の著作物以外の規定でしたね。ですから，本や音楽 CD だったら，この 26 条の 2 第 2 項が適用されて，本や音楽 CD の中古品の販売は，著作権法上，適法っていうことになるんです。

6.　頒布権は消尽するか？

では，映画の DVD やゲームソフトはどうなるの？っていうのが，ここでの問題になります。だからこそ，ゲームソフトについては，そもそも，それが著作権法上の映画の著作物に当たるのかどうか，っていうことが，1 番目の論点として出てきたわけです。で，先ほど見たように，ゲームソフトも，ほとんど静止画だけで構成されているようなものを除けば，映画の著作物に当たる，っていうことですから，**映画の DVD も，そのようなゲームソフトも，26 条の 2 の譲渡権ではなくて，26 条の頒布権の問題になる**，っていうことになります。で，26 条をもう一度見てみましょう。でも，**そこには，26 条の 2 第 2 項のような規定はどこにもありませんね。**ということは，頒布権は，一切，消尽しない，っていうことなんでしょうか？　ここが，一番のポイントになります。もし，そういう結論をとるとするならば，そこでは，この 26 条の 2 第 2 項を反対解釈した，っていうことになります。つまり，映画の著作物以外の公衆への譲渡については，消尽するっていう規定があるのに，映画の著作物の公衆への譲渡については，そのような規定がない，っていう

ことは，著作権法は，映画の著作物の公衆への譲渡については，消尽しない，って考えているんだって解釈することです。でも，結論を先に言ってしまえば，本や音楽 CD は消尽するのに，映画の DVD やゲームソフトは消尽しない，っていうのはバランスがあんまりよくないな，って皆さんも感じるんじゃないかなって思うんですが，いかがですか？　ですから，裁判所は，いろいろと苦労して，中古ゲームソフトの販売が頒布権侵害にならないような解釈をとろう，って努力していたんです。問題は，その理屈をどう立てるか，っていうことになります。で，最高裁は，大阪高裁と同様に，頒布権も消尽する，っていう理屈をとることにしたんですね。

(1)　最高裁の理由と結論

　では，大阪訴訟での最高裁の判決文に従って，それを見ていくことにしましょう。その 3 頁の 8 行目以下になります。ここで，いきなり特許権が出てきますが，やはり特許法でも，特許権は消尽するか，っていう論点があったんですね。その点について判断を示したのが，その 11〜12 行目に挙がっている「最高裁平成 7 年(オ)第 1988 号同 9 年 7 月 1 日第三小法廷判決」になります。その後に，著作物の複製物を譲渡した場合にも，特許製品を譲渡した場合と同様に消尽する，っていう結論をとる，その理由が挙がっています。ここで特に大事なのは，(イ)と(ウ)ですね。まず，(イ)の方ですが，この頁の下から 5〜2 行目で，「仮に，著作物又はその複製物について譲渡を行う都度著作権者の許諾を要するということになれば，市場における商品の自由な流通が阻害され，**著作物又はその複製物の円滑な流通が妨げられて**，かえって著作権者自身の利益を害することになるおそれがあ」る，って言います（太字は筆者）。そして，次の 4 頁の(ウ)では，「著作権者は，著作物又はその複製物を自ら譲渡するに当たって譲渡代金を取得し，又はその利用を許諾するに当たって使用料を取得することができるのであるから，**その代償を確保する機会は保障されている**ものということができ，著作権者又は許諾を受けた者から譲渡された著作物又はその複製物について，著作権者等が二重に利

得を得ることを認める必要性は存在しない」って言っています（太字は筆者）。
この(イ)と(ウ)では，どちらが必要性で，どちらが許容性になるでしょう
か？　そうですね，(イ)が必要性で，(ウ)が許容性ですね。まず，いちいち
著作権者の許諾が必要だっていうことになれば，著作物の円滑な流通が妨げ
られてしまうから，消尽させる必要がある，っていうことですね。そして，
譲渡とかの時点で，その代償を確保する機会は保障されているんだから，そ
の後は消尽させても構わない，っていうことになりますね。

　では，なんで，26条の2には消尽の規定があって，26条にはそれがない
のか，その説明が必要になってきます。それが，同じ4頁の真ん中あたり，
11〜13行目にある「著作権法制定当時，劇場用映画の取引については，…
専ら複製品の数次にわたる貸与を前提とするいわゆる配給制度の慣行が存在
していたこと」，そして，そうした慣行を著作権法の中に取り込んで法的に
保護した，っていうことなんです。ですから，前回，映画の著作物の頒布の
意味を説明したときに，**公衆提示目的の譲渡**と**公衆提示目的の貸与**とが入っ
ている分だけ，それ以外の著作物よりも結果的に保護が厚くなっている，っ
ていうのは，そういうわけだったんですね。当時の劇場用映画の取引の実態
からすれば，特に公衆提示目的の貸与の方ですね。ですから，前回説明した
4つの頒布[127]のうち，この2つについては，いったん譲渡したからとか，
いったん貸与したから，といって，消尽させるわけにはいかないわけです。
それが，その頁の下から9〜6行目に書かれています。「26条の規定の解釈
として，上記配給制度という取引実態のある映画の著作物又はその複製物に
ついては，これらの著作物等を公衆に提示することを目的として譲渡し，又
は貸与する権利（…26条，2条1項19号後段）が消尽しないと解されてい
た」ということになります。となると，頒布のうち，2条1項19号前段の

---

127)　「頒布　有償であるか又は無償であるかを問わず，複製物を公衆に譲渡し，又は貸
　　　与することをいい，映画の著作物…にあつては，これらの著作物を公衆に提示するこ
　　　とを目的として当該映画の著作物の複製物を譲渡し，又は貸与することを含むものと
　　　する。」(2条1項19号)

公衆への譲渡と公衆への貸与については，そのような配給制度とは直接の関係はありませんから，消尽するか否かについて，それを解釈で決めたとしても，26条の立法目的を阻害することはない，っていうことになります。で，この事件では，ゲームソフトの中古品の販売が問題になっているわけですから，それは，単なる**公衆への譲渡**であって，公衆提示目的の譲渡ではありませんね。ですから，先ほど触れた，（イ）と（ウ）の理由から，消尽させるのが妥当だっていう判断になるわけです。で，4頁の下から3行目〜5頁の3行目にある，結論に至ります。「公衆に提示することを目的としない家庭用テレビゲーム機に用いられる映画の著作物の複製物の譲渡については，…当該著作物の複製物を公衆に譲渡する権利は，いったん適法に譲渡されたことにより，その目的を達成したものとして消尽し，もはや著作権の効力は，当該複製物を公衆に再譲渡する行為には及ばない」っていうことになりました。つまり，その5頁の9〜11行目にあるように，**26条の2の反対解釈はとらない**，っていうことです。で，この事件は，ゲームソフトについてのものでしたが，映画のDVDについても妥当する，って考えられています。

(2)　頒布のうちでも消尽しないもの

　そして，最後に残ったのは，4つの頒布のうちの，**公衆への貸与**ですね。これを考えるには，そもそも，26条の3[128)] の貸与権ではどうなっているのか？を見てみる必要があります。で，それについては，先ほど挙げた大阪高裁判決の次の一連の説示が分かりやすいかもしれません（もう1度，ここにそのURLを載せておきます。）[129)]。まず，その判決文の後ろから3枚目の5段落目になります。「昭和59年の著作権法の改正により，映画の著作物を除く著作物の著作権者に貸与権を認める旨の規定（26条の2）が設けられ，さらに，平成11年法律第77号による改正により，右の貸与権の規定が26条の3に繰り下げられ」た。で，次の6段落目に続きます。「昭和59年の改正

---

128)　「著作者は，その著作物（映画の著作物を除く。）をその複製物（…）の貸与により公衆に提供する権利を専有する。」

は，貸レコード業が昭和 56 年に登場して急速に全国に広がり，その利用者の多くが借りたレコードからテープに録音するために，レコードの売上げが減少し，著作者，実演者，レコード製作者の経済的利益に影響を与えるという事態が生じたことを契機として，貸レコード以外の著作物の複製物の貸与も対象とする一般的な内容の権利として貸与権の規定が設けられた」。で，後ろから 2 枚目に移って，その 3 段落目になります。「法 26 条の頒布権に含まれる貸与権も，権利消尽の原則によって否定される対象とならないというべきである。けだし，前記昭和 59 年の貸与権規定の制定経過に明らかなとおり，貸与権は，複製権と密接な関係を有し，複製利用を内容とする著作権の特質を反映した権利というべきところ，このような貸与権が第一譲渡により消尽するとすれば，一回の許諾に対応した対価のみで複数の複製を許諾したのと同様の結果を招くことになり，不当だからである。」と言います。どういうことかっていうと，貸レコード店という業態が現れて，レコードの売り上げが落ちてしまった，っていうんですね。ちなみに，当時は，まだ CD じゃなくて，レコードだったんです。ただ，著作権法上は，2 条 1 項 5 号[130]を見てもらえれば分かるように，音楽 CD も「レコード」っていうことにはなります。そこで，貸与権という権利が，著作権の 1 つとして創設されたんですが，貸レコード店が貸していたレコードっていうのは，もちろん，レコード会社が販売した正規品なんですね。ですから，レコード会社がいったん販売したレコードなんだから，貸与権も消尽しますよって，もししてしまったら，そもそも何のために貸与権を作ったのか，少なくともレコードについては，ほとんど意味がなくなってしまうんですね。そこで，**26 条の 3 の貸与権については，消尽しない，って解されています。**となると，26 条の頒布権の 1 つである，公衆への貸与という部分についても，消尽させる必要はない，っていうことになるわけです。したがって，**この中古ゲームソフト**

---

129)　　https://www.courts.go.jp/app/files/hanrei_jp/568/012568_hanrei.pdf
130)　　「レコード　蓄音機用音盤，録音テープその他の物に音を固定したもの（…）をいう。」

198

事件の最高裁判決が言ったのは，26条の頒布の4つの行為のうち，公衆提示目的の絡まない，単なる公衆への譲渡が消尽する，っていうことなんですね。ですから，頒布のうちでも，公衆への貸与や，公衆提示目的の譲渡・貸与については，消尽はしない，っていうことになります。中古ゲームソフト事件についての説明は，以上になります。それでは，今回は，これで終わります。

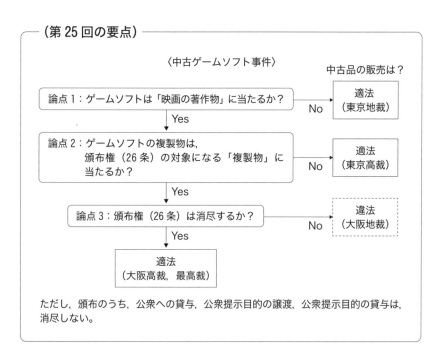

（第25回の要点）

〈中古ゲームソフト事件〉

中古品の販売は？

論点1：ゲームソフトは「映画の著作物」に当たるか？ — No → 適法（東京地裁）

↓ Yes

論点2：ゲームソフトの複製物は，頒布権（26条）の対象になる「複製物」に当たるか？ — No → 適法（東京高裁）

↓ Yes

論点3：頒布権（26条）は消尽するか？ — No → 違法（大阪地裁）

↓ Yes

適法（大阪高裁，最高裁）

ただし，頒布のうち，公衆への貸与，公衆提示目的の譲渡，公衆提示目的の貸与は，消尽しない。

第**26**回
法定の利用行為(3)

1. 共同不法行為

　皆さん，こんにちは。今回は，法定の利用行為に関連して，いわゆる**間接侵害**という論点について説明したいと思います。著作権侵害があると，著作権者は，侵害者に対して，差止めと損害賠償を請求できる，っていうことでしたね。で，ここでの侵害者っていうのは，21〜27条や113条に規定されている利用行為を実際に行った，あるいは，行っている，あるいは，行おうとしている，そういう人だっていうことが前提としてあったわけです。これをあえて言えば，直接侵害って言うこともできるでしょう。では，法定の利用行為を物理的に行っているわけではないものの，それを物理的に行っている人の行為を何か助けているような人が，仮にいたとして，そのような人に対して，著作権者は何か言えないか，っていうことが問題になったりします。この場合，**民法**で習ったかと思いますが，**719条** [131)] に**共同不法行為**っていう条文があって，そのように助けていることが，その2項でいう「幇助」とかに当たるのであれば，その人に対しても，損害賠償を請求していくことができるんですね。

---

131)　1項は，「数人が共同の不法行為によって他人に損害を加えたときは，各自が連帯してその損害を賠償する責任を負う。(以下，略)」と，2項は，「行為者を教唆した者及び幇助した者は，共同行為者とみなして，前項の規定を適用する。」と規定しています。

2. 間接侵害

　で，著作権法で言う間接侵害っていう論点は，それでは，そういった人に対して，差止請求はできないか，っていうことが議論されてきたんです。というのは，著作権法の112条1項[132]を見てください。差止請求ができる相手方は，「侵害する者又は侵害するおそれがある者」って規定されていますね。で，一般には，単なる幇助者は，これには当たらない，って理解されているんです。とはいえ，では，差止請求は，法定の利用行為を物理的，自然的に行っている人だけに限られるか，っていうとそうでもなかったんですね。どういうことかっていうと，「**カラオケ法理**」っていうのがあったんです。

(1) カラオケ法理

　このカラオケというのは，歌を歌う，あのカラオケです。カラオケスナックをめぐる事件があって，それでそういう名前がついていました。その事件というのが，最高裁の昭和63年3月15日の判決でした（事件番号は昭和59年(オ)1204号になります。)[133]。このカラオケ法理っていうのはどういうものか，っていうと，物理的，自然的には法定の利用行為を行っているとは言えないような人に対して，管理（支配）性と営業上の利益，この2つから，利用行為の主体を規範的に判断して，差止請求を認めていく，っていう考え方なんですね。ただ，この事件は，現行の著作権法の制定，それは，昭和45年（1970年）でしたね。その制定に伴う，旧著作権法の規定の経過措置が関わっていた，っていう事情があったりもしたんですね。まぁ，そのあたりのことは，今ではもうちょっと細かいことのように思いますので，ここではあえて説明しませんが，その最高裁判決の4頁の下の段落から5頁にかけ

---

132) 「…著作権者…は，その…著作権…を侵害する者又は侵害するおそれがある者に対し，その侵害の停止又は予防を請求することができる。」

133) https://www.courts.go.jp/app/files/hanrei_jp/186/052186_hanrei.pdf

て書かれていますので，もし興味があったら，そこを読んでみてもいいかも
しれません。

(2)　近年の最高裁判決

　で，ここでは，この点に関する，比較的最近の**最高裁**の判決を 2 つ紹介し
たいと思います。1 つは，ロクラク事件とも呼ばれている，**平成 23 年 1 月
20 日の判決**です。事件番号は平成 21 年 (受) 788 号になります[134]。これは，
どんな事件だったかというと，インターネットを介して，テレビ番組を視聴
できる，というサービスが，テレビ局の著作権などを侵害するか，が争われ
たっていう事件でした。ちなみに，ここで，著作権など，って言ったのは，
著作権のほかに，著作隣接権という権利も主張されていたからなんですが，
ちなみに，著作隣接権っていうのは，著作権ではないんですが，やはり著作
権法の中で規定されていて，実演家，レコード製作者，放送事業者，有線放
送事業者の 4 者に認められている権利で，条文は，89 条以下にあります。で，
話を戻して，このサービスって，例えば，それまで日本にいたんだけど，仕
事とかで海外に住むことになった人なんかが，主に利用していたのではない
かな，って思うんですが，どんなシステムだったかっていうと，その判決文
の 2 頁の 10 行目から始まる (2) というところに書いてありますね。ここで，
被上告人というのは，このサービスを提供していた被告ですね。被告は，「ロ
クラク II」という専用の機器を用意して，それを利用者に貸したりとかして
いたんですね。で，その親機の方は，国内にあって，日本のテレビ番組を受
信できて，一方，子機の方は，利用者の手元にあるんですね。で，両者は，
インターネットでつながっている，っていうことなんです。で，利用者は，
何か見たい番組があったら，手元の子機を使って，親機に録画の指示を送っ
て，その指示を受けた親機が，あとは自動的にその番組を録画して，その
データが子機に送られてくる，っていう仕組みだったそうです。で，この事

---

134)　https://www.courts.go.jp/app/files/hanrei_jp/015/081015_hanrei.pdf

件での争点っていうのは，そのサービスでは，誰がテレビ番組の録画，すなわち，複製をしているか？っていう点でした。この状況を自然に見れば，録画の指示を出している，このサービスの利用者のように見えると思います。もしそうであれば，単に自分で視聴するためだけに録画している限りは，それは，30条1項[135] の私的複製に当たって，侵害にはなりませんね。で，この事件では，まず，一審の東京地裁（平成20年5月28日判決・平成19年（ワ）17279号）[136] が，被告は，このサービスを提供して，テレビ番組の複製行為を管理支配しているとともに，登録料やレンタル料の支払いを受け，それによる利益を得ている，と言って，先ほど出てきました，カラオケ法理を使って，被告を複製の主体って判断したんですね。このように，被告が番組を複製している，っていうことであれば，もちろん，30条1項の適用はないわけです。それに対して，控訴審の知財高裁（平成21年1月27日判決・平成20年（ネ）10055号）[137] は，その高裁の判決文の3頁の下から3行目〜4頁の1行目にあるように，「控訴人が本件番組…の複製行為を行っているものと認めることはできない，すなわち，控訴人の本件サービスは，利用者の自由な意思に基づいて行われる私的使用のための複製を容易にするための環境，条件等の提供行為にすぎない」って判断して，一審判決を取り消したんですね。ここで，控訴人というのは，このサービスを提供していた被告になります。そこで，この最高裁判決になるんです。最高裁判決の3〜4頁を見てください。まず，3頁の一番下の行〜4頁の5行目で，「放送番組等の複製物を取得することを可能にするサービスにおいて，サービスを提供する者（…）が，その管理，支配下において，テレビアンテナで受信した放送を複製の機能を有する機器（…）に入力していて，当該複製機器に録画の指示が

135）「著作権の目的となつている著作物（…）は，個人的に又は家庭内その他これに準ずる限られた範囲内において使用すること（以下「私的使用」という。）を目的とするときは，次に掲げる場合を除き，その使用する者が複製することができる。（以下，略）」

136）　https://www.courts.go.jp/app/files/hanrei_jp/391/036391_hanrei.pdf

137）　https://www.courts.go.jp/app/files/hanrei_jp/223/037223_hanrei.pdf

されると放送番組等の複製が自動的に行われる場合には，その録画の指示を
当該サービスの利用者がするのであっても，サービス提供者はその複製の主
体であると解するのが相当である。」と先に結論を述べ，続く 6〜14 行目で，
「複製の主体の判断に当たっては，複製の対象，方法，複製への関与の内容，
程度等の諸要素を考慮して，誰が当該著作物の複製をしているといえるかを
判断するのが相当であ」り，「上記の場合，サービス提供者は，単に複製を
容易にするための環境等を整備しているにとどまらず，その管理，支配下に
おいて，放送を受信して複製機器に対して放送番組等に係る情報を入力する
という，複製機器を用いた放送番組等の複製の実現における枢要な行為をし
ており，複製時におけるサービス提供者の上記各行為がなければ，当該サー
ビスの利用者が録画の指示をしても，放送番組等の複製をすることはおよそ
不可能なのであり，サービス提供者を複製の主体というに十分である」と，
その理由を述べました。ここで，管理，支配という言葉が使われていますの
で，一見，カラオケ法理を使ったかのようにも思うかもしれませんが，5 頁
から始まる補足意見を読むと，どうも違うんですね。その頁の下から 5 行目
〜6 頁の 4 行目にかけての段落を見ると，従来のカラオケ法理については，
批判的ですね。ですから，それまで盛んに議論されてきた，カラオケ法理が，
この最高裁判決を経て，今後，どのようになっていくのか，ちょっと分から
ないところがあります。ちなみに，この事件は，高裁に差し戻されて，差戻
し後の控訴審判決（知財高裁平成 24 年 1 月 31 日判決・平成 23 年（ネ）10011
号）138) は，親機の管理状況などを認定した上で，この最高裁判決に従って，
被告を複製の主体と判断しました。

　それから，もう 1 つの最高裁判決というのは，このロクラク事件の 2 日前
の平成 23 年 1 月 18 日に判決が下された，まねき TV 事件って呼ばれている
事件で，事件番号は平成 21 年（受）653 号になります139)。で，こちらも，イ
ンターネットを介した，テレビ番組の視聴サービスをめぐる事件でした。こ

138)　https://www.courts.go.jp/app/files/hanrei_jp/954/081954_hanrei.pdf
139)　https://www.courts.go.jp/app/files/hanrei_jp/012/081012_hanrei.pdf

ここでは，事案の詳細は省略して，先ほどのロクラク事件と比較して，この事件に特徴的なことだけを説明したいと思います。ロクラク事件では，いったん親機のところで録画がありましたね。なので，その複製の主体は誰か？っていうことが争点になったわけですが，この事件では，そのような複製はなかったようです。このサービスでは，ロケーションフリーという市販の商品を使っていました。サービスの利用者は，自分でこれを買って，そのベースステーションという，テレビチューナーが内蔵されている機器を，この事件の被告に送ります。被告の方は，そのベースステーションにテレビ放送が入力されるように設置するそうです。で，そのベースステーションと，利用者の手元にある端末機器とが，インターネットを介してつながっているんですが，それは1対1で対応していた，っていうんですね。で，このベースステーションが，2条1項9号の5[140]にある，自動公衆送信装置に当たるかどうか，っていうことが，この事件では争点になったんです。一審の東京地裁も，控訴審の知財高裁も，これを否定しました。例えば，高裁は，この最高裁判決の3頁の下から5～3行目にまとめられているように，「各ベースステーションは，あらかじめ設定された単一の機器宛てに送信するという1対1の送信を行う機能を有するにすぎず，自動公衆送信装置とはいえない」旨，言っていたわけです。でも，最高裁は，ちょっと長くなってしまいますが，引用しますね。判決文の5頁の「ウ」という段落の5行目からです。ここで，被上告人というのは，被告になります。「被上告人は，ベースステーションを分配機を介するなどして自ら管理するテレビアンテナに接続し，当該テレビアンテナで受信された本件放送がベースステーションに継続的に入力されるように設定した上，ベースステーションをその事務所に設置し，これを管理しているというのであるから，利用者がベースステーションを所有していると

---

140) 2条1項9号の5イは，括弧書きで，自動公衆送信装置を「公衆の用に供する電気通信回線に接続することにより，その記録媒体のうち自動公衆送信の用に供する部分（…）に記録され，又は当該装置に入力される情報を自動公衆送信する機能を有する装置をいう。」としています。

しても，ベースステーションに本件放送の入力をしている者は被上告人であ
り，ベースステーションを用いて行われる送信の主体は被上告人であると見
るのが相当である。そして，何人も，被上告人との関係等を問題にされるこ
となく，被上告人と本件サービスを利用する契約を締結することにより同
サービスを利用することができるのであって，送信の主体である被上告人か
らみて，本件サービスの利用者は不特定の者として公衆に当たるから，ベー
スステーションを用いて行われる送信は自動公衆送信であり，したがって，
ベースステーションは自動公衆送信装置に当たる。」と述べて，被告による，
公衆送信権等の侵害を認めました。

　いわゆる間接侵害をめぐる，現在の状況っていうのは，このあたりになり
ます。今後，議論がどのように展開していくのか，非常に興味深いところで
す。それでは，今回は，このあたりで終わりにしたいと思います。これで，
4 つめの要件である，法定の利用行為についての説明も終わりになります。

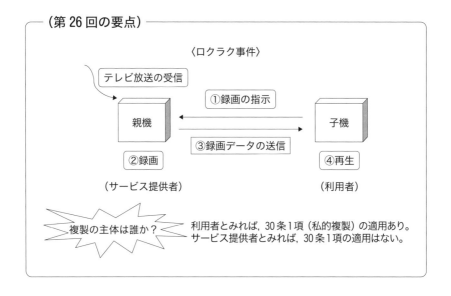

第27回
著作権の制限規定（1）

1. はじめに

皆さん，こんにちは。今回から，著作権の制限規定に入ります。著作権侵害の要件の5つめになりますね。制限規定は，前回までの法定の利用行為よりも，さらに多くの規定があります。30条～47条の7でしたね。なので，個々の規定の内容については，前に紹介した参考文献などを参照してもらいたいと思いますが，令和2年（2020年）の著作権法改正でも，制限規定がいくつか変わっています。今回の著作権法の改正については，文化庁のサイトの「令和2年度通常国会　著作権法改正について」というこのページ[141]が参考になるかもしれません。

2. 2020年改正

今回の改正のうち，制限規定に関する主な変更点は，2つあります。1つは，30条の2の対象範囲が拡大されたことです。30条の2というのは，いわゆる**写り込み**とも言われる規定なんですが，この写り込みというのは，例えば，どこかに出かけて自分で写真とかを撮って，その写真を自分のブログとかにアップする，なんていうことを考えてみてください。そのとき，その写真にたまたま小さく何か著作物が写り込んでいた，っていうようなこともないわけではありません。でも，それだって，厳密に言えば，その著作物の複製や

141）　https://www.bunka.go.jp/seisaku/chosakuken/hokaisei/r02_hokaisei/

送信可能化に当たり得るわけです。だからといって，それを侵害って言って
しまったら，そういった，自分が行って撮ってきた写真なんかをブログとか
に載せる，といったような楽しみを，多くの人から奪ってしまうことになる
かもしれませんね。そこで，「分離することが困難である」とか，「軽微な構
成部分」とかといった要件の下，一定の場合に著作権を制限する規定として，
この30条の2が，平成24年（2012年）に作られたわけです。そして，こ
れまでは，写真の撮影や録音，録画に限られていたところを，今回，条文の
文言を使えば，「複製伝達行為」に拡大するなどの改正が行われました[142]。
先ほど紹介したサイトでの文化庁の説明によれば，この改正によって，イン
ターネットによる生配信などもその対象になるそうです。

　もう1つは，30条1項に4号が新設されたことです。30条1項[143]とい
うのは，皆さんも聞いたことがあるかと思いますが，**私的複製**ですね。で，
前に，法定の利用行為のところでお話ししたように，21条で，複製に当た
りさえすれば，それだけで，いったんは著作権の範囲に入ってくるんでした
ね。でも，この30条1項があって，それが私的使用目的の複製に当たれば，
原則として自由になる，そういう条文の構造になっています。では，なぜ，
私的複製が原則として自由とされたのか，っていうと，現行の著作権法が作

---

142)　例えば，1項は，「写真の撮影，録音，録画，放送その他これらと同様に事物の影
　　像又は音を複製し，又は複製を伴うことなく伝達する行為（…）を行うに当たつて，
　　その対象となる事物又は音（…）に付随して対象となる事物又は音（…）に係る著作
　　物（…）は，当該付随対象著作物の利用により利益を得る目的の有無，当該付随対象
　　事物等の当該複製伝達対象事物等からの分離の困難性の程度，当該作成伝達物におい
　　て当該付随対象著作物が果たす役割その他の要素に照らし正当な範囲内において，当
　　該複製伝達行為に伴つて，いずれの方法によるかを問わず，利用することができる。
　　ただし，当該付随対象著作物の種類及び用途並びに当該利用の態様に照らし著作権者
　　の利益を不当に害することとなる場合は，この限りでない。」と改正されました。なお，
　　「付随対象著作物」，「付随対象事物等」，「複製伝達対象事物等」，「作成伝達物」，「複
　　製伝達行為」の定義については，実際にこの条文に当たってみてください。

143)　「著作権の目的となつている著作物（…）は，個人的に又は家庭内その他これに準
　　ずる限られた範囲内において使用すること（以下「私的使用」という。）を目的とす
　　るときは，次に掲げる場合を除き，その使用する者が複製することができる。（以下，
　　略）」

られたのは，昭和45年（1970年）でしたね。当時は，と言えば，各家庭内に複製の機器は今のようにはなかったわけです。まぁ，ほとんどなかったって言ってもいいかもしれません。ですから，私的複製の量と言っても，それは微々たるものって言えたんだと思います。そうであれば，私的複製を著作権の範囲から外しても，権利者への影響はあまりなかったんでしょう。でも，今は違いますよね。至る所に複製機器はありますし，しかも，複製がアナログからデジタルになって，複製の質も飛躍的に向上しました。そのうえ，インターネットの普及もあります。こうなってくると，多くの人たちにとって，複製というものが極めて容易なことになってくるわけです。そうなると，私的複製だからといって，権利者への影響を無視することはできなくなってきます。そこで，原則として自由，としつつも，徐々にその例外が加わってくるっていうことになります。それが，30条1項の1〜3号[144]であったり，映画盗撮防止法[145]という法律だったりするわけです。で，今回の改正は，30条1項にさらに4号を付け加えるっていうものです。これまで，インターネット上に違法にアップロードされた侵害コンテンツのダウンロードについては，たとえ私的使用目的であっても，それが著作権侵害になり得る場合は，3号で，音楽と映像に限られていました。30条1項3号[146]を見てください。複製ではなくて，「録音又は録画」ってなっていますね。なので，その対象は，音楽と映像に限られる，って言われていたんです。でも，今回の改正で，要件は，多少，異なりますが，それ以外の著作物全般についても対象が拡大さ

---

[144] 例えば，1号は，「公衆の使用に供することを目的として設置されている自動複製機器（…）を用いて複製する場合」を，2号は，「技術的保護手段の回避（…）により可能となり，又はその結果に障害が生じないようになつた複製を，その事実を知りながら行う場合」を規定しています。

[145] 同法2条3号は，「映画の盗撮」を「映画館等において観衆から料金を受けて上映が行われる映画（…）について，当該映画の影像の録画（…）又は音声の録音（…）をすること（当該映画の著作権者の許諾を得てする場合を除く。）をいう。」と定義しています。

[146] 「著作権を侵害する自動公衆送信（…）を受信して行うデジタル方式の録音又は録画（以下この号…において「特定侵害録音録画」という。）を，特定侵害録音録画であることを知りながら行う場合」（2020年改正後）

れました。新 4 号の規定 147) をちょっと見てみてください。「複製（録音及び録画を除く。…)」ってなっていますね。録音や録画については，これまでどおり，3 号が適用になるので，4 号では，それらが除かれているわけです。そして，4 号に当たる場合には，要件がさらに限定はされていますが，3 号と同様，刑事罰もあります。改正法では，3 号に対応する罰則は 119 条 3 項 1 号，4 号に対応する罰則は 119 条 3 項 2 号になります。

　このように，著作権の制限規定に関する改正は，近年，たびたび行われています。主な改正でも，平成 21 年（2009 年），平成 24 年（2012 年），平成 30 年（2018 年），そして，令和 2 年（2020 年），とありました。これらの改正を含む，近年の著作権法の改正については，同じく文化庁のサイトの，このページ 148) が参考になるかもしれません。今後も，この流れは続いていくんでしょう。このように，次々と法律の改正が必要になってきた，っていうのは，社会を取り巻く環境の変化が大きいんだと思います。特に，技術的な環境ですね。デジタル技術の進展，インターネットの普及など，情報技術の発達は，目を見張るものがあります。そこでは，複製があちこちにあったりするわけです。当然，その中には，技術的に必要であったり，あるいは，有用な複製もあって，それを著作権侵害って言うのが，かえって不適切な，そういう複製もあるわけです。で，著作権法は？っていうと，複製って言えれば，それだけで，いったんはすべてに網をかけていたんでしたね。そうすると，そういった技術的に必要であったり，あるいは，有用な複製については，それが侵害にならないように，著作権の制限規定を作って，そのことをはっきりとさせてあげなければならない，っていうことになります。ですから，

---

147) 「著作権（…）を侵害する自動公衆送信（…）を受信して行うデジタル方式の複製（録音及び録画を除く。…)（当該著作権に係る著作物のうち当該複製がされる部分の占める割合，当該部分が自動公衆送信される際の表示の精度その他の要素に照らし軽微なものを除く。以下この号…において「特定侵害複製」という。）を，特定侵害複製であることを知りながら行う場合（当該著作物の種類及び用途並びに当該特定侵害複製の態様に照らし著作権者の利益を不当に害しないと認められる特別な事情がある場合を除く。)」

148) https://www.bunka.go.jp/seisaku/chosakuken/hokaisei/index.html

それまでなかったような新しい技術などが出てくれば，それに対する対応を，その都度，検討していかなければならない，っていうことになるわけです。

3. フェア・ユース

　ただ，こうしたことは，実は，著作権の制限規定の作り方に関する，日本の著作権法の立場に由来しているところがあったりします。それは，どういうことかっていうと，**個別・具体的な規定を列挙していく**，っていうやり方なんですね。つまり，その制限規定がどんな場面に適用されるのかが，条文を読めば，まぁ，読んでも理解が難しいような規定もあることにはありますが，まぁ，そうは言っても，条文を読めば，ある程度はどんな場面なのかが想像できる，そういった規定で構成していこう，っていうやり方なんですね。では，そういったやり方のメリット・デメリットって，どんなことがあるでしょうか？　まず，メリットとしては，今，言ったように，その規定が適用される場面が，ある程度，想定できるっていうことですね。そうすると，何が制限規定に当たって，何が当たらないのかが，割とはっきりしやすい，っていうことになります。その結果，侵害になる場合とならない場合とが，ある程度，あらかじめ判断しやすくなる，っていうことになります。これを，**予測可能性**が高いとか，**法的安定性**が高い，って言ったりします。この，予測可能性とか法的安定性っていう言葉は，前にも出てきましたね。では，デメリットは？っていうと，先ほど言ったことに関係しますね。社会環境の変化に応じて，適宜，その都度，必要な制限規定を追加していく必要があります。それが適切，迅速に行われれば，あまり問題はないのかもしれませんが，どうしても立法っていうのは社会の後追いになってしまう傾向があるんですね。ですから，新しい技術を使ったサービスなんかが出てきても，それに対応した制限規定がない，っていうことが起こるわけです。で，もしそうだと，そのサービスが，著作権法から見た場合に適法なのかどうかがよく分からない，っていうことになりますから，安心してその事業を始められない，って

いうことにもなりかねません。また，社会的に見ても，ある程度は必要だよ
ね，って思われるような行為について，制限規定が満遍なく揃ってくれてい
ればいいんですが，必ずしもそうでもなかったりするわけです。そういった
ものの1つに，**企業内複製**という問題があります。例えば，会社内の数名の
会議で，その会議のための資料として，会社で買った本の数頁を，人数分コ
ピーして，それを参加者に配る，っていうことを考えてみましょう。このよ
うなことは，今でもあることではないかな，って思っています。で，ここで
は，コピーしているわけですから，複製になりますね。でも，実は，こうい
った場面に対応した制限規定は，今もないんです。これが，もし官公庁であ
れば，42条[149]という条文があって，ある程度，手当てされているんですね。
で，先ほどお話しした，私的複製の30条1項は，「個人的に又は家庭内その
他これに準ずる限られた範囲内において」って書いてありますので，会社で
の仕事がこれに当たるっていうのはまず無理なわけです。でも，その本の著
作権者の許諾がないからと言って，この程度の利用を侵害，って言ってしま
うのはちょっと気が引ける感じがするんですが，皆さんはどうでしょうか？
　一方で，このように，個別・具体的な規定だけで対処していくっていうや
り方のほかに，別のアプローチも，外国の立法例の中にはあるんですね。例
えば，アメリカの著作権法には，**フェア・ユース**という規定があります。で
は，ここで，その規定を見てみましょう。アメリカの連邦法は，例えば，こ
のサイト[150]で見ることができます。このサイトを運営している Office of
the Law Revision Counsel というのは，合衆国の下院の機関のようです。で，
そこの Title 17 が，著作権法になります。その107条が，これから紹介する
フェア・ユースになります。では，ここで，ちょっと時間を取りますので，

---

[149]　例えば，1項は，「著作物は，裁判手続のために必要と認められる場合及び立法又
　　は行政の目的のために内部資料として必要と認められる場合には，その必要と認めら
　　れる限度において，複製することができる。ただし，当該著作物の種類及び用途並び
　　にその複製の部数及び態様に照らし著作権者の利益を不当に害することとなる場合は，
　　この限りではない。」と規定しています。
[150]　https://uscode.house.gov/

各自で下の英文を訳してみてください。

§107. Limitations on exclusive rights: Fair use

Notwithstanding the provisions of sections 106 and 106A, the fair use of a copyrighted work, including such use by reproduction in copies or phono-records or by any other means specified by that section, for purposes such as criticism, comment, news reporting, teaching (including multiple copies for classroom use), scholarship, or research, is not an infringement of copyright. In determining whether the use made of a work in any particular case is a fair use the factors to be considered shall include —

(1) the purpose and character of the use, including whether such use is of a commercial nature or is for nonprofit educational purposes;

(2) the nature of the copyrighted work;

(3) the amount and substantiality of the portion used in relation to the copyrighted work as a whole; and

(4) the effect of the use upon the potential market for or value of the copyrighted work.

The fact that a work is unpublished shall not itself bar a finding of fair use if such finding is made upon consideration of all the above factors.

　どうでしたか？　ちなみに，この日本語訳については，こちらを参考にするといいかもしれません[151]。前に紹介したことのある，著作権情報センターというところのサイトのページです。このページの「アメリカ編」というところからたどり着けると思います。この条文を見てみると，タイトルの部分を除いて3行目にある for purposes 以下で，目的はいくつか挙がっていますが，簡単に言ってしまえば，フェア・ユースであれば，著作権の侵害には

〈第 27 回の要点〉

〈著作権の制限規定〉

> 30 条〜 47 条の 7 というように，個別・具体的に列挙されている。

> 21 〜 27 条の法定の利用行為のどれかに当たっても，
> これらの制限規定のどれかに当たれば，著作権侵害にはならない。

> > 一方，どれにも当たらなければ，
> > （その他の要件を満たす限り，）
> > 侵害になりそうだが…
> > ex. 企業内複製

なりませんよ，っていうことですね。そして，その後で，それを判断するための考慮要素を，(1)〜(4) で 4 つ挙げているわけです。順に，利用の目的や性質とか，利用された著作物の性質とか，どんな部分がどれだけ利用されたのかとか，その著作物の価値や潜在的なものも含めた市場への影響とか，そういったものを考慮して判断する，っていうことなんですね。この規定は，それまでに形成されてきた判例法を条文化したものって言われています。ただ，そこでは，考慮要素は挙がっていても，では，それを使って具体的にどう判断するか，っていうことは書かれていませんね。で，ここで判断するのは，誰になるでしょう？　そうですね，裁判所ですね。ですから，このアメリカのフェア・ユース規定というのは，分かりやすく言えば，上に挙げたような要素を考慮しながら，裁判所が，フェア・ユースに当たりますよって判断したものは，侵害にならない，っていう規定だっていうことになるわけです。もちろん，アメリカの著作権法にも，個別・具体的な制限規定はあります。先ほど紹介したサイトで，条文を眺めてもらえれば，その後の 108 条以下にも，Limitations …が並んでいるのが分かると思います。とは言え，フェア・ユースのような，かなり抽象的な，そして，一般的な制限規定を置く

か置かないか，っていうのには，大きな違いがあります。では，そのような規定を置くメリット・デメリットはなんでしょうか？　次回は，そこから始めていきたいと思います。それでは，今回は，このあたりで，いったん終わりにします。

第28回
著作権の制限規定 (2)

1. 一般的な制限規定のメリットとデメリット

　皆さん，こんにちは。今回は，フェア・ユースのような，一般的・抽象的な制限規定を置くことのメリット・デメリットは何か？っていうところからでしたね。ここでは，まず，デメリットの方から行ってみましょう。前回お話ししたことからも分かるように，アメリカ法のフェア・ユース規定を見ても，フェア・ユースに当たるかどうかの考慮要素は挙がっていても，では，いったい，どんな場合にフェア・ユースに当たって，どんな場合には当たらないのか，その基準のようなものがよく分からないわけです。アメリカのように，それまでの判例の集積があれば，どのような場合には認められやすく，逆に，どのような場合には認められにくいのか，そういった傾向をつかむことはできるかもしれませんが，そういった集積がなければ，さて，こんな場合に，裁判所が，フェア・ユースを認めてくれるんだろうか？っていう疑問が，常につきまとってしまうかもしれませんね。そうなると，結局は，裁判をしてみなければ，どうなるか分からない，っていうことになるかもしれません。でも，それでは困りますよね。これは，前回，個別・具体的な規定だけを列挙していくっていうやり方で述べた，メリットの逆になるわけです。つまり，予測可能性や法的安定性がない，あるいは，低いっていうことなんです。

　では，次に，メリットは？っていうと，たとえ具体的な制限規定がなくても，これは著作権侵害にするのはおかしいよね，っていう場合には，このフェア・ユース規定を根拠に，非侵害という結論をとることが可能になります。

まぁ，簡単に言えば，社会一般の常識にかなった結論をとり得る，とも言えるでしょう。このことを，**具体的妥当性を図り得る，**って言ったりします。この具体的妥当性っていう言葉と，先ほど述べた，法的安定性っていう言葉とは対になりますので，一緒に覚えておくといいかもしれません。この両者は，時に対立することがあります。私たちが主に勉強している，法律の解釈って，実は，この両者をどう調和させていくか？っていうことだったりします。つまり，**法的安定性を損なわない範囲で，具体的妥当性を図る，**っていうことなんです。結論が社会一般の常識にかなっている，っていうことは，もちろん，非常に大切なことですが，だからと言って，解釈である以上は，法律を曲げるわけにはいかないわけです。もし，その必要があるのであれば，それは立法の役割っていうことになります。でも，フェア・ユースのような，ある程度，抽象的な規定があれば，それを使って妥当な結論を導くことは，比較的容易になるわけです。ただ，それは，あくまでもそうすることが可能だっていうだけで，実際にそういった制度をとるには，裁判官にある程度の裁量を委ねても，ちゃんと常識的な結論を導いてくれる，っていう社会からの信頼が必要になってくると思います。そういう土壌のないところでは，フェア・ユースのような，抽象度の高い規定を置くことは難しいのかもしれません。今，ここで述べた，フェア・ユースのような規定を置くことのメリットっていうのは，今度は，個別・具体的な規定だけのときのデメリットに対応しているわけですね。

　このように見てくると，どちらのやり方が優れているとか，劣っているっていうことではない，っていうことが分かると思います。適切な法改正が迅速に行われるのであれば，個別・具体的な規定だけで対応していってもあまり問題は起こらないでしょうし，法的安定性が高い分，かえってその方がいいのかもしれません。また，訴訟社会と言われるような，判例が集積しやすい社会であれば，それによって，条文の抽象性が少しずつ具体化していくでしょうから，フェア・ユース規定のもつデメリットも段々と解消していくのかもしれません。かえって，そういった規定があることで，法律には具体的

には書かれていないような場面が生じても，そういった場面をこの規定でカバーしていくことが可能になるわけです。

2.　フェア・ユースの例

ところで，アメリカの判例で，ベータマックス事件とも呼ばれる，1984年の連邦最高裁の判決があります。ベータマックスというのは，ソニーの家庭用ビデオテープレコーダーでした。当時，ビデオテープの規格には，ベータと VHS というのがあって，もし皆さんがビデオテープって聞いて思い浮かぶのがあるとすれば，それはたぶん VHS の方じゃないかな，って思います。ベータの方がちょっと小さかったですね。時代は，もちろん，まだデジタルではなくて，アナログになります。で，当時は，と言っても，まぁ，今でもそうすることはあるんでしょうが，当時は，ビデオレコーダーって，テレビ番組を録画するっていうことが，多かったのではないかな，って思います。まぁ，好きな番組を何度も見たいっていう人も，もちろんいたと思いますが，今で言ったら，タイムシフトでしょうね。その日は出かけなければならないから，録画予約をしておいて，帰ってきてから見よう！っていう使い方です。で，見たら，もう消してしまう，っていう感じですね。これは，日本法でしたら，ただ自分で見るためだけに録画しているわけですから，30 条 1 項[152]の私的複製になるわけです。でも，アメリカ法では，そういった場面で働く具体的な制限規定はなかったんですね。この事件自体は，ベータマックスを製造・販売していた，ソニーの現地法人が訴えられたんですが，ソニーの責任の有無の前提として，その購入者による，家庭内でのテレビ番組の録画が，著作権侵害になるのかどうか，すなわち，それがフェア・ユースに当たるか

---

152)　「著作権の目的となっている著作物（…）は，個人的に又は家庭内その他これに準ずる限られた範囲内において使用すること（以下「私的使用」という。）を目的とするときは，次に掲げる場合を除き，その使用する者が複製することができる。（以下，略）」

どうか，が争われたんですね。その点，下級裁判所の判断は分かれ，連邦最高裁は，5対4という僅差で，そのような家庭内でのタイムシフトは，フェア・ユースに当たると認めて，ソニーの責任も否定しました。こんな感じで，アメリカでは，フェア・ユースが使われたりしてきたんです。

　で，日本でも，10年ほど前に，日本版フェア・ユースとも言われる制度の導入が検討されました。でも，その後の経過を見てみると，フェア・ユースまで抽象性の高い規定の導入は見送りになったようです。ひょっとしたら，今もどこかで検討が続けられているのかもしれませんが，それは分かりません。そういった規定の導入は見送る代わりに，新たな制限規定を追加・拡充していく，そういった法改正が続いている，っていうのが今の流れだと思います。

3.　引用の規定（32条1項）

　それでは，最後に，数ある規定の中から，32条1項の引用を取り上げて，制限規定についての説明を終わりにしたいと思います。例えば，誰かの本を紹介したり，あるいは，論評したりするときに，それを正確に紹介や論評しようとすれば，文章の一部だけでもそのまま引いてきた方がいいっていう場合があると思います。でも，それを無制限に許してしまえば，何のために複製権や翻案権を著作権者に認めたのかが分からなくなってしまうかもしれません。そこで，どこまでであれば，そういったことが許されるのか，それを示すために，引用の規定が置かれているわけです。で，引用についての判例には，前に類似性のところでちょっと触れた，パロディ事件とも呼ばれている，**昭和55年3月28日**の**最高裁判決**がありましたね（事件番号は昭和51年(オ)923号でした。）[153]。ただ，実は，この判決で問題になったのは，著作者人格権の1つである同一性保持権だったんですね。この点は，後でまた

---

153)　https://www.courts.go.jp/app/files/hanrei_jp/283/053283_hanrei.pdf

お話ししますので，ここでは，そのことはひとまず措いておいて，引用という点に絞って見ていきましょう。

4.　パロディ事件（最判昭 55.3.28）

そこで，まず，32 条 1 項[154] を見てみてください。で，この現行の 32 条 1 項の基になったのが，旧著作権法では，30 条 1 項第 2[155] というところにあった，節録引用という規定だったんです。ちなみに，旧著作権法の条文は，前に見た，著作権情報センターのサイトで見ることができます。そこの「著作権データベース」の「国内法令」というページ[156] に「(旧) 著作権法」ってあります。そこから，30 条を探して，ちょっと見てみてください。で，現行の著作権法は，昭和 45 年（1970 年）に作られて，その施行は昭和 46 年（1971 年）1 月 1 日からだったんですが，そのことは，著作権法の附則の 1 条[157] というところに書いてあります。e-Gov 法令検索ですと，124 条のすぐ後に，附則抄ってありますね。そこの 1 条になります。で，このパロディ事件って，実は，その旧法が適用される事案だったんです。最高裁判決の 1 頁の下から 8〜6 行目を見てみると，この事件で問題になったモンタージュ写真を被告が発表したのは，昭和 45 年（1970 年）ですね。ですから，ちょうど現行法が施行される前だったんです。このパロディ事件の判決文で，1 頁の下から 3 行目に旧著作権法って出てくるのは，そういうわけなんです。

で，原告の撮影した写真がどんな写真で，それを使って被告が合成したモンタージュ写真がどんな写真だったか，っていうのは，最高裁の判決文の 3 頁の 5〜13 行目にかけて，それぞれ描写してくれていますので，ある程度は

---

154)　「公表された著作物は，引用して利用することができる。この場合において，その引用は，公正な慣行に合致するものであり，かつ，報道，批評，研究その他の引用の目的上正当な範囲内で行なわれるものでなければならない。」
155)　「自己ノ著作物中ニ正当ノ範囲内ニ於テ節録引用スルコト」
156)　https://www.cric.or.jp/db/domestic/index.html
157)　「この法律は，昭和 46 年 1 月 1 日から施行する。」

想像できるとは思いますが，前に紹介した，民集の 34 巻 3 号の 313 頁と 314 頁にそれぞれ載っていますので，よかったら探して見てみてください。ちなみに，なぜパロディ事件って呼ばれているかっていうと，原審の東京高裁が，「本件モンタージュ写真は本件写真のパロデイというべきもの」って言ったんですね。東京高判昭和 51 年 5 月 19 日になります（事件番号は昭和 47 年 (ネ) 2816 号です。) [158]。そのことは，この高裁の判決文の 5 枚目の真ん中あたりから始まる (一) という段落に書いてあります。で，前回，アメリカのフェア・ユース規定を紹介しましたが，そこでは，フェア・ユースが認められる方向に働きやすい要素として，パロディがあったりするんですね。で，東京高裁も，その 6 枚目，これは最後から 2 枚目になりますが，6 枚目の下から 6 行目以下にあるように，「控訴人は，本件写真を批判し，かつ，世相を風刺することを意図する本件モンタージュ写真を自己の著作物として作成する目的上，本件写真の一部の引用を必要としたものであることが明らかであると同時に，その引用の方法も，今日では美術上の表現形式として社会的にも受け容れられているフオト・モンタージュの技法に従い，客観的にも正当視される程度においてなされているということができるから，本件モンタージュ写真の作成は，他人の著作物のいわゆる『自由利用』(フエア・ユース）として，許諾さるべきものと考えられる。」って判断したんです。ここで，控訴人というのは，被告のことになりますね。このくだりは，最高裁判決では，2 頁の 1 行目から始まる (ウ) というところにまとめられています。

(1) 明瞭区別性と主従関係

そこで，最高裁は，旧法にあった節録引用について，その判断を示すことになったわけです。それが，その判決文の 2 頁の下から 5 行目～3 頁の 1 行目になります。「引用とは，紹介，参照，論評その他の目的で自己の著作物中に他人の著作物の原則として一部を採録することをいうと解するのが相当

---

158) https://www.courts.go.jp/app/files/hanrei_jp/408/014408_hanrei.pdf

であるから，右引用にあたるというためには，引用を含む著作物の表現形式
上，引用して利用する側の著作物と，引用されて利用される側の著作物とを
明瞭に区別して認識することができ，かつ，右両著作物の間に前者が主，後
者が従の関係があると認められる場合でなければならない」って言ったんで
すね。ちなみに，事件の方は？っていうと，原判決を破棄して，高裁に差し
戻していますね。で，ここでは，2 つの要件を示しているんですが，分かり
ますか？　1 つは，「引用して利用する側の著作物と，引用されて利用され
る側の著作物とを明瞭に区別して認識することができ」ること，もう 1 つは，
「両著作物の間に前者が主，後者が従の関係がある」こと，この 2 つになり
ます。これらをそれぞれ，**明瞭区別性**，それから，**主従関係**あるいは附従性
って呼んでいます。

　でも，この判決が示したのは，あくまでも旧法での引用の解釈だとも言え
るわけです。先ほど見比べてもらったように，現行法では，条文の文言もだ
いぶ変わっていますね。ですから，現行の 32 条 1 項の解釈においても，常
に明瞭区別性と主従関係がなければならない，とは必ずしもならないのかも
しれないわけです。もちろん，明瞭区別性と主従関係の 2 つが満たされてい
れば，現行の 32 条 1 項においても，引用として許されるはずです。でも，
32 条 1 項でいう引用は，そうした場合だけに限られるのか，っていう問題
意識なんですね。

(2)　同一性保持権侵害と引用

　また，先ほど，実は，この判決で問題になったのは，著作者人格権の 1 つ
である同一性保持権だった，って言いましたが，そのことについて，少しだ
け触れておきます。詳しくは，著作者人格権のところでお話しすることです
が，この最高裁判決の 4 頁の 10〜12 行目にあるように，最高裁は，「被上告
人のした…本件写真の利用は，上告人が本件写真の著作者として保有する本
件写真についての同一性保持権を侵害する改変である」と判断しているわけ
です。ここで，上告人は原告，被上告人は被告になりますね。ちなみに，こ

の事件の訴訟の経過はちょっと複雑で，差戻し後の上告審というのがまたあって，その差戻し後の上告審っていうのが，最高裁の昭和61年5月30日の判決になります（事件番号は昭和58年(オ)516号です。）[159]。その差戻し後の最高裁の判決文の3頁の(一)と(二)というところを見てみると，原告は，当初は，著作者人格権侵害と著作財産権侵害を理由に，慰謝料を請求していたんですが，差戻し前の第二審で，いったん，著作財産権侵害に基づく慰謝料請求を取り下げているんですね。ですから，差戻し前の高裁判決は，著作者人格権侵害の有無について判断していた，っていうことになります。ちなみに，著作財産権というのは，著作権のことになります。で，例えば，引用を定める32条1項の規定の位置を見てみると，30条のすぐ前にタイトルがありますね，「第五款　著作権の制限」って。ちなみに，「款」は「かん」って読みます。で，ここで制限されるのは，著作権であって，著作者人格権ではないわけです。しかも，50条[160]という条文があって，その点，さらに念を押しているんですね。で，旧法でも，18条3項というところで，著作権が制限される場合でも，著作者人格権侵害にはなり得ることが規定されていました。どういうことかというと，同一性保持権侵害が問題にされているときに，引用を理由としては，その侵害の責任を免れることはできない，っていうことになるわけです。このパロディ事件の事案に即して言うならば，このモンタージュ写真の作成が，原告の写真の同一性保持権を侵害する改変に当たる，っていうことになれば，もうそれ以上，それが引用に当たるかどうかを判断する余地は，本来，なかったのではないか，とも言えるわけです。でも，差戻し前の高裁は，それを引用の問題にした上で，同一性保持権の侵害を否定したわけですから，最高裁としても，引用について判断せざるを得なかった，とも考えられるわけです。だとすれば，明瞭区別性と主従関係の2要件を要求した，この最高裁判決の判示を，それほどまでに大きく捉える必要はないのではないか，って言っていくこともできそうだということなんで

---

159) https://www.courts.go.jp/app/files/hanrei_jp/700/052700_hanrei.pdf

160) 「この款の規定は，著作者人格権に影響を及ぼすものと解釈してはならない。」

すね。ただ，そうは言っても，やっぱり最高裁判決ですからね。現段階では，引用として認めてもらうためには，やはり明瞭区別性と主従関係の2つを満たす必要がある，って考えておいた方がいいとは思います。この，著作権の制限規定と著作者人格権，特に，同一性保持権との関係は，大きなテーマの1つですので，また後の回でお話しすることになります。それでは，これで著作権の制限規定についての説明を終わることにします。

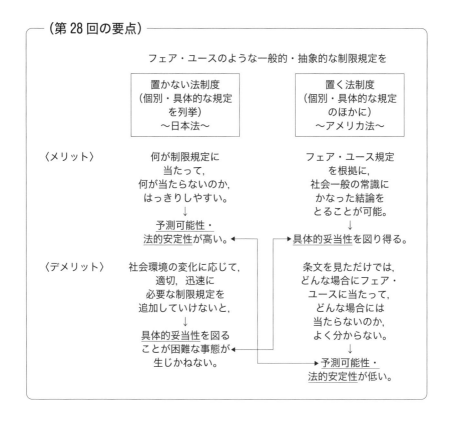

（第 28 回の要点）

フェア・ユースのような一般的・抽象的な制限規定を

| 置かない法制度
（個別・具体的な規定
を列挙）
〜日本法〜 | 置く法制度
（個別・具体的な規定
のほかに）
〜アメリカ法〜 |

〈メリット〉　何が制限規定に当たって，何が当たらないのか，はっきりしやすい。
↓
予測可能性・法的安定性が高い。

フェア・ユース規定を根拠に，社会一般の常識にかなった結論をとることが可能。
↓
具体的妥当性を図り得る。

〈デメリット〉　社会環境の変化に応じて，適切，迅速に必要な制限規定を追加していけないと，
↓
具体的妥当性を図ることが困難な事態が生じかねない。

条文を見ただけでは，どんな場合にフェア・ユースに当たって，どんな場合には当たらないのか，よく分からない。
↓
予測可能性・法的安定性が低い。

第29回
著作者

1. 創作的な表現を作った人

　皆さん，こんにちは。著作権侵害の7つの要件も，いよいよ，最後の著作権者のところまで来ました。ここでは，誰が著作者になるのか，っていうことを中心にお話しします。著作権者と著作者，っていう言葉の違いについては，7つの要件を概観したときに説明しましたね。著作者であれば，著作権と著作者人格権の2つを持つんだっていうことでした。条文は17条1項161) でしたね。それでは，著作者って？ということになりますが，ここでも，やはり創作的な表現が出てくるんですね。そうですね，その創作的な表現を作った人，その人が著作者になる，っていうのが原則になります。ここで，原則って言ったのは，職務著作があるからです。前に少し触れたことがありましたね。職務著作については，また後で説明しますので，今は，ちょっと措いておきましょう。まさに，その作品における創作的な表現を作った，その人が，著作者になるんですね。これまで，この授業で見てきたように，著作権法って，著作物にしろ，類似性にしろ，そして，この著作者にしろ，創作的な表現っていうことで一貫していることが分かると思います。

---

161)　「著作者は，次条第1項，第19条第1項及び第20条第1項に規定する権利（以下「著作者人格権」という。）並びに第21条から第28条までに規定する権利（以下「著作権」という。）を享有する。」

2.　著作物が出来るまでに，複数の人が関わっていたような場合

　で，著作物って言えるような作品を作った，っていう人が，もし1人しかいないのであれば，当然，著作者はその人，っていうことになりますが，何らかの形で複数の人が関与する，っていうことは少なくありませんね。例えば，ある著作物を作るのに，AさんとBさんの2人が関わったとしましょう。その関わり方の違いによって，理屈の上では，この2人の立場について，3通りの場合が考えられるんですが，分かりますか？　1つは，Aさんだけが著作者になるっていう場合ですね。で，もう1つは，その逆，Bさんだけが著作者になるっていう場合です。そして，最後は，AさんとBさんが2人とも著作者になる，つまり，共同著作者，っていう場合になります。ちなみに，共同著作者間の権利関係については，キャンディ・キャンディ事件のところでちょっとお話ししましたね。

　で，ここでは，そのように，著作物が出来るまでに，複数の人が関わっていたときに，誰が著作者になるのか，っていうことが争われた事件を1つ紹介します。彫刻家で，詩人でもあった高村光太郎さんの「智惠子抄」という詩集の編集著作者が誰か，っていうことが争われた事件があります。**最高裁の平成5年3月30日の判決**になります（事件番号は平成4年(オ)797号です。）[162]。ここで，智惠子さんというのは，光太郎さんの妻の名前ですね。この詩集は，智惠子さんの亡くなった後の，昭和16年（1941年）に出版されています。そして，光太郎さんの死後，昭和40年（1965年）に，その出版者が著作年月日登録というのをしているんですね。しかし，それは，光太郎さんの遺族には無断だったそうです。で，昭和40年と言いますから，著作権法は，まだ旧法の時代になります。そして，旧法の15条には，「著作者ハ現ニ著作権ヲ有スルト否トニ拘ラズ其ノ著作物ノ著作年月日ノ登録ヲ受ク

---

162)　https://www.courts.go.jp/app/files/hanrei_jp/310/034310_hanrei.pdf

ルコトヲ得」という制度があったんですね。もっとも，この登録をしたから
といって，著作者になる，といったようなものではありません。そうは言っ
ても，相続人からしてみたら，そのような登録をそのままにしておくことは
できないでしょうから，その登録の抹消などを求めて，光太郎さんの相続人
が訴えを起こした，というのが，この事件でした。この詩集の出版にあたっ
ては，光太郎さんの作品の中から，智惠子さんに関する詩文を集めて，一冊
の本を出版する，という企画を立てたのは，この出版者だった，という経緯
があったようです。この裁判の中で，出版者は，自分がこの詩集の編集著作
権を有している，仮にそれが認められないとしても，編集著作権の2分の1
は自分が有している，と主張しました。その一審が，東京地裁の昭和63年
12月23日の判決になります（事件番号は昭和41年（ワ）12563号です。)163)。
この東京地裁も，控訴審の東京高裁（平成4年1月21日判決・昭和63年
（ネ）4174号）も，光太郎さんだけを「智惠子抄」の編集著作者と判断しま
した。そして，最高裁判決になるわけです。

　さて，皆さん，編集著作物って覚えていますか？　条文で言えば，著作権
法の12条164)でしたね。素材の選択または配列に創作性があるかどうか，
が問題にされました。この事件では，「智惠子抄」に収録された，個々の詩
や散文が光太郎さんの著作物であることには，もちろん争いはありませんで
した。この詩集の編集にあたって，どの詩や散文を載せるか，そして，それ
をどのように並べるか，その選択や配列の創作性を発揮したのは誰だったか，
が問題になったわけです。最高裁判決の1頁の2段落目の(1)〜(3)で，この
詩集の編集過程が述べられています。ここで，Cというのは，この出版者で
すね。そして，その頁の3段落目の2〜3行目になります。最高裁は，「Cが
光太郎の著作の一部を集めたとしても，それは，編集著作の観点からすると，

---

163)　https://www.courts.go.jp/app/files/hanrei_jp/765/014765_hanrei.pdf
164)　例えば，1項は，「編集物（データベースに該当するものを除く。…）でその素材
　　の選択又は配列によつて創作性を有するものは，著作物として保護する。」と規定し
　　ています。

企画案ないし構想の域にとどまるにすぎない」と判断しました。企画案ない
し構想，ということですから，前に説明した，アイディア・表現二分論に照
らせば，アイディアと言うことができるかもしれません。著作物かどうかを
判断するにあたって，それが創作的な表現と言えるかどうかを見るのと同様
に，**著作者になるかどうかを判断するにあたっても，それでは，そこでの創
作性を発揮したのは誰なのか，すなわち，その創作的な表現を作ったのは誰
なのかを見る**，っていうことなんですね。そして，類似性では，その創作的
な表現が利用されていれば，類似性がある，っていう判断になりますし，利
用されていなければ，類似性はない，っていう判断になったわけです。この
ように，著作権法の中心には，創作的な表現という概念が一貫して流れてい
ることになります。

3. 職務著作

　でも，実際に著作物を作った人ではなくて，その人が属する会社とかが著
作者になる場合がある，っていうことを，前に少しだけお話ししました。**職
務著作**という制度でしたね。条文は15条になります[165]。この規定は，プロ
グラムの著作物とそれ以外の著作物とで，条文が分かれています。2項がプ
ログラムで，1項がそれ以外，ってなっていますね。その違いは，この2つ
を見比べてもらえれば分かるように，「その法人等が自己の著作の名義の下
に公表するもの」という文言があるかないか，ですね。ですから，それ以外
の部分は同じになります。なので，この後，1項に従って，どんな場合に職

---

[165] 　1項は，「法人その他使用者（以下この条において「法人等」という。）の発意に基
づきその法人等の業務に従事する者が職務上作成する著作物（プログラムの著作物を
除く。）で，その法人等が自己の著作の名義の下に公表するものの著作者は，その作
成の時における契約，勤務規則その他に別段の定めがない限り，その法人等とする。」
と，2項は，「法人等の発意に基づきその法人等の業務に従事する者が職務上作成す
るプログラムの著作物の著作者は，その作成の時における契約，勤務規則その他に別
段の定めがない限り，その法人等とする。」と規定しています。

務著作が成立するのか，その要件を見ていきたいと思いますが，その前に，どうして職務著作のような制度があるのか？っていうことを考えてみましょう。

(1) 制度の趣旨

ある著作物が出来て，本来であれば，実際にそれを作った人が著作者になるはずなのに，それが，会社の仕事で，だったら，一定の要件の下とはいえ，著作者がその会社になる，っていう制度を作ったのはどうしてなんでしょう？　1つは，使用者の保護，もう1つは，第三者の保護，というところにあります。ここで，使用者の保護っていうのは，使用者に著作権などを帰属させて，その使用者が円滑に事業活動を遂行できるようにした，っていうことですね。次の，第三者の保護っていうのは，例えば，誰かが，ある会社の名前で出ている，ある著作物を見て，これを利用したいな，って思ったときに，実際にそれを作った人あるいは人たちを探し出す必要はなくて，そこに名前が出ている，その会社に問い合わせて，その会社から許諾をもらいさえすれば利用できるよ，ってなっていると便利だよね，っていうことですね。ところで，この2つの理由は，必要性になるでしょうか，それとも，許容性になるでしょうか？　そうなんですね，どちらも必要性なんです。となると，理由付けとしては，許容性も何か言っておかなければなりませんね。どんなことが考えられるでしょうか？　仮に，このような職務著作制度がない場合っていうのを想定して，そのような場合と比べて，職務著作制度を作ることによって，不利益を被る人がいるか？って考えるんですね。すると，ここでは，実際に著作物を作った従業員がそうですね。では，そういった従業員が，著作権法上は，何も権利を持てない，っていうことを正当化できるか，っていうことです。この点は，著作権だけではなく，著作者人格権まで奪ってしまうのは，ちょっと行き過ぎではないか，という意見もあって，ちょっと苦しいところなんですが，それでもあえて言うならば，従業員は，その代わりに，会社からお給料をもらっているよね，って言っていくぐらいしかないと

ころなんですね。これが，許容性の理由付けとして，受け入れられるかどう
かっていうのは，この理由に，特に，「その代わりに」っていう部分ですね，
そこに多くの人たちが納得できるかどうかにかかっているのでしょう。

(2)　「その法人等の業務に従事する者」

　では，次に，職務著作の要件を見ていくことにしましょう。職務著作の要
件は，15 条 1 項を見てもらえれば分かるように，いくつかあるんですが，
ここでは，そのうち，特に重要だと思われる，「その法人等の業務に従事す
る者」と，「その法人等が自己の著作の名義の下に公表するもの」の 2 つに
ついて，説明したいと思います。それでは，まず，業務に従事する者につい
てから行きましょう。この要件に関しては，雇用関係に限定されるのかって
いう議論があります。条文では，「その法人等の業務に従事する者」って書
いてあるだけですね。まぁ，典型的には，民法で言う雇用契約，労働契約法
などで言う労働契約が，これに当たることにはなります。ちなみに，この雇
用契約と労働契約っていうのは，ほとんど同じものって考えてもらっていい
ようです。正確には，若干の違いがあるようですが，その点は，労働法の授
業で教えてもらってください。で，この，業務に従事する者っていうのは，
雇用契約や労働契約を結んでいる人に限られるのか，っていうのがここでの
論点になります。

　で，それについては，いろいろな見解があるんですが，最高裁の判決もあ
りますので，ここでは，その判決を紹介したいと思います。**最高裁の平成
15 年 4 月 11 日の判決**です（事件番号は平成 13 年 (受)216 号になります）。
ただ，現在（2021 年 2 月 21 日の時点），裁判所のサイトには，この判決が，
違うファイルで 2 つ掲載されているようです[166]。ですので，この後，最高
裁判決の頁数や行数を示すときは，前者のファイルによることにします。こ
の事件の原告は，中国の人で，日本に来て，この事件で被告になった会社で，

---

166)　https://www.courts.go.jp/app/files/hanrei_jp/321/034321_hanrei.pdf
　　　https://www.courts.go.jp/app/files/hanrei_jp/498/062498_hanrei.pdf

アニメを描いていたんですね。で，その図画の著作者は自分です，って原告が主張して，「アール・ジー・ビー・アドベンチャー」という，そのアニメ作品の頒布などの差止めと損害賠償を求めた，っていうのがこの事件です。

　この事件の争点は？っていうと，原告が描いた，その図画について，職務著作が成立するかどうか，っていうことでした。そして，その前提として，それでは，原告と被告の間の契約関係はなんだったのか，っていうことが問題になったんですね。この点，原告は，一審判決（東京地判平成 11 年 7 月 12 日・平成 9 年(ワ)5200 号）167) の 2 枚目の 16〜18 行目になりますが，「原告と被告は，…原告が被告に対しキャラクターデザインの原画を作成提供し，被告が原告に対しその対価を支払うという請負契約又は準委任契約を締結した。」って主張していました。それに対して，一審判決は，雇用契約だったと判断して，原告の請求を棄却しました。でも，控訴審である東京高判平成 12 年 11 月 9 日（事件番号は平成 11 年(ネ)4341 号になります。）168) は，原告の来日期間が 3 回に分かれていますね，その 3 回目の来日期間中については，雇用契約が成立していたけれども，その前については，そうは言えないって判断して，3 回目の来日前までに原告が描いた，一部の図画について，原告が著作者であることを認めました。そして，この最高裁判決になります。最高裁は，15 条 1 項の「法人等の業務に従事する者」について，その 2 頁の(1)の 5〜11 行目になりますが，まず，「法人等と雇用関係にある者がこれに当たることは明らかである」と言って，この事件のように，「雇用関係の存否が争われた場合には，同項の『法人等の業務に従事する者』に当たるか否かは，法人等と著作物を作成した者との関係を実質的にみたときに，法人等の指揮監督下において労務を提供するという実態にあり，法人等がその者に対して支払う金銭が労務提供の対価であると評価できるかどうかを，業務態様，指揮監督の有無，対価の額及び支払方法等に関する具体的事情を総合的に考慮して，判断すべきものと解するのが相当である。」と述べ，一部，雇用契

---

167)　https://www.courts.go.jp/app/files/hanrei_jp/695/013695_hanrei.pdf
168)　https://www.courts.go.jp/app/files/hanrei_jp/862/012862_hanrei.pdf

約を否定した，控訴審判決について，同じ頁の(2)の 8〜11 行目に進みますね。
「上記の具体的事情を考慮することなく，…直ちに 3 回目の来日前における
雇用関係の存在を否定したのである。」と指摘して，これを破棄，差し戻し
たんですね。さぁ，先ほど挙げた，雇用関係に限定されるのか，という議論
との関係では，この最高裁判決をどう位置付けたらいいでしょうか？　1 つ
は，雇用関係に限らず，法人等の指揮監督などがあれば，「法人等の業務に
従事する者」に当たりますよ，って言ったって理解する考え方ですね。もう
1 つは，最高裁は，「雇用関係の存否が争われた場合には」って言っている
んだから，単に，どうやって雇用関係の存否を判断するのか，っていうこと
を述べているだけで，職務著作の成否について，雇用関係に限られるかどう
か，っていう点については触れていない，っていう理解ですね。確かに，最
高裁の判決文をその字句通りに素直に読めば，後者のような理解になるよう
な気がしていますが，ちょっとよく分からないところも残ります。ちなみに，
この事件は，差戻し後の控訴審（東京高判平成 16 年 1 月 30 日・平成 15 年
（ネ）2088 号）[169] で，1 回目の来日時から雇用関係があったとされ，3 回目の
来日前に描かれた図画についても，職務著作の成立を認めました。

(3)　「その法人等が自己の著作の名義の下に公表するもの」

　それでは，次は，「その法人等が自己の著作の名義の下に公表するもの」
っていう要件の方に進んでいきましょう。この要件は，プログラム以外の著
作物について要求されていましたね。著作の名義というのは，著作者として
の表示，っていうことになります。ですから，本などのように，○○著，と
かって書いてあれば，それが，この著作の名義になってくるんでしょうが，
ただ単に，○○，としか書かれていない場合，っていうのも少なくないと思
います。そういった場合には，その○○という表示が，著作の名義って言え
るかどうか，という判断になるわけです。例えば，□□会社△△，とだけ書

---

169)　https://www.courts.go.jp/app/files/hanrei_jp/540/010540_hanrei.pdf

いてあったときに，この△△っていうのは，個人の名前ですが，このように，会社名と個人名とが併記されているようなとき，そういうことって割とあると思います。このとき，さて，どちらが著作の名義になるんだろうか，っていうことが問題になったりします。会社名の方が著作の名義になる，っていうことになれば，職務著作の他の要件を満たす限り，著作者は□□会社になりますね。いや，個人名の方が著作の名義になる，っていうことであれば，この要件を満たさないわけですから，職務著作は成立せず，実際にそれを作ったのが△△さんであれば，△△さんが著作者になります。この点に関しては，見解が分かれてはいますが，裁判例では，あくまでも，著作の名義は，□□会社の方であって，△△の方は，内部分担表示にすぎない，って判断される傾向にあると思います。

　それから，次に，15条1項の「公表するもの」っていう部分に関して，それでは，会社の仕事で作ったんだけど，それは，まだ公表されていないし，今後，公表する予定もない，っていうような場合にはどうなるのか，っていう論点もあります。これについては，仮に公表するとしたら，いったい誰の名義を付けるだろうか，って仮定して判断する，って一般には解されています。

　では，最後に，こういった事例では，誰が著作者になるのか，ちょっと考えてみましょう。それはどういう事例か？っていうと，例えば，A社が，自社の会社案内のパンフレットの作成をB社に注文した，っていうような場合を考えてみてください。そして，B社では，従業員のCさんが，ここでは，説明を簡単にするために，Cさんが，1人で，そのパンフレットを作った，っていうことにしましょう。出来上がったパンフレットは，もちろん，著作物とします。ここで，そのパンフレットには，発注元であるA社の名前は載っていますが，発注先であるB社の名前はどこにも載っていない，っていうことにしましょう。で，そのA社っていう表示は，15条1項の「著作の名義」に当たるって言えるって，ここでは考えてください。では，このパンフレットの著作者は，誰になるでしょうか？　三択になります。発注元の

A 社か，発注先の B 社か，はたまた，そのパンフレットを実際に作った C さんか，さぁ，誰になるでしょうか？　これが，対面での授業であれば，ここで皆さんに手を挙げてもらうところなんですが…。ちょっと考えてみてください。では，まず，A 社だって思う人？　次に，B 社だって思う人？　いやいや，C さんだって思う人？　そうなんですね，C さんになるんです。どうしてか？っていうと，まず，このパンフレットを作ったのは，C さんでしたね。C さんは，B 社の従業員ですから，15 条 1 項で言う，B 社の「業務に従事する者」に当たりますが，著作の名義は B 社ではありませんでしたね。だから，B 社については，15 条 1 項は適用になりません。では，A 社についてはどうでしょうか？　確かに，ここでは，著作の名義は A 社でしたが，このパンフレットを作ったのは，B 社の従業員の C さんですから，C さんは，「その法人等の」，つまり，A 社の「業務に従事する者」ではないんですね。ですから，A 社についても，15 条 1 項は適用できないんです。となると，実際にそれを作った人が著作者になる，っていう大原則。その大原則に戻って，実際にこのパンフレットを作った，C さんになる，っていうことなんです。となると，C さんが，この A 社のパンフレットの著作権と著作者人格権を持つ，っていうことになりますね。でも，A 社にしてみると，自社のパンフレットの権利を，他社の従業員が持っている，っていうのは，あまり好ましくないかもしれませんね。であれば，A 社としては，その権利をあらかじめ確保しておいた方がいいかもしれない，って考えるかもしれません。そういうことであれば，何らかの形で，普通は，B 社を通じて，っていうことになるんでしょうが，著作権については，著作者である C さんから譲渡してもらっておく，っていうことが考えられます。ただ，これはずっと前にちょっと触れたことがあるんですが，そして，次回，またお話しすることになるんですが，著作者人格権の方は譲渡できないんですね。条文は 59 条[170]でした。ですから，C さんが著作者っていうことになると，著作者人格権の方は，ずっと C さんが持ち続ける，っていうことになるわけです。A 社としては，譲渡してもらうっていうことができないわけですから，できること

と言ったら，著作者人格権を行使しない，っていうことをCさんにあらかじめ約束しておいてもらう，っていう方法をとるぐらいしかないんですね。この著作者人格権については，この授業の最終回である次回に，また取り上げることにします。これで，ずっと続いてきた，著作権侵害の7つの要件の説明は，すべて終わることになります。ここで，もう一度，7つの要件を概観した，第5回〜第7回の講義を見直してもいいかもしれませんね。それでは，今回は，これで終わりにします。

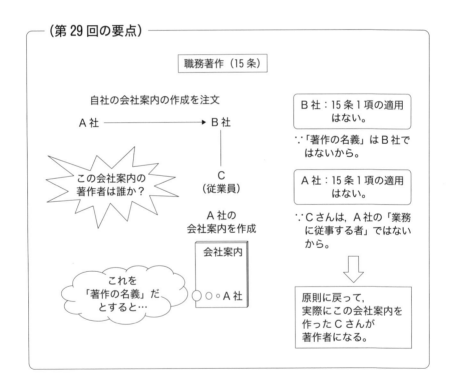

（第29回の要点）

職務著作（15条）

自社の会社案内の作成を注文

A社 ―――――→ B社

この会社案内の
著作者は誰か？

C
（従業員）

A社の
会社案内を作成

会社案内

○○○A社

これを
「著作の名義」だ
とすると…

B社：15条1項の適用
はない。

∵「著作の名義」はB社で
はないから。

A社：15条1項の適用
はない。

∵Cさんは，A社の「業務
に従事する者」ではない
から。

原則に戻って，
実際にこの会社案内を
作ったCさんが
著作者になる。

170）　「著作者人格権は，著作者の一身に専属し，譲渡することができない。」

第30回
同一性保持権

1. 著作者人格権

　皆さん，こんにちは。この授業も，いよいよ，今回が最終回になります。最後は，著作者人格権について，そのうち，特に，**同一性保持権**について説明したいと思います。まず，復習になりますが，ある人が，何か著作物って言えるものを創作すると，その人の下に，著作権と著作者人格権が自動的に発生したんでしたね。それが 17 条[171] でした。で，その 1 項にあるように，著作者人格権には 3 つあって，それが，18 条[172] の公表権，19 条の氏名表示権，そして，20 条の同一性保持権になるんです。ここで簡単に説明すると，**公表権**は，その著作物を公表するかしないか，公表するとして，それをいつ，どんな形で公表するか，っていうことを自ら決められる権利になります。それから，**氏名表示権**は，自分の名前を表示するかしないか，表示するとして，それを実名にするか，それとも，ペンネームなどの変名にするか，っていうことを決められる権利なんですが，それは，19 条の 1 項[173] を見てもらえれば分かるように，原作品にどう付けるかっていう場面と，その著作物を公衆に提供や提示する際にどう付けるかっていう場面とで問題になります。最後

---

171)　例えば，2 項は，「著作者人格権及び著作権の享有には，いかなる方式の履行をも要しない。」と規定しています。

172)　例えば，1 項は，「著作者は，その著作物でまだ公表されていないもの（その同意を得ないで公表された著作物を含む。…）を公衆に提供し，又は提示する権利を有する。（以下，略）」と規定しています。

173)　「著作者は，その著作物の原作品に，又はその著作物の公衆への提供若しくは提示に際し，その実名若しくは変名を著作者名として表示し，又は著作者名を表示しないこととする権利を有する。（以下，略）」

に，同一性保持権というのは，他人による無断改変を禁止できる権利になります。で，これは，20 条の 1 項[174] にあるように，その対象は，著作物だけではなくて，その題号にも及んできます。この同一性保持権って，これまでに学んできた中で，何かに似ていませんか？　そうですね，著作権の 1 つである，27 条[175] の翻案権にとってもよく似ているんです。**翻案権と，この同一性保持権って，かなりの部分で重なる**んですね。ですから，ある行為が，翻案権にも触れるし，同一性保持権にも触れる，っていうことが出てきます。でも，一方は著作権ですし，もう一方は著作者人格権なんですね。で，ある場面では，そういった違いが影響してくることがあるんです。

2.　著作権と著作者人格権の性質の違い

ですから，ここで，著作権と著作者人格権の性質の違いについて，まず，押さえておきましょう。前にも少し触れたことがありましたが，著作権は，譲渡も相続もできましたね。譲渡については，条文は 61 条[176] でした。一方，**著作者人格権は，譲渡はできません**でしたね。条文は 59 条[177] でした。そして，**相続の対象にもなりません**。その 59 条には，「著作者の一身に専属」する，とも書いてありますね。で，民法の 896 条[178] という条文を見てください。これは，相続の効力を定めた条文なんですが，そのただし書には，「被相続人の一身に専属したものは，この限りでない。」ってありますね。ですから，著作者人格権は，その著作者が亡くなってしまうと，もうそこで消滅

---

174)　「著作者は，その著作物及びその題号の同一性を保持する権利を有し，その意に反してこれらの変更，切除その他の改変を受けないものとする。」

175)　「著作者は，その著作物を翻訳し，編曲し，若しくは変形し，又は脚色し，映画化し，その他翻案する権利を専有する。」

176)　例えば，1 項は，「著作権は，その全部又は一部を譲渡することができる。」と規定しています。

177)　「著作者人格権は，著作者の一身に専属し，譲渡することができない。」

178)　「相続人は，相続開始の時から，被相続人の財産に属した一切の権利義務を承継する。ただし，被相続人の一身に専属したものは，この限りでない。」

するんですね。ただ，それでは，その後は，一切，規制がなくなるかってい
うと，そうではなくて，60 条[179]で一定の制限は続きます。で，その 60 条
の実効性を確保するために，116 条[180]で遺族などに差止めなどの請求権を
認めています。

　それから，著作権と著作者人格権とのもう 1 つの大きな違いは，これも前
に少しお話ししたことがありましたが，侵害の 7 つの要件の 5 つめにあった，
制限規定ですね。条文は，30 条〜47 条の 7 でした。**これが適用になるのは，
著作権だけで，著作者人格権には適用がない**，っていうことです。50 条には，
「この款の規定は，著作者人格権に影響を及ぼすものと解釈してはならな
い。」って，念押しの規定もありましたね。では，こういった両権利の違いが，
具体的にどんな場面で問題になってくるのかを見ていきましょう。

（1）　著作権が譲渡された場合

　まず，その 1 つは，**著作権が譲渡されたような場合**です。例えば，著作者
が A さんで，その A さんが，その著作物の著作権を B さんに譲渡した，と
します。そして，著作権者になった B さんから許諾を得て，C さんが，そ
の著作物を翻案した，としましょう。C さんは，著作権者である B さんか
ら許諾を受けているわけですから，当然，27 条の翻案権の侵害にはなりま
せんね。ところが，著作者人格権の方は，先ほど説明したように，譲渡でき
ませんから，依然として，著作者である A さんの下にあります。では，A
さんは，今も依然として持っている，その同一性保持権を使って，C さんの
した翻案，これは，20 条で言う改変にも当たるわけですが，その改変につ

179）　「著作物を公衆に提供し，又は提示する者は，その著作物の著作者が存しなくなつ
　　た後においても，著作者が存しているとしたならばその著作者人格権の侵害となるべ
　　き行為をしてはならない。（以下，略）」
180）　例えば，1 項は，「著作者…の死後においては，その遺族（…）は，当該著作者…
　　について第 60 条…の規定に違反する行為をする者又はするおそれがある者に対し第
　　112 条の請求を，故意又は過失により著作者人格権…を侵害する行為又は第 60 条…
　　の規定に違反する行為をした者に対し前条の請求をすることができる。」と規定して
　　います。

いて，同一性保持権侵害を問うことができるか，っていう問題です。まぁ，例えば，それがAさんの名誉や声望を害するような改変であれば，たとえ著作権を譲渡した後であっても，Aさんに同一性保持権の行使を認めるべきとも言えましょうが，通常の翻案に伴う改変についてまで，そのような請求をAさんに認めてしまうのは，ちょっとおかしいかなって感じる人の方が多いのではないかなって思いますが，どうでしょうか？　仮に，このような，通常の翻案に伴う改変についても，著作物の改変である以上は，Aさんに同一性保持権の行使を認める，っていう結論を，もしとるとすると，どういう結果になるでしょうか？　おそらく，著作権を買う，っていう人が減っていくんではないでしょうか？　翻案権を含めて著作権を買っても，その著作物の改変に対しては，それがどんな改変であっても，同一性保持権を行使されてしまうかもしれない，っていうことになれば，著作権を買い取る意味っていうのがかなり薄れてしまうかもしれません。たとえ，それでも著作権を買う，っていう人が出てきてくれたとしても，その値段は下がってしまうかもしれませんね。ということは，著作権の譲渡後にも，新たに著作権者になった人から許諾を受けた人がする，通常の翻案に伴う改変についてまで，著作者に同一性保持権の行使を認めることは，著作権が売りにくくなってしまうかもしれない，売れたとしても値段が下がってしまうかもしれない，っていう意味で，このAさんも含めて，創作者全体に，かえって不利な結果を及ぼすことにもなりかねないわけです。であれば，Aさんの，このような請求は制限すべき，っていうことになりそうですが，問題は，その法律構成なんですね。というのも，ここでは，BさんとAさんとの間には，著作権の売買っていう直接の契約関係がありますが，CさんとAさんとの間には，そのような契約関係はありません。直接の契約関係があれば，その契約の解釈を通じて，著作物の改変についての，Aさんの同意，っていうのを導くこともできなくはないんですが，まぁ，このあたりの，契約の解釈，っていう話は，もう民法で聞いているかもしれませんね。あっ，それから，著作権の場合は，許諾って言いますが，著作者人格権の場合は，同意って言うこと

が多いんです。では，直接の契約関係がない，CさんとAさんとの間では，
どう考えたらいいか？っていうことになります。ここでは，やっぱり，A
さんがBさんに著作権を売るときに，今後，著作権者や，著作権者から許
諾を得た者が，翻案するについては，それが，通常，予想されるような改変
である限り，そこでAさんは同意を与えていた，っていうように解釈する
しかなさそうです。民法で習ったかと思いますが，黙示の意思表示って言う
んですね。それがあったんだ，って理解するわけです。

(2)　私的領域での改変

　それでは，もう1つの問題に進んでいきましょう。こちらの方が難しいか
もしれません。**私的領域での改変**の問題です。ここで言う，私的領域って，
あえて皆さんがイメージしやすいように言えば，自分の部屋の中で1人でい
るときに，っていう感じです。もちろん，インターネットにもつながってい
ないようなときですね。で，ちょっと著作権の制限規定のところを思い出し
てもらいたいんですが，あそこで，私的使用目的の複製って30条1項[181]
でしたね。それでは，私的使用目的の翻案だったらどうなるか，分かります
か？　それについては，前にちょっと触れたことがありますが，47条の6
第1項1号[182]という条文があるんですね。ですから，**私的使用目的の翻案も，**
原則として，翻案権の侵害にはならないんです。では，そのとき，同一性保
持権は？っていうと，まず，それは著作者人格権ですから，この47条の6
第1項1号は適用できませんね。あくまでも，これは，著作権の制限規定で
すからね。で，20条2項[183]には，同一性保持権の適用が除外される場合が，

---

181)　「著作権の目的となっている著作物（…）は，個人的に又は家庭内その他これに準
　　　ずる限られた範囲内において使用すること（以下「私的使用」という。）を目的とす
　　　るときは，次に掲げる場合を除き，その使用する者が複製することができる。（以下，
　　　略）」
182)　47条の6第1項は，柱書きで「次の各号に掲げる規定により著作物を利用するこ
　　　とができる場合には，当該著作物について，当該規定の例により当該各号に定める方
　　　法による利用を行うことができる。」と規定し，1号で「第30条第1項，…　翻訳，
　　　編曲，変形又は翻案」を挙げています。

4つ挙がっていますが，それらを眺めてみても，改変が私的領域で行われるからといって，同一性保持権の適用が排除される，ってすぐに読めそうな規定はありませんね。これだけを見ると，私的領域での改変は，翻案権侵害にはならないんだけれど，同一性保持権侵害にはなる，っていうことにもなりそうです。確かに，著作者の名誉や声望を害するような改変であれば，それがたとえ私的領域で行われたとしても，やはりそこには同一性保持権が働く，っていう判断はあり得るのかもしれません。ただ，そうでないような改変についても，20条2項の各号のどれかにピッタリと当たらない限りは，同一性保持権侵害になる，っていう結論はどうなんだろう？そうだと，せっかく翻案権を制限した意味がなくなってしまうのでは？っていう点が，ここでの問題意識なんですね。

①ときめきメモリアル事件

これについては，最高裁の判例がありますので，それを紹介します。**最高裁の平成13年2月13日の判決**になります（事件番号は平成11年(受)955号です。）[184]。この事件は，「ときめきメモリアル」っていうゲームソフトをめぐる事件でした。それはどんなゲームだったかっていうと，恋愛シミュレーションゲームだそうです。主人公である高校生の能力値，そのパラメータが，プレーヤーの選択したコマンドによって上がったり下がったりするようですね。で，その能力値に応じて，異性との出会いがあったりするようです。原告は，そのゲームソフトを作って売っていた法人になります。この最高裁判決では，被上告人ですね。ちなみに，このゲームソフトは，その原告の職務著作になっています。で，被告，この最高裁判決では，上告人になりますね。被告は，そういったパラメータの入ったメモリーカードを輸入して販売していたんですね。で，そこに入っているパラメータっていうのが，かなり高い

---

183)　その柱書きで「前項の規定は，次の各号にいずれかに該当する改変については，適用しない。」と規定し，1〜4号を挙げています。

184)　https://www.courts.go.jp/app/files/hanrei_jp/268/052268_hanrei.pdf

数値だったそうです。そこで，原告が，そうしたメモリーカードの輸入・販売は，原告の同一性保持権を侵害するって主張して，損害賠償を請求したっていうのが，この事件でした。で，そこでは，争点が，主に2つありました。1つは，**このメモリーカードを使って，そのゲームをプレイすることが，著作物の改変になるのか**，っていうことです。ただ，このメモリーカードを使っても，ゲームソフトのプログラム自体が書き換えられるわけではありませんから，原告が主張したのは，ストーリーの改変だったんですね。それから，もう1つは，仮に，**それが改変になるとしたら，改変している主体は誰なのか**，っていうことでした。

②ストーリーの改変

　一審の大阪地裁（平成9年11月27日判決・平成8年(ワ)12221号）[185] は，そもそも，その点での改変を否定したんですね。その理由は，一審判決の終わりから4枚目の一番下の行から次の3枚目の23行目のあたりに書かれていますので，もし興味があったら，見てみてください。では，最高裁はどう言ったかっていうと，最高裁判決の3頁の「2」というところになりますね。その下の4～11行目です。「本件メモリーカードの使用は，本件ゲームソフトを改変し，被上告人の有する同一性保持権を侵害するものと解するのが相当である。けだし，本件ゲームソフトにおけるパラメータは，それによって主人公の人物像を表現するものであり，その変化に応じてストーリーが展開されるものであるところ，本件メモリーカードの使用によって，本件ゲームソフトにおいて設定されたパラメータによって表現される主人公の人物像が改変されるとともに，その結果，本件ゲームソフトのストーリーが本来予定された範囲を超えて展開され，ストーリーの改変をもたらすことになるからである。」って言ったんですね。ここで，ストーリーが本来予定された範囲を超えて展開される，っていうのは，その前の，2頁の12行目から始まって

185）　https://www.courts.go.jp/app/files/hanrei_jp/764/013764_hanrei.pdf

3頁の4行目まで続く,(3)というところに書かれていることを指しています。

③改変の主体は？

　では,その,同一性保持権を侵害している主体は誰なのか,っていうことになりますね。ここで,最高裁と同様に,ストーリー展開の改変を認めた,控訴審判決（大阪高判平成11年4月27日・平成9年（ネ）3587号）[186] が,その点をどう判断していたかをまず見てみましょう。高裁判決の最後の頁になります。その12行目の「三　本件著作権の侵害主体について」というところです。「本件メモリーカードを使用して本件ゲームソフトのプログラムを実行することが本件ゲームソフトの著作物としての同一性保持権を侵害するものであり,そのようなゲームを行っている者は個々のプレーヤーということになるが,本件メモリーカードの制作者はこれを意図してその制作をした者であるから,右カードを使用して行う本件ゲームソフトの改変行為について,制作者はプレーヤーを介し本件著作物の同一性保持権を侵害するものということができ,これを購入した者は本件メモリーカードを使用して本件ゲームを行ったものと推認できるから,制作者はプレーヤーの本件メモリーカード使用の責任を負うべきものというべく,右改変をするメモリーカードの輸入,販売をした被告も著作権法113条1項1号・2号より同一性保持権侵害の責任を免れないというべきである。」[187] って言っています。特に,「制作者はプレーヤーを介し本件著作物の同一性保持権を侵害するものということができ」る,っていう部分を見ると,高裁は,このメモリーカードを作った人,ですから,それは,被告でもないわけですね。その,作った人が,同

---

186)　https://www.courts.go.jp/app/files/hanrei_jp/721/013721_hanrei.pdf

187)　113条1項は,柱書きで「次に掲げる行為は,当該著作者人格権,著作権,…を侵害する行為とみなす。」と規定し,1号で「国内において頒布する目的をもって,輸入の時において国内で作成したとしたならば著作者人格権,著作権,…の侵害となるべき行為によって作成された物を輸入する行為」を,2号で「著作者人格権,著作権,…を侵害する行為によって作成された物（前号の輸入に係る物を含む。）を,情を知つて,頒布し,頒布の目的をもって所持し,若しくは頒布する旨の申出を…する行為」を挙げています。

一性保持権侵害の主体だって考えていたように思えます。

　では，最高裁は，この点をどう言ったかっていうと，それが，最高裁判決の3頁の下から5行目の「3」というところになるんですが，特に，4頁の6〜10行目ですね。「専ら本件ゲームソフトの改変のみを目的とする本件メモリーカードを輸入，販売し，他人の使用を意図して流通に置いた上告人は，他人の使用による本件ゲームソフトの同一性保持権の侵害を惹起したものとして，被上告人に対し，不法行為に基づく損害賠償責任を負うと解するのが相当である。」って言うんですね。さぁ，この判示をどう考えたらいいでしょうか？　ここでは，惹起，っていう言葉を使っていますね。つまり，引き起こした，っていうことですね。となると，最高裁は，あくまでも，侵害の主体はプレーヤーだって考えているのもしれません。だとすると，最高裁は，私的領域での改変も，やはり同一性保持権の侵害になる，って考えている，っていうことを意味することになります。つまり，プレーヤーが，このメモリーカードを使って，このゲームをプレイすることで，このゲームのストーリーを改変している。それは，同一性保持権の侵害になる。で，被告は，そのメモリーカードを販売することによって，それを教唆または幇助している。だから，民法719条[188] 2項で，共同不法行為として，被告も，プレーヤーとともに，損害賠償責任を負う。そういう理屈になっているんじゃないか，って考えられるわけです。そこには，この事件では，訴えられたのは，たまたま被告だけだった，っていうだけで，プレーヤーもまた，法的には侵害の責任を負っている，っていう理解が前提としてあることになります。だとすると，それでいいんだろうか？っていう疑問も湧いてくるわけですね。そこには，私的領域にとどまる改変についてまで，同一性保持権の侵害になる，って言って，法律が入って行くのは，ちょっと行き過ぎではないだろうか，

---

188)　1項は，「数人が共同の不法行為によって他人に損害を加えたときは，各自が連帯してその損害を賠償する責任を負う。(以下，略)」と，2項は，「行為者を教唆した者及び幇助した者は，共同行為者とみなして，前項の規定を適用する。」と規定しています。

っていう判断があるんだと思います。もちろん，自分の部屋の中で1人でしているようなことでも，そこにインターネットとかが絡んでくれば，それはもう私的領域とは言えなくなってきます。ここで問題にしているのは，純粋に1人で個人的に楽しんでいるような場面を想定しているんですね。では，そのための理屈って，何か考えられないだろうかっていうと，現行の著作権法を前提にすると，20条2項の4号[189]にある，やむを得ない改変，に当たるって言っていくしかなさそうなんですね。でも，従来の理解ですと，これを，やむを得ない，って言えるか？っていうと，実は，ちょっと難しかったりします。

　ただ，この最高裁判決を，いや，侵害の主体は，あくまでも，被告，あるいは，このメモリーカードの制作者，って考えているんだっていうふうに理解すれば，話は変わってきますね。そうだとすれば，プレーヤーの責任の有無については，この判決は，何も言っていない。だから，私的領域での改変が同一性保持権の侵害になるかどうか，については，最高裁はまだ判断していない，とも言えるかもしれません。ところで，この事件で請求されていたのは，損害賠償だけでしたね。損害賠償であれば，侵害の主体を，プレーヤーと考えていたとしても，それとも，被告，あるいは，このメモリーカードの制作者と考えていたとしても，これまで見てきたように，どちらでも理屈としては成り立つんですね。これが，もし，差止めも請求されていれば，そこがはっきりしていたのかもしれないんです。というのも，前に説明した，間接侵害の議論を思い出してください。そこでは，侵害の主体と言えれば，差止請求は認められるけれども，侵害の主体とは言えなければ，差止請求は認められない，っていう理解が前提としてあったわけです。ですから，仮に，原告が差止めも請求していて，最高裁がそれも認めていれば，最高裁は，被告を侵害の主体だって考えている，って判断できたでしょう。なかなか悩ましい問題です。

---

189)　「前三号に掲げるもののほか，著作物の性質並びにその利用の目的及び態様に照らしやむを得ないと認められる改変」

　さぁ，これで，著作者人格権の説明も終わりました。そして，30回にわたって，主に著作権法を取り上げてきた，この授業も，これで終わりになります。皆さん，最後までご清聴，ありがとうございました！

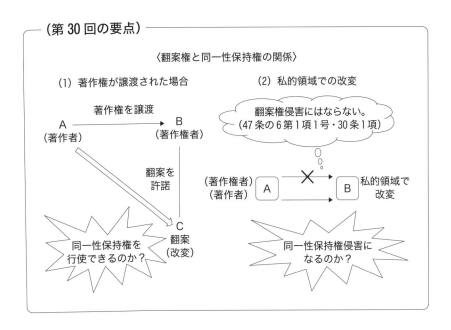

（**第30回の要点**）

〈翻案権と同一性保持権の関係〉

(1) 著作権が譲渡された場合

著作権を譲渡
A　　　　　　　→　　B
（著作者）　　　　　　（著作権者）

翻案を
許諾

同一性保持権を
行使できるのか？

C
翻案
（改変）

(2) 私的領域での改変

翻案権侵害にはならない。
（47条の6第1項1号・30条1項）

（著作権者）
（著作者）　A　　×　　→　B　　私的領域で
　　　　　　　　　　　　　　　改変

同一性保持権侵害に
なるのか？

著者紹介

才原　慶道
（さい はら よし みち）

小樽商科大学商学部企業法学科教授。
1968 年生まれ。東京大学法学部卒業。

わかる著作権法講義

2021 年 9 月 30 日　第 1 刷発行

定価（本体 2200 円＋税）

著　者　才　原　慶　道

発 行 所　　国立大学法人
小樽商科大学出版会

〒047-8501 北海道小樽市緑 3-5-21
電話 0134-27-5210　FAX 0134-27-5275

発 売 所　　株式会社日本経済評論社

〒101-0062 東京都千代田区神田駿河台 1-7-7
電話 03-5577-7286　FAX 03-5577-2803
E-mail：info8188@nikkeihyo.co.jp

装幀・渡辺美知子　　　印刷・文昇堂／製本・根本製本

落丁本・乱丁本はお取り換え致します　　　Printed in Japan

◆小樽商科大学研究叢書◆

「満洲国」における抵抗と弾圧
―関東憲兵隊と「合作社事件」―

荻野富士夫・兒嶋俊郎・江田憲治・松村高夫著　本体6000円

日本憲兵史
―思想憲兵と野戦憲兵―

荻野富士夫著　本体6500円

民事詐欺の違法性と責任

岩本尚禧著　本体7000円

七仙人の名乗り
―インド叙事詩『マハーバーラタ』「教説の巻」の研究―

中村史著　本体7000円（論創社発売）

日本経済評論社